Introduction to Modern Intellectual Property Law

现代知识产权法概论
（第三版）

曲三强 ◎ 主编

图书在版编目(CIP)数据

现代知识产权法概论/曲三强主编. —3 版. —北京:北京大学出版社,2015.8
ISBN 978 - 7 - 301 - 26136 - 1

Ⅰ. ①现… Ⅱ. ①曲… Ⅲ. ①知识产权法—中国—高等学校—教材 Ⅳ. ①D923.4

中国版本图书馆 CIP 数据核字(2015)第 170585 号

书　　　名	现代知识产权法概论(第三版)
著作责任者	曲三强　主编
责 任 编 辑	孙战营
标 准 书 号	ISBN 978 - 7 - 301 - 26136 - 1
出 版 发 行	北京大学出版社
地　　　址	北京市海淀区成府路 205 号　100871
网　　　址	http://www.pup.cn
电 子 信 箱	law@ pup.pku.edu.cn
新 浪 微 博	@北京大学出版社　@北大出版社法律图书
电　　　话	邮购部 62752015　发行部 62750672　编辑部 62752027
印 刷 者	北京虎彩文化传播有限公司
经 销 者	新华书店
	730 毫米×980 毫米　16 开本　12.75 印张　257 千字
	2013 年 9 月第 1 版　2014 年 8 月第 2 版
	2015 年 8 月第 3 版　2021 年 6 月第 10 次印刷
定　　　价	28.00 元

未经许可,不得以任何方式复制或抄袭本书之部分或全部内容。
版权所有,侵权必究
举报电话:010 - 62752024　电子信箱:fd@ pup.pku.edu.cn
图书如有印装质量问题,请与出版部联系,电话:010 - 62756370

本书编委会

主编　曲三强　北京理工大学法学院院长、教授

编委　（按撰写章节为序）

　　　汤辰敏　北京大学法学院博士研究生
　　　侯仰坤　北京理工大学法学院副教授
　　　郭德忠　北京理工大学法学院副教授
　　　孟兆平　北京理工大学法学院讲师
　　　李　华　北京理工大学法学院讲师
　　　杨华权　北京理工大学法学院讲师
　　　仇蕾安　北京理工大学专利中心主任
　　　朱　冬　厦门大学知识产权研究院博士后

第三版说明

本教材自 2013 年 9 月初版,2014 年 9 月再版后一直用于北京理工大学本科生必修课"知识产权法基础"教学之用,在使用过程中收到了授课教师和学生的有益意见,编委会认为有必要将这些意见反映到书稿中,故于 2015 年 6 月启动教材的第三次改版工作,8 月成稿。教材的本次修订除吸收教学实践中的有益意见外,还反映了 2014 年 9 月再版后我国知识产权法理论和实践的最新进展,如:全国人大常委会决定在北京、上海、广州设立知识产权法院;《专利法》第四次修改等。

本次修订由主编曲三强教授主持,孟兆平博士负责全书各章节的修订工作。

真诚希望读者继续对本教材提出批评改进意见。

2015 年夏于北理法学院

第二版说明

本教材自2013年9月初版印刷后，首先使用于北京理工大学2013级本科生必修课"知识产权法基础"。承蒙读者厚爱，本教材在过去的一段时间内进行了多次印刷，在印刷时未对本教材内容进行变动。

为贯彻2014年5月1日施行的修改后的《中华人民共和国商标法》，国务院公布了修订后的《商标法实施条例》，并与新商标法同步实施。作者根据上述变化的内容对教材中的相关部分进行了修改。同时结合实际教学中教师及学生的反馈，作者在本次修订中对教材的章节和内容进行了增删，具体如下：

第一章　导论
第二章　著作权法
第三章　专利法
第四章　商标法
第五章　其他知识产权
第六章　知识产权的国际保护
第七章　知识产权的管理和运用

本次修订由主编曲三强教授主持。孟兆平博士负责第二章至第六章的修订工作，北京大学法学院博士研究生汤辰敏、朱冬分别负责第一章、第七章的修订工作。

真诚希望读者继续对本教材提出批评改进意见。

2014年夏于北理法学院

序

在人类历史上,自从科学技术成为生产力,知识就与权利和财富紧密相连。因此,人们提出知识产权概念,并逐步建立了相关法律来保护人类智力创造成果,以激发科技创新、文化创新的积极性,保护工商业者的商标、商誉,维护正常的市场竞争秩序。纵观发达国家的近代史,知识产权在国家工业化过程中起到了不可替代的作用,尤其是促进了这些国家的科技创新。

进入21世纪以来,我国加速建设创新型国家,知识产权的作用日益凸显。因此,党的十八大报告提出:"实施知识产权战略,加强知识产权保护"。《国家知识产权战略纲要》提出:"加强知识产权宣传,提高全社会知识产权意识。广泛开展知识产权普及型教育……在全社会弘扬以创新为荣、剽窃为耻,以诚实守信为荣、假冒欺骗为耻的道德观念,形成尊重知识、崇尚创新、诚信守法的知识产权文化。"

大学是发现知识和传播知识的学术机构,追求以探索客观真理作为己任之境界,实现以掌握精深学术造福人类之理想。因此,2004年《教育部、国家知识产权局关于进一步加强高等学校知识产权工作的若干意见》指出:高等学校要在"法律基础"等相关课程中增加知识产权方面的内容,并积极创造条件为本科生和研究生单独开设知识产权课程。

北京理工大学作为一所具有国防科技特色的国家重点高校,承担着为建设创新型国家培育高层次人才、产出原创性成果的使命,因此而高度重视知识产权教育和研究。学校重视建立产学研相结合的自主知识产权创造体系,强化研究开发立项前的知识产权信息检索,促进自主创新成果的知识产权化、商品化、产业化,实现知识产权的市场价值,发展了具有国防特色的知识产权中介服务,并已开始探索在境外取得知识产权。学校从2006年起对一年级学生统一开设"知识产权法基础"必修课程,迄今已完成7个年级超过2.3万名学生的知识产权课教学。这门课程教学目的是培养学生的知识产权意识,使其掌握知识产权的基本概念、基本理论和基本制度,形成较为合理的知识结构,并初步具备分析和解决知识产权问题的能力;此外使学生了解有关国防知识产权、知识产权应用与管理等方面的知识。课程内容涉及著作权法、专利法、商标法、反不正当竞争法、知识产权国际公约、专利文献检索、知识产权管理实务、企业知识产权战略、国防知识产权实务等。

根据上述教学内容,我校法学院教师曾于 2006 年编写了《知识产权法简明教程》。鉴于近年来知识产权理论不断更新、知识产权法律和法规屡次修订、我校的教学实践不断丰富,法学院院长曲三强教授带领部分骨干教师重新编写了《现代知识产权法概论》。该教材主要用以满足非法学专业本科学生的学习需求,内容涉及当前知识产权法学的主要内容,包括目前国际、国内最新知识产权公约、法律、法规和司法解释;为了兼顾我校国防科技特色,增加了有关保密和国防知识产权的相关内容。该教材的特点是简明易懂,形式活泼,突出实务,注重知识产权基本素养、基本技能的培养。

我希望,《现代知识产权法概论》的出版对于进一步提升我国高校的知识产权教育水平、增强学生的知识产权意识、形成知识产权文化起到十分有益的促进作用。

北京理工大学校长

中国科学院院士 胡海岩

2013 年 7 月

目 录

第一章　导论 …………………………………………………………… (1)
　　第一节　知识产权制度的发生 …………………………………… (3)
　　第二节　中国知识产权保护的发展历程 ………………………… (4)
　　第三节　知识产权制度的发展趋势 ……………………………… (12)
　　第四节　知识产权的基础问题 …………………………………… (13)

第二章　著作权法 ……………………………………………………… (25)
　　第一节　著作权的客体 …………………………………………… (27)
　　第二节　著作权的主体 …………………………………………… (30)
　　第三节　著作权的归属 …………………………………………… (31)
　　第四节　著作权的内容 …………………………………………… (34)
　　第五节　邻接权(相关权) ………………………………………… (38)
　　第六节　著作权的行使与限制 …………………………………… (40)
　　第七节　著作权的法律保护 ……………………………………… (45)

第三章　专利法 ………………………………………………………… (51)
　　第一节　专利权的客体 …………………………………………… (53)
　　第二节　专利权的主体 …………………………………………… (63)
　　第三节　专利权的取得、内容与限制 …………………………… (67)
　　第四节　专利申请的复审与专利权的无效宣告 ………………… (71)
　　第五节　专利权的保护 …………………………………………… (74)
　　第六节　国防专利 ………………………………………………… (79)

第四章　商标法 ………………………………………………………… (85)
　　第一节　商标权的客体 …………………………………………… (87)
　　第二节　商标权的主体 …………………………………………… (90)
　　第三节　商标权的取得和丧失 …………………………………… (91)
　　第四节　商标权的内容、限制与行使 …………………………… (101)

第五节　商标权的保护 ··· (104)
　　第六节　驰名商标的法律保护 ·· (111)

第五章　其他知识产权 ·· (115)
　　第一节　集成电路布图设计权 ·· (117)
　　第二节　植物新品种权 ··· (121)
　　第三节　地理标志权 ·· (126)
　　第四节　商号权 ·· (131)
　　第五节　商业秘密权 ·· (135)
　　第六节　域名权 ·· (138)

第六章　知识产权的国际保护 ··· (143)
　　第一节　知识产权国际保护概述 ···································· (145)
　　第二节　《巴黎公约》 ··· (147)
　　第三节　《伯尔尼公约》 ·· (152)
　　第四节　《与贸易有关的知识产权协议》 ························ (157)

第七章　知识产权的管理和运用 ·· (167)
　　第一节　知识产权管理和运用概述 ································· (169)
　　第二节　企业知识产权管理 ·· (174)
　　第三节　知识产权运用的主要形式 ································· (178)

附录一　专利申请流程图 ··· (185)

附录二　商标申请流程简图 ·· (189)

第二版后记 ··· (193)

第一章　导论

本章首先对知识产权制度的发生追根溯源,并论述了百年来知识产权制度在中国的嬗变以及当代知识产权制度的发展趋势。之后介绍了知识产权的概念、范围、类型、性质及其特征,并阐述了作为无形财产权的知识产权与物权的本质差别。

第一节　知识产权制度的发生

▶ 一、知识产权制度在西方的发生

在西方国家法律体系的发展史中,知识产权制度与经济发展的关系最为密切。商品经济的发展是知识产权制度产生的经济基础,科学技术的发展及作用的发挥是知识产权制度产生的更为直接的因素。在中世纪的中后期,在封建社会内部有了资本主义的萌芽,商品经济得到了一定的发展,技术在经济发展中开始发挥作用,因此这一时期出现了最早的专利法。1474年,威尼斯颁布了世界上第一部最接近现代专利制度的法律,该法的目的就是要把工艺师们的技艺当做准技术秘密加以保护。专利制度对中世纪的欧洲国家吸引技术人才起到了积极作用,也被其他国家效仿。

16世纪和17世纪,欧洲资本主义国家在地理发现、宗教改革和文艺复兴的推动下,经济得以迅速发展,由此现代意义上的知识产权制度逐渐形成。在该时期,最具代表性的是英国于1623年制定的世界上第一部专利法,即《垄断法规》,于1709年制定了世界上第一部著作权法,即《为鼓励知识创作而授予作者及购买者就其已印刷成册的图书在一定时期内之权利的法令》(《安娜法》);而法国于1857年制定了世界上第一部商标法,即《关于以使用原则和不审查原则为内容的制造标记和商标的法律》。受英、法两国的影响,其他欧洲国家,乃至美国、日本等国家也纷纷建立知识产权法律制度。与此同时,国际社会也于1883年缔结了《保护工业产权巴黎公约》(《巴黎公约》),其后于1886年缔结了《保护文学和艺术作品伯尔尼公约》(《伯尔尼公约》)。

▶ 二、知识产权保护在中国的萌芽

著作权是随着印刷术的普遍采用而出现的法律现象,这一点似乎已经无可争议。1981年联合国教科文组织出版的《著作权基本知识》指出:"有人把著作权的起因与15世纪欧洲印刷术的发明联系在一起。其实,更早的印刷术在很多世纪以前就已经在中国和朝鲜存在了,只不过欧洲人还不知道而已。"雕版印刷术为中国的方块字插上了翅膀,使大规模的图书印刷成为可能。五代后唐时期的国子监应该是世界上第一个官办的、以销售为目的大规模印制图书的"出版社"。据宋、元两代的史料记载,自后唐田敏在国子监主持校正并印售《九经》开始,天下书籍遂广。另据宋朝罗壁《识遗》记载,北宋时期朝廷曾下令禁止黎民百姓擅自刻印《九经》(即"禁擅镌");欲刻印者,必先请求国子监的批准。实际上这种做法就是要保护国子监对《九经》蓝本刻印的垄断权,与英国第一部著作权法颁布之前英、法、威尼斯等地的君主或封建统治集团赐予印刷出版商的翻印特权极为相似,但是却比欧洲的这类特权出现得更早。君主赐予印刷出版者的特殊垄断权往往是通过君主(或代表君主的地方政府)以发布禁令的形式获得的。这种为私人刻印出版书籍给予特权的方式与近代民事法律关系中的版权似乎相契合。在宋代毕昇发明活字印刷术的一个多世纪之后，相同的禁例确实在中国出现过。在晚清发表的版本学家叶德辉所著的《书林清话》中，对此有比较详细的记载。在该书第二卷"翻板有禁止例始于宋人"中，有一则宋代的"版权标记"和两例宋代保护"版权"的官府榜文，以及一项宋代国子监禁止翻版的"公据"。在所有这些禁例中，都包含有禁止原刻印出版者以外的其他人"嗜利翻版"的规定。南宋时期的南宋私宅刻书之眉山程舍人刊《东都事略》一书目录后有一刊记云："眉山程舍人宅刊行，已申上司不许覆板。"在这条刊记中，出版者为"眉山程舍人"，保留声明为"不许覆板"，虽然出版年份不见经传，但是"已申上司"表明出版者的出版应该受到保护。这种宣示同今天图书版权页上的"版权标记"颇为相像。

对商标的保护源自行会控制，通常君主或其代表都会授予行会专门的特权去实施这种控制。在中国古代的商业活动中，普遍存在着重"招幌"、轻"商标"的现象。究其原因，主要是因为当时还未出现大规模、流动性的商业销售活动。绝大多数顾客都是从有关商品提供者所坐落的地域或门面去识别商品的不同来源。在中国封建社会重农抑商的意识形态之下，"商事活动"总是受到歧视，而不像创作作品的作者那样普遍受到尊重。宋代流传下来的旨在保护自己制品所标示出的记号，作为一种强制性规定出现在13—14世纪。

在中国，现代意义上的知识产权法律保护，是到晚清才开始出现的。

第二节　中国知识产权保护的发展历程

在中国历史上虽然出现过一些知识产权保护的萌芽，但真正现代意义上的知识产权法律制度的建立却是始于晚晴时期，即鸦片战争之后才逐渐开始。不同于知识产权制度在西方国家的自生自发，中国知识产权制度的建立和发展，在长达百年的时间里，总体上都是被动的，甚至是屈辱的。

▶ 一、晚清中国知识产权法的肇始

（一）在枪口下学习法律

早在1792年，英国国王乔治三世（1736—1796）就曾经提出希望与中国发展外交和经贸关系。但当时在位的乾隆皇帝在写给英王的信中却傲慢地表示，他的大清王朝对外国的产品和思想从来就不感兴趣。然而，就在乾隆皇帝的豪言壮语余音未消之际，西方列强就用他们的坚船利炮攻破了尘封数千年的中国大门。在枪口的逼迫下，中国不得不开始学习用法律的形式去保护那些对中国人看来毫无价值的外国商品。[1]

---

[1] John Fairbank, Trade and Diplomacy in China Coast: the Opening of Treaty Ports (Harvard University Press 1953).

在那个强权就是公理的时代,中国的忍让并未换来西方列强的同情;相反,却使西方列强觉得中国软弱可欺,变本加厉地推行他们的帝国主义政策。19世纪下半叶,西方列强竟然厚颜无耻地以中国司法制度落后为由向清政府提出"治外法权"。① 伴随列强的经济文化侵略,知识产权保护被带进中国。

（二）西方法律侵入的原因

19世纪下半叶,西方国家加紧对中国的政治和经济施加影响。伴随着西方经济对中国市场的不断渗透,知识产权侵权案件亦频繁发生。一些中国商人和企业在生产和销售过程中盗用外国企业的名称和商标的现象不断出现,造成这种状况的主要原因有两个:一是,中国商人盗用外国公司的名称不但可以逃避清朝政府专为中国商人设置的税例,而且资金和商品周转起来也比较方便;二是,使用外国公司的名称可以不受或少受地方官吏假借执法之名而实施的刁难和勒索。②

及至20世纪初,知识产权侵权现象变得更为严重。侵权人往往将目光投向从外国进口的畅销产品和外国公司在中国生产的名牌产品。几乎是在同一时期,国际社会对知识产权保护也开始给予前所未有的关注。1883年签订的《巴黎公约》就是专门针对包括专利和商标在内的工业产权的国际公约。1886年又达成了保护文学和艺术作品的《伯尔尼公约》。在这种气候之下,西方国家的商人希望他们在自己本国注册的商标和获得的专利同样能得到中国法律的保护。③ 抱着这样一种心理,他们不顾当时的中国既不是上述两个公约的成员国,更未加入任何有关知识产权国际公约的事实,将一系列根据国际公约而发生的保护知识产权的义务强加给中国。④ 对于西方国家的这种霸权行径,就连他们自己国家的学者都看不过去,他们批评西方政府只是一味地将他们的价值观念强加给中国,却对赖以保护他们知识产权的中国法律制度本身毫无兴趣。这充分反映了西方人对其毫无所知的中国的政治法律制度所采取的普遍轻蔑的态度。⑤

西方国家热衷于在中国建立的是一种符合西方价值标准、反映西方国家经济利益的国际贸易环境。他们迫使清朝政府取消当时通行的税例,建立全国统一货币,修设法律管制矿业和合资企业,保护知识产权。⑥ 他们允诺,如果中国政府能够满足上述条件,他们将命令帝国海关重新厘定关税,并限制对中国的鸦片进口,甚至还可以考虑待中国法制状况改善后取消"治外法权"。⑦ 这种"互惠"条件十分荒谬,"鸦

---

① The International Relations of the Chinese Empire(reprined,Taipei,1966), I-Ⅲ, at 7.
② 郝燕平:《中国十九世纪的商业革命》,上海人民出版社1971年版,第265页。
③ Morse, The International Relations of Chinese Empire 378 (reprint 1996).
④ Id. at I, III, 7.
⑤ F. L. Hawks Pott, A Sketch of Chinese History 34—53 (Kelly and Walsh 1923). See also Macgowan John, Sidelight on Chinese Life 272—96(Paul, French, Trubner 1907).
⑥ 关于缺乏统一国家货币的问题,参见 Frank H. H. King, Money and Monetary Policy in China (Harvard University Press 1965).
⑦ Feuerwerker Albert, China's Early Industrialization (Harvard University Press 1958).

片进口"和"治外法权"本来就是西方列强强加给中国的屈辱条件,到头来却成为西方列强换取在华利益的砝码。

（三）西方法律侵入的影响

从列强的立场看,知识产权保护乏力的局面对经济上占优势的西方国家而言是不利的。为了保护他们在华的知识产权利益,西方国家进一步给清政府施加压力,并围绕知识产权保护问题,与清政府展开了一系列的双边谈判。然而,谈判的结果不是中国与西方列强之间达成协议,而是在西方国家之间建立了一种司法合作关系。譬如,一个在意大利已经注册商标的美国人,可以向意大利驻中国的领事法庭起诉控告另外一个受该法院管辖的人,反之亦然。如此一来,中国政府连最起码的法律尊严都被剥夺殆尽了。

（四）中国政府的被动反应

晚清政府面对西方列强的软硬兼施无计可施,不得不先后与英国、美国和日本分别签订了一系列商务条约。保护商标和专利成为这一系列条约的核心内容。根据《中英商务条约》,中国政府必须为英国的商标提供保护,防止中国人对其侵权和仿制。1903年的《中美商务条约》规定,中国政府必须为那些获经美国批准的专利权提供一个保护期,而这个保护期不得低于中国法律对其本国公民所提供的专利权保护水平。

1903年在西方国家的直接干预下,中国政府开始了商标立法,并制定出一部商标法草案。① 然而,由于列强之间的经济冲突,以及清王朝各部门之间的矛盾,该商标法草案一直未能付诸实施。随后不久,从1906年至1908年间,清朝政府陆续颁布了一些关于印刷业和报刊业的法律,并在1910年颁布了《大清著作权律》。不过,这些法律无论是立法的初衷,还是目的都是旨在控制媒体和宣传,而并非实施真正的著作权保护。

无论是中国政府还是西方列强,在知识产权保护的问题上可谓是各怀异态。在西方列强方面,他们要求中国加强知识产权保护的目的在于维护其在中国市场上的经济利益,他们从来没有真正尝试过把保护知识产权法之于国家的意义传授给中国政府;也从未真正帮助过中国政府对其官员进行知识产权方面的培训和教育;更没有认真严肃地支持过中国建立一个真正能够保护知识产权的制度。

而清政府配合西方列强进行知识产权法律建设的动机同样并不在于知识产权保护本身。封建保守的清政府最关心的是如何控制人们的思想意识和维持社会秩序,而不是保护作为一种私权的知识产权。当然,在某些场合下,清政府出于政治或外交上的考虑不得不去敷衍一下西方列强的要求,但是,他们从骨子里根本就无意

---

① 在1904年,中国外交事务部邀请帝国海关(于1854年由西方列强根据条约建立的)参加起草商标法。在英国官员和商人的积极参与下,起草了一个商标法草案。该草案基本上照搬了英国法的内容,当然照顾英国利益的地方很多。其中最明显的地方是,在中国使用的外国商标即使它们在中国境内或境外均未获得注册,也有权获得保护。

去保护知识产权利益或者去培养思想意识的市场。① 中国政府梦寐以求的愿望是在满足了西方国家所提出的保护知识产权的立法和改革要求之后,换取西方列强取消在中国"治外法权"的承诺。当事实证明西方列强并不急于践行他们的承诺取消"治外法权"的时候,中国政府最初的立法冲动便随之消退。当中国政府最终意识到西方列强根本无意撤回他们在中国享有的政治和法律特权时,他们便一改建立知识产权保护制度的初衷,于1913年明确表示拒绝加入《伯尔尼公约》。②

▶ 二、20世纪80年代重启国门

进入20世纪80年代之后,由于改革开放的原因,中国再一次感受到来自西方国家有关知识产权保护的巨大压力,并开始着手重建知识产权保护制度。发生在这一时期的知识产权制度的建设和发展与其说是来自保护知识产权自身的需要,毋宁说是外来政治和经济压力的结果。时过境迁,昨日重现,知识产权制度在中国上演了百年轮回:以美国为首的西方国家仍旧扮演着蛮横霸道的"文明代表"的形象,只不过手里握着的大棒和胡萝卜由"鸦片进口"和"治外法权"换成了"经济制裁"和"最惠国待遇";而中国除了偶尔的几声不满之外,总体上依然处于被动局面。

科学技术的快速发展为后工业社会的资本主义国家带来了生机。高科技含量的知识产品所创造的价值在西方国家国民生产总值中所占的比例愈来愈高。以美国为首的发达国家的知识产品行销全世界,并为这些国家的资本带来巨额利润,其中最有代表性的就是计算机产业的发展。对于以美国为代表的发达国家而言,知识产权法律保护的意义早就超越出知识产权保护自身而演化成为一种经济竞争的手段。伴随着知识产品行销全世界,美国人不仅将他们的文化和价值观念灌输到地球的每一个角落;而且,还适时地将他们的法律理念和法律标准灌输给其他国家。当然,美国这样做的目的绝不是为了提高其他国家的法治水平,而是为了要保证美国在全球的政治和经济利益,以及维护其"知识霸权"的地位。③

---

① Breman Daniel K., Words Like Labored Glass: the Role of the Press in Taiwan's Democratization Process 10—21 (Westview Press 1992).

② 1928年,国民政府颁布了一部《著作权法》,制定该法的目的,一方面是为结束长期分裂、混乱的局面打下一个法律基础;另一方面,也是要使西方列强相信,治外法权已不再"合理"了。正如亨瑞·威尔指出的那样:"中国引进知识产权的根本动机是来自对外开放的需求:寻求贸易、吸引外资以及从西方获得迫切需要的技术设备。"在这种功利的动机驱动之下,这部《著作权法》大量地引进大陆法系的德国法和日本法的内容。然而,由于该法的规定与现实生活的距离太大,致使在实际执行过程中大打折扣。对于这部《著作权法》,著名法学家钱端升教授曾经评论道:"就立法者而言,这部法典总的看来是不错的。然而,由于涉讼的难度、法官的素质,特别是司法行政机关以外的权力机关的干预等因素,它究竟能否被适当地付诸实施则成为值得怀疑的事情。"

③ 1998年比尔·盖茨在《财经》杂志上曾公开表示,中国人不喜欢花钱买软件,而是更喜欢偷软件,"如果他们要偷,就让他们偷我们的软件好了。"他相信用户会上瘾,并把希望寄托在未来的收益上。比尔·盖茨的言论在中国同行业内引起强烈反响,认为这是发达国家"知识霸权主义"的表现,呼吁要重新审视对软件知识产权的保护,建立合理的保护秩序。参见方兴东、王俊秀:《起来——挑战微软霸权》,中华工商出版社1999年版,第12—15页。

(一) 知识产权压力

1986年3月,包括杜邦、通用电子和IBM公司在内的美国13家主要公司,组成了一个知识产权委员会,旨在推动关贸总协定(GATT)乌拉圭回合谈判将与贸易有关的知识产权纳入议题。1988年该委员会与日本经济团体联合会(KEIDANREN)和欧洲的工业及资方联盟(UNICE)一起共同提出了一份题为《关贸总协定关于知识产权的规定的基本框架》的报告,建议GATT通过一部独立的知识产权法典。报告被一并送交美国、欧洲共同体、欧洲各国和日本政府参考。该报告特别强调了工业化国家因其他国家未能给予其充分的知识产权保护而蒙受的巨大损失。报告还进一步强调,由于缺乏严格和统一的知识产权保护的国际标准,美国公司因此而遭受巨大损失。美国产品仅在1986年所遭受的损失就大约在430亿至610亿美元之间,因此,美国成为将知识产权保护纳入GATT的主要倡导国家。至于欧洲和日本政府,虽然与美国在知识产权保护问题上存在分歧,但是,加强知识产权保护对他们而言仍然有利可图,因此,欧洲和日本也同意把知识产权纳入到GATT框架中去。

乌拉圭回合的谈判进行得异常艰苦。就发达国家而言,由于在提供技术密集型产品上具有优势,因此积极主张贸易自由化措施;就发展中国家来说,其竞争性优势在于劳动密集型产品,因此劳务贸易自由化对其比较有利。所以,发达国家与发展中国家在维护各自利益方面存在着尖锐的对立。在持续两年多的谈判过程中,以美国为代表的西方国家软硬兼施,终于使发展中国家接受了西方国家所提出的基本条件。于是《与贸易有关的知识产权协议》(TRIPs协议)宣告诞生。

在此之前,1974年颁布的《美国贸易法》中规定了特别301条款,其效力就是授权美国总统对违反国际条约,或者采用不公平、不合理或歧视性手段限制美国贸易的国家的贸易行为进行制裁。在这些场合下,美国总统有权根据实际情况增加关税和税收,甚至还可以直接禁止侵权国家的产品或服务向美国进口。"特别301条款"的主要特征是遭受这些制裁措施而影响的产品不一定与遭受禁止的产品或服务相关。就在"特别301条款"出台的第二年,美国总统即指令美国贸易代表提交一份关于制裁朝鲜的议案,其理由是朝鲜在知识产权领域实行不平等贸易;朝鲜的立法不能为粮食、化工以及制药产品提供专利保护,而且,朝鲜的版权法也不能保护美国作者的作品。1986年,美国在推动关贸总协定乌拉圭回合谈判的过程中,就是利用这个"特别301条款"逼迫泰国、印尼、墨西哥和巴西等发展中国家就范的。相形之下,中国的境遇也并不比上述国家好。自1986年以后,几乎每年中国都要遭受美国根据"特别301条款"而提出的黄牌警告。①

1989年,美国政府在总结与中国关于知识产权保护的谈判时,威胁说,如果中国不依照美国的意愿修订有关计算机保护的法律,美国将对中国实施空前严厉的制

---

① Henry J. H. Wheare, Has China Fulfilled Its Pledge to Protect Foreign Intellectual Property Right?, in China Law and Practice, Hong Kong, November 1996.

裁。同年年底,美国政府甚至要求中国政府在一个月内重写知识产权法,否则将面临巨大的关税制裁。

为了缓和与美国关于知识产权问题的激烈争端,1992年1月17日,中国与美国签订了《关于保护知识产权的谅解备忘录》,并于1995年2月、1996年6月两次与美国签署双边知识产权协议。

(二) 重建知识产权制度

在西方国家的强大压力之下,中国的知识产权保护无论是从立法、司法还是行政管理、教育研究等方面均发生了一系列的变化。从20世纪80年代到21世纪初的20年又可以分为以下两个阶段:

第一个阶段是20世纪80年代的10年,主要工作集中在制度建设上。首先在1982年颁布了《商标法》,紧接着在1984年和1990年分别颁布了《专利法》和《著作权法》。这三部法律的制定奠定了中国知识产权保护的基本制度构架。中国同时积极参与知识产权国际保护进程,首先于1980年加入了世界知识产权组织;1984年加入了《巴黎公约》;1989年签署了《关于集成电路的知识产权条约》,并于同年加入了《商标国际注册马德里协定》。

第二个阶段是20世纪90年代的10年。此时中国改革的重心已经从农村转移到城市,尤其是对国有企业的改革。在国际方面,为了履行与美国达成的《关于保护知识产权的谅解备忘录》,并为中国恢复关贸总协定缔约国地位创造有利条件;以及后来出于加入世界贸易组织的需要,中国的知识产权法律建设在这十年左右的时间里,进入与国际接轨的关键时期。① 在这一阶段,中国知识产权保护的主要法律都根据国际标准进行了修改,并制定了一些新的法律法规。首先在1991年颁布了《计算机软件保护条例》;1992年第一次修改了《专利法》;1993年第一次修改了《商标法》;1993年颁布了《反不正当竞争法》;1994年公布了《关于惩治著作权犯罪的决定》;1997年重新修改的《刑法》增加了侵犯知识产权犯罪的专章规定;2000年又第二次修改了《专利法》;2001年对《著作权法》进行了第一次修改,并第二次修改了《商标法》。中国还制定了不少与知识产权保护相关的行政法规,颁布了不少与知识产权保护相关的司法解释。

1992年中国分别加入了《伯尔尼公约》和《世界版权公约》;1993年加入了《保护录音制品制作者防止未经许可复制其录音制品公约》和《专利合作条约》,并签署了不少双边或多边知识产权保护协议。

在这一阶段,中国在知识产权保护的司法和行政方面的进步亦十分显著。自

---

① 中国是关贸总协定的创始缔约国之一。1950年3月,台湾当局非法以中国名义"退出"关贸总协定。1986年7月,中国政府正式提出恢复关贸总协定缔约国的申请,但由于主要发达国家的阻挠,始终未能"复关"。1996年1月1日起,世界贸易组织正式取代关贸总协定,成为一个独立于联合国的全球性经贸机构。之后,直至2001年,中国又为"入世"进行了艰苦地努力。而不论是"复关",还是其后的"入世",都是中国知识产权立法和修法重要的外部推动力量。

1993年起,全国主要省市的高、中级人民法院均设立了知识产权审判庭,同时还进一步加强了行政管理部门对知识产权保护的职能。

(三) 存在的问题

上述立法、行政和司法方面所作出的努力具有积极意义,至少在客观上改善了中国知识产权法律保护的记录。然而,这种在强大的外界政治、经济压力下的立法、修法,不可避免地要去迎合西方国家的要求,如此则势必会牺牲中国知识产权法律应有的独立品格。正如哈佛大学教授威廉·阿尔福特所说:"在知识产权问题上美国对华采取的政策的目的是要保护美国人的财产利益。尽管有时它也会打出国际社会的旗号,但绝不是为了全世界人的利益。正是由于这一点才能够解释为什么中国的法律很难运作,因为这个制度在极大程度上是为美国人而非中国人设计的。"①

同时,令人忧虑的是在中国立法、司法以及学术领域也普遍存在着一种不切实际地力图想方设法提高中国知识产权保护的水平,以适应以西方发达国家为主导的国际社会对中国知识产权保护的要求的倾向。在这种情况下,法律的水土不服在所难免。立法与司法、理论与实践的脱节,致使肃穆威严的法律规范遭遇到现实社会的冷淡应对而陷入十分尴尬的境地。

造成这种状况的主要原因在于,首先,中国从开始提出保护知识产权,其动机和目的都是在知识产权保护之外的;其次,数千年的中国文化传统和道德习惯对国人认知和行为具有巨大的影响。知识产权和知识产品自身的多重性格,使得对知识产权的保护从来都不像对物权的保护那样理所当然和天经地义。"付钱使用"的知识产权观念不仅仅是在付不付钱、付多少钱上打转,而是透露出文化和道德的价值倾向。中国的历史传承一直是以儒家文化为核心。到了近代,儒家文化遇到了马克思主义,两者的融合造就了当今社会占统治地位的意识形态。而无论是马克思,还是孔夫子,似乎都在排斥知识产权观念。儒家传统文化与马克思主义的结合,刚好形成了一道排斥知识私有化的思想屏障。这种与西方国家迥然不同的文化传统使得国人很难找到对知识产权的认同感。在这样一种文化传承和意识形态的影响下,知识产权法律制度的推行必然会面临很大的困难,这也是中国目前知识产权保护存在着诸多问题的重要原因。最后,传统的"公"与"私"的观念影响着立法者对知识产权性质的正确认识。②

有鉴于此,中国知识产权保护的法律制度必须尽量摆脱各种外界压力的困扰,去追求自己的独立品格。制度建立的关键是要立足于中国的国情。当然这并不意味着要排斥外国或国际上合理的理论和经验。就中国的文化传统而言,它既可能是中国法律的价值源泉,同时也可能成为中国发展现代知识产权制度的一个主要障

---

① W. P. Alford, To Steal a Book Is an Elegant Offence: Intellectual Property Law in Chinese Civilization (Stanford University Press 1995).

② 《刑法》(1997)仍旧将侵犯知识产权的犯罪放在"破坏社会主义市场经济秩序罪",而不是放在"侵犯财产罪"中便是明显的例子。

碍。在中国切实可行的知识产权法律保护体系必须是建立在对中国政治、经济体制的深刻理解之上,建立在以权利意识为基础的价值体系之上,建立在与国际标准合理结合的基础之上。

▶ 三、新的世纪、新的篇章

当然,不可否认的是,不论是清末修法还是20世纪80年代开始的新一轮知识产权法制建设,中国社会自身也会或多或少地存在一些对于知识产权保护的内部需求,总体而言,截至20世纪末,中国知识产权制度建设从总体上讲是被动的,是被西方发达国家牵着走的。

然而,从21世纪初直至目前,中国的国际、国内形势发生了深刻地变化。此时的中国,在基本完成了农村经济体制改革和城市国有企业改革之后,生产力得到了明显地释放,实现了国民经济的高速增长,随着国家综合实力的不断增强,科学创新与技术进步在生产力要素中占据的地位越来越重要。同时,随着经济全球化的日益深入和信息技术时代的到来,现代国家之间的竞争已经转变成科技实力和文化实力的竞争,中国传统的优势产业逐渐失去优势,国家的核心竞争力需要向高科技产业转变。而不断壮大并渐渐走出国门的中国企业,也面临着越来越多的来自国内外知识产权问题的挑战。至此,知识产权保护及相关制度建设在中国已经成为一个不容轻视的问题,中国产生了强大的提高自我创新能力、促进本国创新事业发展的内部需求。当然,对中国提高知识产权保护水平和执行力度的外界压力始终存在,而TRIPs协议所规定的知识产权高水平保护与中国国情的契合度也绝非严丝合缝,但中国对于知识产权的保护从清末在枪口下被迫接受的舶来品,到20世纪八九十年代面对西方国家指责时的被动应对,时至今日第一次具有了主动进行制度安排的属性。

在这种情况下,2008年6月10日国务院发布了《国家知识产权战略纲要》,明确提出建设创新型国家的目标,并宣布到2020年要将中国建设成为知识产权创造、运用、保护和管理水平较高的国家;在5年内,争取自主知识产权水平大幅度提高,运用知识产权的效果明显增强,知识产权保护状况明显改善,使整个社会的知识产权意识普遍提高。在纲要的指引下,中国立足于自身的经济社会发展需要对知识产权法律制度中的主要组成部分开启了新一轮的修订工作;2008年第三次修改了《专利法》,2013年第三次修改了《商标法》,《著作权法》的第三次修改、《专利法》的第四次修改也正在紧张地进行中。除了对主要法律进行修改外,中国在知识产权司法制度层面也结合实际作出了安排,十二届全国人大常委会第十六次会议表决通过了《关于在北京、上海、广州设立知识产权法院的决定》,根据这一决定,北京、上海、广州分别建立了专门负责审理知识产权案件的司法机构,由此来回应国家发展战略改变而对知识产权司法保护提出的需求。

我们欣喜地看到,中国进行知识产权保护的动机和目的正在逐步完成由外而内的转变,即由外在压力为主转变为内生需求为主。具有中国独立品格的、基本符合中国社会和经济发展状况的知识产权法律制度正在形成。

第三节　知识产权制度的发展趋势

一、知识产权的基本发展趋势

20世纪后半叶是世界知识产权制度发展的重要时期。在此期间,知识产权法律制度获得了全面、深入和系统的发展,主要表现在以下几个方面:

(1) 知识产权保护客体呈现出多元化的发展。随着新技术、新知识的不断涌现,知识财产的新类型不断涌现,知识产权的保护范围也从传统的专利、商标和著作权扩展到包括计算机软件、集成电路、植物新品种、商业秘密和试验数据在内的多元对象。世界各国在不断解决科学技术发展所带来的新问题的过程中,逐步完善知识产权制度。

(2) 知识产权保护的领域不断拓宽。从20世纪70年代开始,许多国家开始对已有的知识产权法律制度进行修订,知识产权保护的领域被不断拓宽。许多国家,尤其是西方发达国家,将专利保护的范围扩展到了非常广阔的领域。这种发展变化也直接影响了一些国际公约的规定,例如,TRIPs协议规定:"一切技术领域中的任何发明,无论产品发明或方法发明,只要具有新颖性、包含创造性特征并可付诸工业应用,均应有可能获得专利。"

(3) 知识产权的保护期限呈现出普遍被延长的趋势。知识产权作为一种民事权利,其时间效力受到法律规定的限制,但是随着经济社会的发展,知识产权日益成为社会经济生产的重要因素。由此而产生的变化是,西方发达国家普遍采取对知识产权强势保护的立场,纷纷通过制定或修改法律延长知识产权的保护期。

(4) 加大对知识产权侵权处罚的力度。在西方国家对知识产权强势保护的立场影响下,世界各国也在不断地强化对知识产权侵权的处罚力度,具体表现为:侵权行为构成变得更为严格;侵权责任性质不断加重;侵权赔偿数额不断增大。

(5) 值得特别提出的是,国际社会在强调高标准、高水平保护知识产权的同时,还要对发展中国家的公共健康、基本人权、技术引进、使用和转让等问题给予足够关注。以TRIPs协议为核心的国际知识产权保护制度并不完美,因此有必要继续推动对现行知识产权制度的改革,在强调保护知识产权的同时,也要防止知识产权的垄断和滥用,以实现私权保护和知识分享两个方面的利益平衡。

二、法典化的呼声渐高

现代科学技术的发展将全世界带入一个以知识财产为财产主流的时代,财产的意义和价值均发生了实质性变化,知识产权在整个财产权体系中脱颖而出,在国际贸易中的地位由附属向主导转化,引发了世界各国及许多区域性、国际性组织对知识产权的极大关注,掀起了知识产权法典化立法的浪潮,并且取得了举世瞩目的成就,如 WTO 历史性地将国际贸易中的知识产权保护问题统一到 TRIPs 协议中。这一切表明,制定一部系统的知识产权法典是现代高科技发展对知识产权立法的必然要求。知识产权法的法典化,反映了在知识经济时代和数字化网络技术背景下知识产权保护的历史性变革,以及知识产权法律价值与地位的时代变迁。传统的旧结构体系正面临着巨大的挑战,著作权与工业产权的分工也正变得越来越模糊,权利的交叉规范和保护成为必要和现实,这些必然影响知识产权立法的模式和内容。

1992 年 7 月,法国突破传统的立法体例,颁布了独立于民法之外的《知识产权法典》(法律部分),在知识产权领域率先创造了与民法典分庭抗礼的独立的法典形式,刷新了知识产权立法的历史。就中国目前的法律体系看,知识产权法是由《民法通则》(2009)中有关知识产权的一般规定和一系列不同的单行法规共同构成的。《民法通则》最初制定于 1986 年,在长期的适用过程中并未进行修改,其中有关知识产权的一般规定并不能起到提纲挈领、协调统一知识产权法律体系中各单行法规的作用。由于缺少一般规定,各单行法规有关具体制度的规定不可避免地存在着一定的冲突。所以,制定统一的知识产权法典,不仅可行而且必要。从实质上看,专利权、著作权和商标权分别属于知识产权的不同形式,之间具有内在的逻辑关系,在立法上不应彼此独立,而应成为一个有机的整体。制定统一的知识产权法典,有利于消除权利之间的冲突,实现规范体系的内在和谐。

第四节 知识产权的基础问题

▶ 一、知识产权的概念、范围和类型

(一) 知识产权的概念

知识产权,也被称为智慧财产权或智力财产权,是指民事主体对其智力创造成果依法享有的民事权利;通常是在特定期限内,赋予创造者就其创造成果的使用所享有的独占权或专有权。① 1967 年在斯德哥尔摩缔结的《建立世界知识产权组织公约》明确提出了知识产权的概念。时至今日,知识产权已经成为科学技术、文学艺术和经济贸易领域内智力成果法律化的通用术语,并为相关的国际公约、国内立法以及国际和国内贸易实践所广泛接受。

关于知识产权的概念,学术界历来存在着不同的观点,其中最具代表性的观点

---

① "知识产权"一词的英语是 intellectual property、德语是 Geistigeseigentum、法语是 propriété intellectuelle,确切含义都是"智慧财产权"或"智力财产权"。不过自 1967 年在斯德哥尔摩签订《建立世界知识产权组织公约》后,国际社会开始接受"知识产权"的概念。在中国台湾、香港和澳门地区,一般将 intellectual property 译成"智慧财产权"或"智力财产权";但是在中国大陆,自 20 世纪 70 年代以来,该词一直被翻译为"知识产权",至今已为大多数人所接受,并在相关立法中得到普遍使用。参见林刚:《知识产权法学》,中国法制出版社 1999 年版,第 1 页。

有两种：一种观点认为，知识产权是人们就其智力创造成果所依法享有的专有权利①；另一种观点认为，知识产权是智力成果的创造人依法享有的权利和经营活动中标记所有人所依法享有的权利的总称②。上述两种观点其实并没有本质上的区别，唯不同者在于：前者的概括性比较强，智力创造成果不仅包括各类文学艺术作品和发明创造，而且还将商标和商号等具有识别功能的商业标志也囊括其中；而后者则将商业标志单列出来，并与作品等狭义的智力成果相并列。从总体上看，前一种定义的抽象性较强，从逻辑学的角度略胜一筹；而后一种定义则是从常识和经验出发，更有利于人们的理解。

知识产权是知识产权法调整的基本对象，其本身就包含着知识共享和知识独占之间的基本矛盾。从知识论的角度看，可以将满足人们审美需要的作品和满足人们实用需要的发明和商标等视为某种知识。而从社会论的角度看，知识属于全社会，是整个人类的共同精神财富。③ 在现实生活中，由于知识的"公共物品"的属性，致使知识创造者无法在事实上对之加以有效地控制。为了保护智力创造成果不致不合理地被他人分享，防止"搭便车"等投机行为，鼓励知识创新，保护创造者的积极性，知识产权制度的设立便成为经济社会健康发展之必需。

（二）知识产权的范围

《建立世界知识产权组织公约》和TRIPs协议是迄今为止最为全面和系统地调整知识产权的国际公约。

根据《建立世界知识产权组织公约》第2条的规定，知识产权的客体主要包括下列内容：

（1）文学、艺术和科学作品；

（2）表演艺术家的表演以及唱片和广播节目；

（3）人类一切活动领域的发明；

（4）科学发现；

（5）工业品外观设计；

（6）商标、服务标记以及商业名称和标志；

（7）制止不正当竞争；

（8）在工业、科学和文学艺术领域内由于智力创造活动而产生的其他权利。

从上述所列内容不难看出，该公约所划定的知识产权范围还是比较宽泛的，不过，真正能把世界知识产权组织所列举的知识产权内容全部作为国内法保护对象的国家并不多见。④

1994年关贸总协定乌拉圭回合谈判所缔结的TRIPs协议并未对知识产权作出

---

① 郑成思：《知识产权法教程》，法律出版社1993年版，第1页。
② 刘春田：《知识产权法教程》，中国人民大学出版社1995年版，第1页。
③ 汪丁丁：《知识印象》，中信出版社2003年版，第221页。
④ 郑成思：《知识产权法》，法律出版社2003年版，第5页。

一个完整的定义,只是在其第 1 条第 2 款中规定了其所适用的知识产权的基本类型:

(1) 著作权和邻接权;

(2) 商标权;

(3) 地理标记权;

(4) 工业品外观设计权;

(5) 专利权;

(6) 集成电路布图设计权;

(7) 未披露信息专有权。

同此前其他有关知识产权的国际公约相比,TRIPs 协议增加了一些新权利,如集成电路布图设计权;重点强调了一些权利,如地理标记权、未披露信息专有权。但是,无论如何应该承认,TRIPs 协议所确定的知识产权的范围并非是缔约国之间平等协商的结果,而是主要反映了西方发达国家在对外贸易中保护本国利益的需要。①

随着经济社会的发展和科学技术的进步,知识产权法已经与市场经济和商品服务贸易紧密地联系在一起,许多新的知识财产被不断地整合到已有的知识产权法的范畴之中,从而使得知识产权的客体范围不断扩大,与之相应的知识产权法亦呈现扩张的趋势。

(三) 知识产权的类型

可以从广义、狭义两个角度去分析知识产权:就广义而言,上述两个国际条约所确定的知识产权的范围可以说涵盖了目前知识产权的全部内容;而就狭义而言,知识产权仅包括著作权(作者权或版权)②、专利权和商标权等三项内容。而根据功用标准,还可以再把狭义的知识产权分为两类:即文学艺术产权和工业产权。文学艺术产权主要是满足人类的精神需求或者审美需求;工业产权主要是满足人类的物质需求或者说对实用的追求。

文学艺术产权是指文学、艺术和科学作品的创作者和传播者依法所享有的专有权利。其本质在于将具有原创性的作品和传播这种作品的形式纳入其保护范围,从而在创作者的思想表达形式领域内形成知识产权保护的独特领域。③ 文学艺术产权主要包括著作权和邻接权。目前国际社会保护这两类产权的国际公约主要是《伯尔尼公约》和《保护表演者、音像制品制作者和广播组织罗马公约》(《罗马公约》);在中国,《著作权法》对上述两种权利一并予以保护。

工业产权是指工业、商业、农业、林业和其他产业中的民事主体对其发明创造以及区别性商业标志等依法享有的专有权利。可见,所谓"工业产权"只是一种历史上

---

① 郑成思:《知识产权法》,法律出版社 2003 年版,第 57 页。

② 王宏军:《两大法系著作权法、版权法中有关精神权利的比较研究》,载赵海峰:《国际法与比较法论坛》(第 2—3 辑),黑龙江人民出版社 2008 年版,第 402—417 页。

③ 吴汉东:《知识产权法学》,北京大学出版社 2005 年版,第 2 页。

沿用下来的、约定俗成的说法，严格说来实为"产业产权"。工业产权所保护的客体十分复杂，其中最主要的是专利权和商标权等。在国际上，保护工业产权的条约主要是《巴黎公约》，其在十分宽泛的领域为各种工业产权提供了基础性的国际法保护；在中国，保护工业产权的法律主要是《专利法》和《商标法》。

随着科学技术的进步和经济社会的发展，传统的文学艺术产权和工业产权的"两分法"逐渐变得模糊，某些处于中间状态的客体对象开始出现。如汽车的外观设计，既要满足消费者的审美需要，使之类似于美术作品，同时还必须能够在生产线上被加工制造，从而具备类似发明的实用特点。对于这类情况，如果单独沿用已有的专利法和著作权法等传统的保护形式已经显得力不从心，因此有些国家特别制定了保护工业品外观设计的单行法。类似的对象还有计算机软件、集成电路布图设计、印刷字体等，许多国家也是通过制定单行的工业版权法来实施保护的。随着科学技术的迅猛发展，新型的智力活动成果不断涌现，尤其是发生在生物工程技术、遗传基因技术和植物新品种等领域的科技新成果，为知识产权的基本类型的发展增添了新的内容。此外，遗传资源、传统知识和民间文学艺术也都已经成为或将要成为知识产权的保护对象。

▶ 二、知识产权的形态及其与物权的区别

（一）知识产权的权利形态

大陆法系将法律分为公法与私法。与这种分类相对应，权利也被相应地分为公权和私权。"以政府生活上之利益为内容者，为公权。以社会生活之利益为内容者，为私权。"[①]前者如政府对社会、经济、文化的行政权力等；后者如民事主体所拥有的物权和债权等。区分公法和私法的意义在于，私法和公法有着不同的规范原则。私法以个人自由意志选择为特征；公法则以强制或拘束为内容。私法强调自主决定；而公法则须有法律的依据及一定的权限，亦即国家为更高的价值或公益而实施强制或干预时，应有正当理由。[②] 由此可见，理论上对于公法和私法、公权和私权的分类，其最终的目的在于，当国家权力介入私人生活，尤其是私人的经济事务时，应该特别坚守谦抑和节制的原则。

相对于有着悠久历史的物权、债权等传统民事权利，知识产权无疑是一种年轻的权利形态。在《民法通则》（2009）中，知识产权作为一种民事权利，与物权、债权、人身权等民事权利相提并论；TRIPs协议在其序言中明确宣布知识产权是私权。在国际范围内，知识产权的私权属性已经得到了广泛的认可。知识产权作为私权是近代社会经济发展和制度变迁的结果，经历了由封建社会特权向资本主义财产权嬗变的历史过程。历史证明，对知识产权私权属性的认可，为私人在制度层面提供了获

---

① 史尚宽：《民法总论》，中国政法大学出版社2000年版，第19页。
② 王泽鉴：《民法概要》，中国政法大学出版社2003年版，第4页。

取财产的新方式。①

(二) 知识产权与物权的区别

关于知识产权与物权的关系问题,在理论上存在着不同的观点。有一种观点认为,应将知识产权与物权并列为支配权②;还有一种观点认为,应该建立一种"大物权"的概念,即通过将物权的客体扩充至智力创造成果,使知识产权成为一种特殊的物权③;也有一种观点认为,知识产权作为民事权利具有特殊性④,与物权相比有很大的不同⑤,知识产权首先应被理解成为是一种排他权⑥。无论如何,知识产权与物权的区别和联系已经成为知识产权法律制度中最基础的理论问题。

1. 知识产权客体与物权客体的区别

法是源于客观事物性质的必然关系,由于客观事物的性质不同,因此法律的调整方式和形式亦各不相同。⑦ 知识产权的客体是人们通过精神劳动而产生的智力性成果,就智力成果而言,其本质上属于一种信息或知识,通过与其接触,其他人可以掌握这些信息和知识。一般说来,智力成果具有"开发难、复制易"的特点,并且随着复制技术的发展,智力成果的复制成本也在不断地降低,使大规模的复制成为可能。此外,智力成果不会因为其自身被复制而发生任何损耗,某种智力成果被人们弃而不用,并非是由于智力成果本身与其产生之初相比有所损耗,而是由于产生了更好的智力成果而被代替,是市场选择的结果。智力成果具有可传递性、复制性和非损耗性的特点,这些成果决定了智力成果在同一时间可以满足多数人同质性地利用。

物权的客体一般是指有体物。为了使法律关系明确,便于公示以保护交易安全,一般采取物权标的物特定原则。⑧ 由于物权的客体为特定的有体物,因此可以对该有体物进行自然意义上的人力控制,即在同一时间,特定的有体物只能被某一主体所占有和使用。在对有体物的利用方式上,主要是围绕该有体物自身实现其相应的使用价值,而无需也无法通过复制来扩充自身的存在,亦不存在将有体物作为知识的利用或是将有体物作为其他物的智力内核来利用的可能。

民事权利客体的属性不同,不但决定了权利效力上的不同,甚至在某种意义上决定了相关法律制度的整体,我们认知某一民事权利制度的逻辑起点显然是该客体

---

① 吴汉东等:《知识产权基本问题研究》,中国人民大学出版社2005年版,第8—9页。
② 〔德〕卡尔·拉伦茨:《德国民法通论》,谢怀栻等译,法律出版社2002年版,第218页;史尚宽:《民法总论》,中国政法大学出版社2000年版,第25页;魏振瀛:《民法》,北京大学出版社、高等教育出版社2000年版,第38页。
③ 尹田:《法国物权法》,法律出版社1988年版,第122页;周林彬:《物权法新论》,中国政法大学出版社2003年版,第38页。
④ 郑成思:《知识产权法——新世纪的若干研究重点》,法律出版社2004年版,第59—73页。
⑤ 吴汉东:《知识产权法学》(第三版),北京大学出版社2005年版,第5—6页。
⑥ 〔印〕甘古力:《知识产权:释放知识经济的能量》,宋建华等译,知识产权出版社2004年版,第125页;〔日〕富田彻男:《市场竞争中的知识产权》,廖正衡等译,商务印书馆2000年版,第20页。
⑦ 〔法〕孟德斯鸠:《论法的精神》(上册),孙立坚等译,陕西人民出版社2001年版,第5页。
⑧ 王泽鉴:《民法物权》(通则·所有权),中国政法大学出版社2001年版,第52—53页。

的特殊属性。因此，不论是在客体的特征上还是在利用方式上，作为知识产权客体的智力成果与作为物权客体的有体物相比都存在着明显的不同，并由此决定了知识产权在权利效力上不同于物权的显著特征。

2. 物权首先是支配权，知识产权首先是排他权

"所谓支配权者系指直接对于权利之标的，得为法律所许范围内之行为的权利也……支配权概有排他性，即使他人不得为同一行为也。"① 采用这样的定义被用来解释物权的效力无疑是具有说服力的，因为物权的积极效力和排他效力在范围上具有一致性。当谈到物权是支配权的时候，也就意味着他人被排除在该物权之外，在这种意义上说，物权主要表现为一种支配权。然而，对于知识产权而言，其积极效力和排他效力在范围上并不总是具有严格的一致性，知识产权积极效力的发挥往往是以排他效力的实现为前提的，因此在许多场合下知识产权表现更多的是排他效力，而不是积极效力。

物权首先是支配权。由于物权的客体是特定的有体物，能够通过占有实现对特定物的控制，并进而实现物上的各种利益，因此物权在本质上被视为一种物的归属权，即法律将特定物归属于某个权利主体，由其直接支配并享受其利益，排除他人对该支配领域的任何侵害或干预，这是物权的本质所在。② 换言之，就物权制度的设计而言，立法首先追求的是保证权利人对某一有体物的占有和控制，使该物能够圆满地归属于他。"对物的支配和控制"在物权的制度安排中永远处于统帅地位。③ 在这种意义上说，物权首先是一种支配权。

如果对某一有体物的占有和支配能够实现，则意味着在同一时空条件下，其他的民事主体不能对同一有体物实施同样的支配行为，这样物权作为排他权的属性便得以实现。也就是说，物权作为支配权被实现同时也就意味着排他权的实现，物权人积极的支配行为的实施也就意味着他人不可能在相同条件下实施相同的支配行为，因此，物权的支配权和排他权在效力范围上具有一致性。

与物权的支配权本质属性不同，知识产权首先应被理解为是一种排他权，这是因为：

(1) 排他权是知识产权的本质属性。以改进发明为例，由于某改进发明包含了在先发明的全部必要技术特征，即使改进发明人对该改进发明享有专利权，但如未经许可将改进发明进行生产经营性实施，必然会侵犯在先发明专利权人的权益，因此改进发明的权利人所享有的专利权实际上为一种排他权，即其可以排斥他人（包括在先发明人）实施该改进发明，但其支配权的落实有赖于在先发明专利权人的授权。

(2) 知识产权更多地表现为排他权。例如，就商标权作为支配权而言，其权利

---

① 史尚宽：《民法总论》，中国政法大学出版社2000年版，第25页。
② 王泽鉴：《民法物权》（通则·所有权），中国政法大学出版社2001年版，第37页。
③ 郑成思：《知识产权——应用法学与基本理论》，人民出版社2005年版，第118页。

的效力范围相对比较狭窄,但是就商标权作为排他权而言,其权利的效力范围却相对比较宽泛,驰名商标尤其如此。亦即,商标权所蕴含的排他性和支配性在效力范围上并不平衡,排他性效力远远大于其所体现的支配性效力。

(3) 对智力成果的生产经营性支配还需要具备其他物质和法律条件。在将智力成果投入生产经营时,除了拥有知识产权之外,至少还必须具备其他两个条件:物质条件和经营资格。从某种意义上说,智力成果还只是一种"准财产",有待于对其进行"填附补充"方能形成财产。① 事实上,在许多情况下,有关知识产权的生产经营并不能仅在知识产权法的框架下来完成,而且还必须要符合有关行政法或经济法的规范要求。

(4) 对智力成果的形式上占有要求知识产权必须具有排他性。与物权的情形不同的是,知识产权权利人无法实现对智力成果的完全控制,因为智力成果在知识产权利用过程中往往会面向社会公开,如在商标公告中需要公开该注册商标"清晰"的商标图样;在专利公告中,通过说明书会使专利技术方案被清楚、完整地展现,使普通技术人员可以实施。而且,智力成果在生产中还必须与物质载体相结合方能以商品形态进入市场,例如,文字作品以图书、期刊等知识商品的形态进入市场;专利技术以专利产品为承载物进入市场;商标则以商标标识为第一载体进而以附着该商标标识的相关商品为第二载体进入市场。作为购买者,社会中的每一个人都有可能接触到该智力成果,而在巨大的经济利益的诱惑下每一个人也都有可能成为侵权行为人。由于侵权的生产成本不高,侵权产品的售价低廉,因此在知识产权领域就会出现一种"劣币驱逐良币"的现象,整个社会的创造热情将会遭受打击并因此而发生萎缩。由此可见,就知识产权的效力而言,问题的关键并不在于知识产权的支配性,而是在于它的排他性。

3. 作为支配权的物权与作为支配权的知识产权的区别

(1) 就支配范围而言,物权是对有体物的全面支配,而知识产权则是对智力成果的有限支配。

在一般情况下,物权的客体都是特定和独立之物②,唯有如此才能满足支配的需要以及公示的需要。如果要想现实地支配某个实物,则必须首先占有该物,并进而发挥该物的相应使用功能。在权利人控制、使用该物的同时,其他人是无法从事相同的行为的。正是在这种意义上,物权被视为一种典型的支配权,尤其是所有权可以实现对相应有体物的全面支配。

相形之下,知识产权则仅仅是对某一智力成果的有限支配。这种有限的支配主要表现在两个方面:第一,知识产权具有时间性和地域性的限制;第二,知识产权权利人仅仅是独占性地支配该智力成果的生产和利用,而对于智力成果的许多方面,

---

① 龙文懋:《知识产权法哲学初探》,人民出版社2003年版,第63页。
② 史尚宽:《物权法论》,中国政法大学出版社2000年版,第8页。

权利人是无能为力的。由于智力成果具有可传递性、可复制性和非损耗性等特点,智力成果通过复制自身并与有形载体相结合便可以形成无限多个"同一"的存在。例如,专利权人实施某项技术方案,生产并销售了1,000件专利产品,事实上在这1,000件专利产品里面含有一个共同的技术方案。在这种情况下,每一个购买者都可以通过使用该专利产品间接地利用该技术方案,或者说对其进行支配。同时,该技术方案经过专利公告后,便成为一种公开的技术资料,科学技术人员可以对其作进一步地研究,也可以把这种情况理解为实现科学研究意义上的支配。由此可见,对智力成果的支配至少存在着以下三种情况:一是作为一种知识被支配;二是该智力成果自身被复制并与有形载体相结合作为知识商品被销售,被称为生产经营性支配;三是购买了知识商品的人通过使用知识商品而间接支配该智力成果。知识产权法并未赋予知识产权权利人对上述三种支配方式的完全控制。事实上,知识产权作为一种支配权只能实现上述的第二种对智力成果的支配,亦即生产经营性支配。至于第一种情况,知识产权法并不禁止为科学研究和学习目的而使用权利人智力成果的行为。第三种情况则属于知识产权权利穷竭的情形,当购买人合法地购买了知识产权产品之后,进一步使用或销售并不侵权。

(2) 就支配后果而言,物权支配力的作用仅仅局限于物的本身,而知识产权支配力的作用则具有极强的衍生性。

尽管物权所有人可以全面支配某一有体物,但是其支配力的行使显然受制于该有体物的物质形态,因此,占有、使用或处分的行为都只能针对有体物本身。从支配后果上看,支配权的实现只能是使有体物自身的物质状态或权利状况发生变化,而不会对有体物之外的其他有体物产生直接影响,更不会对有体物所归属的市场产生决定性的影响。相形之下,尽管知识产权权利人只是对智力成果进行生产经营性的支配,但是如果从现实后果上看,该生产经营性支配作用的发挥却显现出极强的衍生性,即知识产权权利人通过对智力成果的生产经营性支配,能够控制相关的有形载体或有体财产,并进而形成一种垄断性的市场支配力量。[①] 为了实现对智力成果的复制和销售,仅凭信息和知识的本身是无法实现智力成果的商品化的,只有借助于有形载体才能够实现。在一般情况下,智力成果的商品化会使用或吸引大量的社会物质性资源,这样一来,知识产权权利人便可以通过对智力成果的支配权对生产

---

① 对智力成果的生产经营性支配所产生的衍生性社会作用并不仅局限在经济领域,在政治上也多有所反映,比如,Peter Drahos 认为,在抽象物(大致类似于本文中的智力成果)上设立财产权、知识产权的后果:一是会产生威胁权力,强化人身依附关系;二是通过权利扩张,使社会制度的分配越来越不均衡。See Peter Drahos, A Philosophy of Intellectual Property 152—64 (Dartmouth Publishing Company Limited 1996).

经营活动进行支配,并进而对社会物质性资源的配置产生影响。①

通过知识产权权利人独占智力成果并支配生产经营活动的法律机制,进而控制知识产权资本化的过程,可能会影响到一国的国内市场甚至国际市场,由于以智力成果为核心的知识商品的生产和销售会受到知识产权权利人强有力的控制,所以知识产权很有可能成为一股左右市场的垄断性力量。

综上所述,知识产权和物权在本质属性上存在着根本差异,物权首先是支配权,而知识产权首先是排他权。因此应当充分重视和理解知识产权与物权的这种差别,避免盲目地将民商法领域的制度适用于知识产权法领域,并应进一步加强知识产权理论研究,以更好地指导知识产权法律实践。

三、知识产权的特征

关于知识产权的特征,理论上存在着不同的观点。有一种观点认为,知识产权具有无形性、专有性、地域性、时间性和可复制性等五个基本特征②;另外还有一种观点认为,客体的非物质性是知识产权的本质特征,此外还具有专有性、地域性、时间性等三个特征③;还有一种观点认为,知识产权的特征实际上只有两个,即可复制性和权利内容的多元性与多重性,至于专有性、地域性等并非是知识产权的特点④。本书所持的立场是,知识产权具有客体的可复制性、专有性、地域性、时间性四个特征。

(一)客体的可复制性

知识产权客体的可复制性,是指知识产权保护的客体可以被固定在有形物上,并可以重复再现,重复利用的特性。换句话说,就是通过对知识产权的利用,将其客体和其本身体现在某种产品、作品及其复制品或其他物品等物质性的载体之上。

知识产权客体具有可复制性是知识产权可以被视为一种财产权的基本原因之一。就法律意义而言,知识产权是一种财产,是一种特殊的无形商品,具有价值和使用价值,这是知识产权可以被利用和交易的客观基础。知识产权的使用价值在于它是专有的,而且通过使用可以为拥有者带来持续的经济效益。知识产权的价值和使用价值可以体现在与之相关的某种产品、作品及其复制品或其他物品等物质载体中,正是由于知识产权的客体具有可复制性,才能使知识产权向其他客体物质载体的价值转移成为可能。

知识产权客体的可复制性也是构成知识产权独立的一个必要条件。无论是某种知识、信息,还是智力成果,都具有可复制性的特点。通过对知识产权客体的复

---

① Peter Drahos 这样描述知识产权资本化的简单过程,即在许多生产资料、产品(及服务)本身的背后存在着抽象物的支持,而通过知识产权法律,这些抽象物可以成为单独所有和控制的对象,抽象物本身为生产资料,可以在交易市场中买卖。See Peter Drahos, A Philosophy of Intellectual Property 156—7 (Dartmouth Publishing Company Limited 1996).
② 郑成思:《知识产权论》,法律出版社 2003 年版,第 63—76 页。
③ 吴汉东等:《知识产权基本问题研究》,中国人民大学出版社 2005 年版,第 15—24 页。
④ 刘春田:《知识财产权解析》,载《中国社会科学》2003 年第 4 期。

制,才能将其重置扩充,并借助有形的物质载体使知识产品最终进入市场。从可复制性的角度来看,复制对于著作权和工业产权具有不同的意义。对于著作权而言,复制的含义比较宽泛,既包括从平面到平面、从立体到立体的重复再现,也包括从平面到立体、从立体到平面的变化再现,以及从无形载体到有形物质载体的固定。对于工业产权而言,"复制"的含义相对比较狭窄,只包括从平面到平面、从立体到立体的重复再现。

(二) 专有性

知识产权的专有性,也被称为独占性、排他性或垄断性。就理论意义而言,知识产权的专有性主要表现为以下几个方面:

(1) 权利人依法可以独占其知识产权,充分体现了知识产权的专有性特征,即知识产权人对其知识产权享有独占权利。

(2) 知识产权具有排他性,在权利的有效期内,未经知识产权所有者的许可,在规定的地域内,任何人不得利用此项权利,否则将构成侵犯知识产权的行为。从这种意义出发,可以将知识产权所保护的客体,即符合知识产权法保护条件的智力成果与公有领域的智力成果加以区分。即是说,知识产权的客体必须处于"专有领域"并且具有"专有性",如果进入"公有领域",则不能再受知识产权的保护。

(3) 对于一项智力成果,国家所授予的某一类型的知识产权应是唯一的,不能再对同一智力成果授予他人同一类型的知识产权,以确保知识产权的权利主体具有唯一性。这体现了知识产权授予的专有性。不过,知识产权的专有性并不排除知识产权共有的存在。

就上述意义而言,体现了知识产权与有形财产权的区别。有形财产权的所有者,如拥有一台电脑的物权人,其权利范围仅限于对他的这台电脑的使用权和处分权,对其他同样的电脑则无权使用或处分,更无权禁止他人制造、销售同样的电脑。而对于取得这台电脑产品专利权的专利权人来讲,不仅具有禁止他人制造、销售相同的电脑的权利,而且可以阻止他人就相同的电脑取得专利权。可见,对于某一类有形物而言,有形财产权的"专有"才能称得上是真正的"专有"。

知识产权的专有性直接来自于法律的规定或国家的授权,这是知识产权的专有性不同于物权和人身权专有性的地方。知识产权的专有性的核心是对于知识产权生产和利用的支配。这种对知识产权的控制支配同对有形财产的控制支配具有实质性的区别。在有形财产制度中,财产所有人可以凭借对有形财产的占有而实施形式上的控制支配,因此,法律无须再对其加以专门授予,而且在很大程度上,对有形财产的利用是遵循意思自治原则。相形之下,知识产权却有所不同,由于知识产权的无形性,对知识产权的客体对象的利用需要借助知识产权法律的明示规定,即由法律界定出知识产权人行使权利的特定范围。这个特定范围便构成了知识产权的专有领域。

(三) 地域性

知识产权的地域性主要来源于国家主权原则,即一国授予的知识产权只能在该国范围内受到保护。知识产权的地域性是指依据一国法律所获得的知识产权,仅在该国领域内有效,而在其他国家原则上并不发生效力。① 知识产权的地域性包括四个方面的含义:

(1) 在每一个国家的知识产权效力由该国法决定;

(2) 知识产权仅影响在其被授予地域内的活动;

(3) 该权利仅能由被授予国国民或通过法律赋予相似地位的其他人予以主张;

(4) 该权利仅可在被授予的地域内有效,各国相互承认和保护彼此授予的知识产权。

由于知识产权客体的无形性和可复制性的特点,极容易受到来自国外的侵权,并由此产生了对知识产权的保护突破一国界线的需求。事实的确如此,自19世纪末以来,以保护知识产权为宗旨的国际条约日渐增多,缔约国也越来越多,效力越来越强。在这些条约中,一般都规定有最低保护条款、国民待遇原则、独立保护原则等,TRIPs协议还首次规定了保护知识产权的最惠国待遇原则。受这些条约的影响,各国的知识产权国内立法日益趋同,或者说知识产权的地域性特点在遭受经济全球化和一体化的挤压和影响。

知识产权的地域性还蕴涵着知识产权法制独立的意义。各国的国情不甚相同,出于法制本土化的考虑,各国的知识产权法制亦应各具特色,唯有如此,才能更好地维护本国的知识产权利益。然而,以 TRIPs 协议为代表的带有强制色彩的知识产权国际公约正在逐步融合各国的知识产权立法;一些大型跨国公司及其游说集团借助于发达国家的强权,通过各种纵横捭阖的手段构建"信息封建主义"。② 在关于知识产权的地域性问题上,西方发达国家和发展中国家采取了鲜明的不同立场。西方发达国家想方设法缩减知识产权的地域性,相对而言,发展中国家则应为了应对知识产权的国际化和标准化而竭尽全力地固守地域性阵地。

(四) 时间性

知识产权在时间上的有限性是世界各国为了促进科学文化发展、鼓励智力成果公开所普遍采用的原则。根据各类知识产权的性质、特征及本国实际情况,各国法律对著作权、专利权、商标权和其他知识产权都规定了相应的保护期限。根据知识产权的时间性要求,在法定的保护期限内权利有效,超过了保护期限则权利终止。这也是知识产权区别于有形财产权的一个特点。有形财产权的有效期限,以其标的物的存在为前提,在一般情况下法律不能规定其有效期限。相形之下,知识产权的有效期限则是法定的。

知识产权的终止或失效,只是意味着其权利的丧失,而作为权利客体对象的智力成果仍旧存在,只不过是由"专有领域"进入到"公有领域"。知识产权的时间性

---

① 韩赤风:《知识产权法》,清华大学出版社2005年版,第6页。

② 〔澳〕彼得·达沃豪斯、约翰·布雷斯韦特:《信息封建主义》,刘雪涛译,知识产权出版社2005年版,第1—3页。

表明,知识产权仅在法律规定的期限内受到保护,一旦超过法律规定的有效期限,知识产权就自行消灭,相关智力成果也就相应地成为全社会的公共财富,为全人类所共同使用。法律之所以要对知识产权设定一个保护期限,主要是为了更有效地推动科学技术和文学艺术的发展,照顾到知识产权人的利益与社会公众的利益之间的平衡。知识产权的时间性特征反映了建立知识产权法律制度的社会需要,创设知识产权的目的在于采取特别的法律手段调整因智力成果创造或利用而产生的社会关系,这一制度既要促进文化知识的广泛传播,又要注重保护智力成果创造者的合法利益,协调知识产权专有性与智力成果社会性之间的矛盾。

第二章 著作权法

著作权保护的是作者基于作品创作行为而享有的权利,作品是指文学、艺术和科学领域内具有独创性并能以某种有形形式复制的智力成果。邻接权(相关权)是与著作权有关的权利,保护的是出版者、表演者、录音录像制作者、广播电台和电视台在作品传播活动中所付出的创造性劳动。本章主要介绍了著作权的客体、主体、内容、归属、行使、限制以及法律保护,同时介绍了邻接权的概念以及出版者权、表演者权、录音录像者制作权和广播组织者权的相关规定。

著作权法是调整权利主体之间、权利主体和他人之间因著作权和邻接权的归属、行使、转让、许可或合理使用等原因而发生的民事法律关系的法律规范总合。这些民事关系一般分为三类：(1) 权利归属关系，即基于作品创作、传播行为所产生的相关权利由谁享有的法律关系；(2) 权利行使关系，即因著作权人或邻接权人的权利行使行为而发生的法律关系；(3) 著作权使用和转让关系，即因著作权人或邻接权人的权利许可使用或转让行为而产生的法律关系。

目前中国现行的与著作权有关的法律、法规、规章和司法解释主要有：《著作权法》(2010)、《著作权法实施条例》(2013)、最高人民法院《关于审理著作权民事纠纷案件适用法律问题的若干规定》(2002)和最高人民法院《关于审理侵害信息网络传播权民事纠纷案件适用法律若干问题的规定》(2012)等。

第一节 著作权的客体

著作权的客体是指著作权法律关系的载体，即受著作权法保护的作品。对于著作权的客体是否等同于著作权的对象，理论界存在不同观点。一种观点被称为"利益说"，认为著作权的对象是作品，而著作权的客体是著作权的对象与著作权法律规范相互作用的结果，即著作权法律设定保护的利益关系；对象是第一性的事物，而客体是第二性的。① 另一种观点被称为"客体说"，认为著作权的客体就是著作权的对象。② "利益说"和"客体说"之争，其实也是"知识产权的客体"和"知识产权的对象"争议在著作权领域的延伸。在民法学界，也存在民事权利对象和客体的争议，但主流观点采取"客体说"，将客体等同于对象，权利的客体亦可称为权利的标的，或权利的对象。③

作品能否成为著作权的客体是由法律规定的。在世界范围内，由于各国著作权法的具体规定不同，导致在不同国家中能够享有著作权的作品的范围也不同，这样就使得一件作品在一个国家能够享有著作权，而在另一个国家则可能不能享有著作权。当然，由于受到共同参加的有关著作权保护国际公约的约束和规范，对于一般性的文学艺术和科学领域中的作品来说，由于其内容是服务于全人类的，因此，在绝大多数国家都能够享有著作权。

▶ 一、作品的概念

在世界各国著作权法的规定中，由于立法模式和法律文化的差异，对于作品一

---

① 刘春田：《知识财产权解析》，载《中国社会科学》2003年第4期；刘春田主编：《知识产权法》(第三版)，中国人民大学出版社2007年版，第9、59页。
② 吴汉东主编：《知识产权法》(第四版)，中国政法大学出版社2007年版，第39页；沈仁干等：《著作权法概论》(修订本)，商务印书馆2003年版，第64页；张玉敏主编：《知识产权法》，法律出版社2005年版，第81页；李明德、许超：《著作权法》，法律出版社2003年版，第26页。
③ 梁慧星：《民法总论》，法律出版社1996年版，第50页。

词的概念有着不同的立法规定。但是，由于受到共同参加的有关著作权保护国际公约的规范，各国立法中有关作品的含义还是基本相近或者相同的。

（一）国际公约

在世界范围内，1886年缔结的《伯尔尼公约》是当今世界上最重要的保护著作权的国际公约。《伯尔尼公约》自其缔结至今已经经历了近130年的时间，在此期间，该公约不断得到修订和完善。中国于1992年10月参加该公约。

《伯尔尼公约》第2条对作品作出了如下定义："文学和艺术作品"一词包括文学、科学和艺术领域内的一切成果，不论其表现形式或方式如何，诸如书籍、小册子和其他文字作品；讲课、演讲、讲道和其他同类性质作品；戏剧或音乐戏剧作品；舞蹈艺术作品和哑剧；配词或未配词的乐曲；电影作品和以类似摄制电影的方法表现的作品；图画、油画、建筑、雕塑、雕刻和版画作品；摄影作品和以类似摄影的方法表现的作品；实用艺术作品；与地理、地形、建筑或科学有关的插图、地图、设计图、草图和立体作品。上述定义对公约全体成员国均有指导和约束效力。

（二）中国立法

中国《著作权法》(2010)中未对作品做出定义。作品的定义规定在《著作权法实施条例》(2013)第2条，即：著作权法所称作品，是指文学、艺术和科学领域内具有独创性并能以某种有形形式复制的智力成果。这里的"独创性"一般理解为"原创性"，即指作品应通过作者的构思和脑力活动进行创作，不应当是通过抄袭他人的作品而获得。同时《著作权法实施条例》(2013)第3条规定，著作权法所称创作，是指直接产生文学、艺术和科学作品的智力活动；为他人创作进行组织工作，提供咨询意见、物质条件，或者进行其他辅助工作，均不视为创作。

▶ 二、作品的种类

（一）作品种类的划分与法律保护的关系

因为对作品管理和保护使用的需要，现行的《著作权法》(2010)对作品进行了分类，《著作权法实施条例》(2013)对各类作品进行了明确的定义。

需要说明的是，这种对作品类别的划分并不影响法律对作品的保护，即作品只要符合法律规定的要件，就能够享有著作权，依法受到法律的保护，不受法律对作品分类的影响。而且，即使社会现实中的某些作品难以被划归到法律规定的某类作品中，如果按照法律规定能够依法享有著作权的，也同样能够受到法律的保护。

（二）中国立法中的作品种类

1. 《著作权法》(2010)对作品种类的划分

根据《著作权法》(2010)第3条的规定，作品主要包括以下类型：

(1) 文字作品；

(2) 口述作品；

(3) 音乐、戏剧、曲艺、舞蹈、杂技艺术作品；

（4）美术、建筑作品；

（5）摄影作品；

（6）电影作品和以类似摄制电影的方法创作的作品；

（7）工程设计图、产品设计图、地图、示意图等图形作品和模型作品；

（8）计算机软件；

（9）法律、行政法规规定的其他作品。

2.《著作权法实施条例》(2013)对各类作品的定义

《著作权法实施条例》(2013)在第4条中对各类作品进行了定义：

（1）文字作品，是指小说、诗词、散文、论文等以文字形式表现的作品；

（2）口述作品，是指即兴的演说、授课、法庭辩论等以口头语言形式表现的作品；

（3）音乐作品，是指歌曲、交响乐等能够演唱或者演奏的带词或者不带词的作品；

（4）戏剧作品，是指话剧、歌剧、地方戏等供舞台演出的作品；

（5）曲艺作品，是指相声、快书、大鼓、评书等以说唱为主要形式表演的作品；

（6）舞蹈作品，是指通过连续的动作、姿势、表情等表现思想情感的作品；

（7）杂技艺术作品，是指杂技、魔术、马戏等通过形体动作和技巧表现的作品；

（8）美术作品，是指绘画、书法、雕塑等以线条、色彩或者其他方式构成的有审美意义的平面或者立体的造型艺术作品；

（9）建筑作品，是指以建筑物或者构筑物形式表现的有审美意义的作品；

（10）摄影作品，是指借助器械在感光材料或者其他介质上记录客观物体形象的艺术作品；

（11）电影作品和以类似摄制电影的方法创作的作品，是指摄制在一定介质上，由一系列有伴音或者无伴音的画面组成，并且借助适当装置放映或者以其他方式传播的作品；

（12）图形作品，是指为施工、生产绘制的工程设计图、产品设计图，以及反映地理现象、说明事物原理或者结构的地图、示意图等作品；

（13）模型作品，是指为展示、试验或者观测等用途，根据物体的形状和结构，按照一定比例制成的立体作品。

（三）中国作品种类划分的基本特点

中国立法中对作品种类的划分主要依据的是作品载体的类别。例如，"文字作品"都是以"文字"作为载体的作品，法律中所列举的小说、诗词、散文、论文等都是以文字作为载体的，也被说成是"以文字形式表现"的作品。"口述作品"实际上是指以"语言"为载体的作品，当然立法中把口述作品的范围又作了限制，规定只能是以即兴的演说、授课、法庭辩论等以口头语言形式表现的作品。"舞蹈作品"则是直接以人体作为载体来表达思想情感的作品，在具体的表达方式上，是指通过人体连续的动作、姿势和表情等方式方法来表现思想情感的。

▶ 三、不受著作权法保护的客体

中国《著作权法》(2010)第5条规定了三类不受著作权法保护的客体,即:

(1) 法律、法规、国家机关的决议、决定、命令和其他具有立法、行政、司法性质的文件,及其官方正式译文。

(2) 时事新闻。根据《著作权法实施条例》(2013)第5条第1项的规定,时事新闻是指通过报纸、期刊、广播电台、电视台等媒体报道的单纯事实消息。

(3) 历法、通用数表、通用表格和公式。

第二节 著作权的主体

从法理上来说,著作权本身就是一类法定权利,既然是法定权利,就必然包含权利的主体、权利的客体和权利的内容三部分,而且三者缺一不可,只有这样才能构成一项完整的权利。权利的主体决定了一项权利的归属,也就是明确了这一项权利的主人;权利的客体决定了这一项权利的基本性质和特征;权利的内容是由法律规定的一项权利所具体包含的事项,这些具体的事项直接决定着这一项权利对社会和他人能够产生的作用。

著作权的主体包括两大类,一类是自然人,另一类是法人或其他组织。

▶ 一、自然人

《著作权法》(2010)规定,创作作品的公民是作者,著作权属于作者。法律在这里所称的"公民"指的是自然人,就是通过自己的脑力劳动创作作品的自然人。虽然自然人进行了实际的创作活动,但是,最终并没有创作出作品,也就不能成为法律意义上的作者,因此不能成为著作权人。只有当某人进行了实际的创作活动,并且创作出具体的作品,且该作品符合法律规定的作品要件,则该自然人才能成为该作品的作者,因而成为该著作权的主体。

▶ 二、法人或其他组织

《著作权法》(2010)中还规定,由法人或者其他组织主持,代表法人或者其他组织意志进行创作,并且由法人或者其他组织承担责任的作品,这一法人或者其他组织视为作者。属于这种情况的作品在法律上被称为法人作品。

虽然作品是由具体的自然人实际创作完成的,但是,对于法人或其他组织来说,属于自然人所从事的创作活动却是由法人或其他组织安排的,属于法人或其他组织的工作事项。在这种情况下,自然人所创作完成的作品属于法人或其他组织,法人或其他组织也因此成为法律意义上的作者。法律在这里的表述为"视为作者"而不是直接称为"作者",这是因为实际完成创作活动的还是自然人,他才是作品的真正作者。

既然法人或其他组织被"视为作者",法人或其他组织也就相应成为该作品的著作权人,即著作权的主体。

第三节 著作权的归属

著作权的归属是指基于作品而产生的著作权应当归谁所有的问题。换言之,著作权的归属就是按照什么样的原则来确定著作权的主体。

▶ 一、著作权归属的基本原则

《著作权法》(2010)中确立的著作权归属的原则主要有三项:

(1) 由法律规定著作权的归属,例如,对于职务作品、合作作品著作权归属的规定。

(2) 由当事人以合同约定著作权的归属,例如,对于委托作品的著作权归属的规定。

(3) 对于应当由合同约定而没有约定,或者约定不明确的情况,再由法律作出补充性规定。

▶ 二、著作权归属的基本类型

(一)演绎作品的著作权归属

中国《著作权法》第 12 条规定,改编、翻译、注释、整理已有作品而产生的作品,著作权由改编、翻译、注释、整理人享有。实施改编、翻译、注释、整理行为的演绎人在行使演绎作品著作权时不得侵犯被演绎作品的著作权。第三人在使用演绎作品时,应同时取得被演绎作品和演绎作品著作权人的许可,并支付报酬。

(二)合作作品的著作权归属

两人以上合作创作的作品,著作权由合作作者共同享有。没有参加创作的人,不能成为合作作者。合作作品可以分割使用的,作者对各自创作的部分可以单独享有著作权,但行使著作权时不得侵犯合作作品整体的著作权。合作作品不可以分割使用的,其著作权由各合作作者共同享有,通过协商一致行使;不能协商一致,又无正当理由的,任何一方不得阻止他方行使除转让以外的其他权利,但是所得收益应当合理分配给所有合作作者。

合作作者之一死亡后,如果其所享有的著作权无人继承又无人受遗赠的,他所享有的著作权中的财产权利由合作作者享有,而人身权中的署名权、修改权和保护作品完整权由著作权行政管理部门保护。

(三)汇编作品的著作权归属

汇编作品是指汇编若干作品、作品的片段或者不构成作品的数据或者其他材料,对其内容的选择或者编排体现独创性的作品。汇编作品是多个作品或者作品的片段被汇编到一起之后所形成的新作品,与被汇编的作品是两个不同的作品。根据《著作权法》(2010)第14条的规定,汇编作品的著作权由汇编人享有,但行使著作权时,不得侵犯原作品的著作权。

(四)电影作品和以类似摄制电影的方法创作的作品的著作权归属

电影作品和以类似摄制电影的方法创作的作品的著作权由制片者享有,但编剧、导演、摄影、作词、作曲等作者享有署名权,并有权按照与制片者签订的合同获得报酬。电影作品和以类似摄制电影的方法创作的作品中的剧本、音乐等可以单独使用的作品的作者有权单独行使其著作权。

(五)职务作品的著作权归属

职务作品是指自然人为完成法人或其他组织的工作任务所创作的作品。这里的工作任务是指自然人在该法人或者该组织中应当履行的职责。《著作权法》(2010)第16条对职务作品的归属作出了如下的规定:

1. 著作权归法人或其他组织所有

(1)主要是利用法人或其他组织的物质技术条件进行创作,并由法人或其他组织承担法律责任的工程设计图、产品设计图、地图、计算机软件等职务作品。这里所称的"物质技术条件"是指法人或其他组织为其员工完成创作而专门提供的资金、设备或资料等条件。

(2)法律、行政法规规定或者合同约定著作权由法人或者其他组织享有的职务作品。

在前述两种情形下,职务作品的著作权归法人或其他组织所有,实际完成职务作品的自然人享有署名权,而且法人或其他组织可以给予作者以相应的奖励。

2. 著作权归作者个人所有

除上述著作权依法归属法人或其他组织所有的情况以外,职务作品的著作权归作者所有。在此情形下,法人或其他组织依法享有在业务范围内的优先使用权,而且在作品完成2年内,未经法人或其他组织同意,作者不得许可第三人以与法人或其他组织使用的相同方式使用该作品。相关2年的期限是自作者向单位交付作品之日起计算。经过法人或其他组织同意后,作者可以许可第三人以与法人或其他组织使用的相同方式使用作品,不过,这种情形下所获得的报酬可由作者与法人或其他组织按约定的比例进行分配。

(六)委托作品的著作权归属

委托作品是指一方委托另一方为其创作完成的作品。在委托创作作品的情况下,被委托方是作品的实际创作人,也就是自然意义上的作者。根据《著作权法》(2010)第17条的规定,受委托创作的作品,著作权的归属由委托人和受托人通过合同约定。合同未作明确约定或者没有订立合同的,著作权属于受托人。

著作权属于受托人时,委托人仍享有一定的权利。根据最高人民法院《关于审理著作权民事纠纷案件适用法律若干问题的解释》(2002)第12条的规定,在委托作品的著作权依法归属于受托人的情况下,委托人在约定的使用范围内享有使用该作品的权利;双方没有约定使用作品范围的,委托人可以在委托创作的特定目的范围内免费使用该作品。不过,委托人的这种使用仅限于普通许可使用的范围,委托人既不能限制作为著作权人的受托人自己使用,也不能限制受托人再同时许可其他人使用。与之相反,委托人只能自己使用,而不能再许可他人使用。

（七）美术作品著作权的特殊规定

《著作权法》(2010)第18条规定,美术等作品原件所有权的转移,不视为作品著作权的转移,但美术作品原件的展览权由原件所有人享有。上述规定是对美术作品著作权的特殊规定,除了上述特殊规定之外,美术作品的著作权归属适用一般作品著作权归属的原则。

（八）作品完成人与发表人不同时著作权的归属

最高人民法院《关于审理著作权民事纠纷案件适用法律若干问题的解释》(2002)第13条规定,由他人执笔,本人审阅定稿并以本人名义发表的报告、讲话等作品,著作权归报告人或者讲话人享有。著作权人可以支付执笔人适当的报酬。这种情况一般发生在执笔人与发表人之间存在工作隶属关系的情形,在这种情形下执笔人通常按照发表人的要求执笔创作作品,并且对发表人以自己的名义利用作品的行为表示同意。

在这里,执笔人创作完成的作品不同于一般的职务作品,因为根据《著作权法》(2010)中的规定,对于职务作品,即使按照法律规定著作权归属于法人或其他组织,作者仍享有署名权,而执笔人对于自己完成的作品却不享有署名权和任何其他权利。此外,除上述这种特殊情况以外,如果擅自以自己的名义对外发表他人的作品,则属于侵犯他人著作权中发表权和署名权的侵权行为。

（九）回忆录型作品的著作权归属

最高人民法院《关于审理著作权民事纠纷案件适用法律若干问题的解释》(2002)第14条规定,当事人合意以特定人物经历为题材完成的自传体作品,当事人对著作权归属有约定的,依其约定;没有约定的,著作权归该特定人物享有,执笔人或整理人对作品完成付出劳动的,著作权人可以向其支付适当的报酬。

（十）作者身份不明作品的著作权归属

《著作权法实施条例》(2013)中规定,作者身份不明的作品,由作品原件的所有人行使除署名权以外的著作权。待作者身份确定之后由作者或者其继承人行使著作权。

（十一）相同题材作品的著作权归属

最高人民法院《关于审理著作权民事纠纷案件适用法律若干问题的解释》(2002)第15条规定,由不同作者就同一题材创作的作品,作品的表达系独立完成并且有创作性的,应当认定作者各自享有独立著作权。

（十二）著作权人死亡或终止后著作权的归属

中国法律对著作权人死亡或终止后著作权的归属问题确立了如下原则：

(1) 合作作者之一死亡后，其对合作作品享有的著作权中财产性权利无人继承又无人受遗赠的，由其他合作作者享有。

(2) 作者死亡后，其著作权中的署名权、修改权和保护作品完整权由作者的继承人或者受遗赠人保护。著作权无人继承又无人受遗赠的，其署名权、修改权和保护作品完整权由著作权行政管理部门保护。这里的继承人、或受遗赠人，或著作权行政管理部门有权行使的都只是"保护权"。此外，著作权行政管理部门的保护不涉及著作权中的财产性权利。

(3) 就著作权人死亡后著作财产权而言，分为著作权人是自然人的情况和著作权人是法人或其他组织的情况。著作权属于自然人的，自然人死亡后，其著作财产权仍然在法定的保护期限内时，该著作财产权依照《继承法》（1985）的规定转移。著作权属于法人或者其他组织的，法人或者其他组织终止后，如果其著作财产权仍在法定保护期内，则由承受其权利义务的法人或其他组织享有；没有承受其权利义务的法人或者其他组织的，由国家享有。

第四节　著作权的内容

在世界范围内，大多数国家著作权法所规定的著作权内容都很相近，一般包括人身权和财产权两部分内容。像大多数国家一样，中国《著作权法》（2010）中也对著作权的人身权和财产权作出了明确的规定，当然在具体的权项安排上又具有中国特色。

▶ 一、著作人身权

著作人身权也被称为著作权人的精神权利，它是基于作为作者的自然人的人格保护延伸而来的权利。从本质上说，对于著作人身权的保护，就是对于作者人格利益的保护，因此著作人身权不可转让。《著作权法》（2010）中规定了四项著作人身权。

（一）发表权

发表权就是决定作品是否公之于众的权利。这里的"公之于众"是指著作权人自行或者经著作权人许可将作品向不特定的人公开，但不以公众是否已经知晓该作品的存在和作品的内容为构成条件。所谓"发表"行为必须是合法行为，不包含未经著作权人同意而公开他人作品的违法行为。作者生前未发表的作品，如果作者未明确表示不发表，作者死亡后50年内，其发表权可由继承人或者受遗赠人行使；没有继承人又无人受遗赠的，由作品原件的所有人行使。

自然人作品，其发表权的保护期为作者终生及其死亡后50年，截止于作者死亡后第 50 年的 12 月 31 日。法人或者其他组织的作品、著作权(署名权除外)由法人或者其他组织享有的职务作品,其发表权保护期为 50 年,截止于作品首次发表后第 50 年的 12 月 31 日。电影作品和以类似摄制电影的方法创作的作品、摄影作品,其发表权的保护期为 50 年,截止于作品首次发表后第 50 年的 12 月 31 日。

(二) 署名权

署名权是指表明作者身份,在作品上署名的权利。中国对署名权作出了如下明确的规定:

(1) 署名权的保护期不受限制。

(2) 如无相反证明,在作品上署名的自然人、法人或者其他组织为作者。

(3) 作者死亡后,其著作权中的署名权由作者的继承人或者受遗赠人保护。著作权无人继承又无人受遗赠的,其署名权由著作权行政管理部门保护。

(4) 使用他人作品的,应当指明作者姓名、作品名称;但是,当事人另有约定或者由于作品使用方式的特性无法指明的除外。

(5) 电影作品和以类似摄制电影的方法创作的作品的著作权由制片者享有,但编剧、导演、摄影、作词、作曲等作者享有署名权,并有权按照与制片者签订的合同获得报酬。

(6) 职务作品的著作权归属于法人或其他组织时,实际完成作品的自然人仍然享有对该作品的署名权。

(7) 出版者、表演者、录音录像制作者、广播电台、电视台等依照《著作权法》(2010)有关规定使用他人作品的,不得侵犯作者的署名权。

(三) 修改权

修改权是指修改或者授权他人修改作品的权利。中国对修改权作出了如下明确的规定:

(1) 修改权的保护期不受限制。

(2) 著作权人许可他人将其作品摄制成电影作品和以类似摄制电影的方法创作的作品的,视为已同意对其作品进行必要的改动,但是这种改动不得歪曲篡改原作品。

(3) 作者死亡后,其著作权中的修改权由作者的继承人或者受遗赠人保护。著作权无人继承又无人受遗赠的,其修改权由著作权行政管理部门保护。

(4) 出版者、表演者、录音录像制作者、广播电台、电视台等依照《著作权法》(2010)有关规定使用他人作品的,不得侵犯作者的修改权。

(四) 保护作品完整权

保护作品完整权是指保护作品不受歪曲、篡改的权利。中国对保护作品完整权作出了如下明确的规定:

(1) 保护作品完整权的保护期不受限制。

(2) 作者死亡后,其著作权中的保护作品完整权由作者的继承人或者受遗赠人保护。著作权无人继承又无人受遗赠的,其保护作品完整权由著作权行政管理部门保护。

(3) 出版者、表演者、录音录像制作者、广播电台、电视台等依照《著作权法》(2010)有关规定使用他人作品的,不得侵犯作者的保护作品完整权。

▶ 二、著作财产权

《著作权法》(2010)中规定了十二项具体的财产权和一项综合性的财产权。著作权人可以许可他人行使其享有的各项财产性权利,并依照约定或者法律规定获得许可使用费。当然,著作权人也可以全部或者部分转让各项财产性权利,并依照约定或者法律规定获得转让费。

(一) 复制权

复制权是著作权法首要的经济权利项,一般各国立法都是从复制权开始的,将著作权人享有的财产权区分为与复制有关的权利和与复制无关的权利。中国《著作权法》中规定的复制权指以印刷、复印、拓印、录音、录像、翻录、翻拍等方式将作品制作一份或者多份的权利。复制权的基本特征包括:(1) 复制行为中不包含创作行为;(2) 复制一般强调的是作品"载体"数量的增加,即通过"载体"的增加实现作品信息的"再现",理论上同时要求作品被相对稳定和持久地固定在有形物质载体之上。①

(二) 发行权

发行权是指以出售或者赠与方式向公众提供作品的原件或者复制件的权利。发行权的基本特征包括:(1) 发行权是指向公众,而不是指向特定的人提供作品的行为;(2) 发行作品的行为可以是有偿的,也可以是无偿的;可以是发行作品的原件,也可以是发行作品的复印件;(3) 发行权仅可以控制原件或复制件的第一次公开发行,而无法控制原件或复制件的合法持有者的后续处分行为。

(三) 出租权

出租权是指有偿许可他人临时使用电影作品和以类似摄制电影的方法创作的作品、计算机软件的权利,计算机软件不是出租的主要标的的除外。出租权的基本特征是:(1) 出租权必须是有偿许可他人使用特定作品的行为,不包括无偿的许可使用行为;(2) 出租权只涉及电影作品和以类似摄制电影的方法创作的作品以及计算机软件这两类作品,不涉及其他种类的作品。

(四) 展览权

展览权是指公开陈列美术作品和摄影作品的原件或者复制件的权利。展览权的基本特征是:(1) 展览是公开陈列作品原件或复制件的行为,如果是向特定的人陈列和展示作品就不属于展览权涉及的范围;(2) 展览权不涉及有偿展览和无偿展

---

① 吴汉东等:《知识产权基本问题研究》,中国人民大学出版社2009年版,第102—104页。

览的问题;(3)展览权只涉及美术作品和摄影作品两类作品。

(五)表演权

表演权是指公开表演作品,以及用各种手段公开播送作品的表演的权利。表演权的基本特征是:(1)表演权规范的是表演作品或者以各种手段公开播送作品的表演的行为两类行为,前者在理论上称为活表演,后者称为机械表演。实施其中任何一种行为都属于表演行为。(2)表演权要求是向不特定的人进行表演,或者播送作品的表演,而不能是针对特定的人。(3)表演的对象本身就是已经存在的作品,而不是利用表演这种行为创作作品。

(六)放映权

放映权是指通过放映机、幻灯机等技术设备公开再现美术、摄影、电影和以类似摄制电影的方法创作的作品的权利。放映权具有三个基本特征:(1)放映的对象是特定的作品类型;(2)放映权的对象必须是向不特定的人,而不能是特定的人;(3)放映是传播作品的一种方式,主要是利用技术设备对特定类型的作品进行传播。

(七)广播权

广播权是指以无线方式公开广播或者传播作品,以有线传播或者转播的方式向公众传播广播的作品,以及通过扩音器或者其他传送符号、声音、图像的类似工具向公众传播广播的作品的权利。广播权具有三个基本特征:(1)广播的对象是已经存在的作品;(2)广播必须是针对不特定的人,而不能是特定的人;(3)广播是利用特定的设备传播作品的一种方式。

(八)信息网络传播权

信息网络传播权是指以有线或者无线方式向公众提供作品,使公众可以在其个人选定的时间和地点获得作品的权利。信息网络传播权具有三个基本特征:(1)传播的对象是已经存在的作品;(2)传播必须是向不特定的人,而不能是特定的人;(3)信息网络传播是交互式的作品传播方式。

(九)摄制权

摄制权是指以摄制电影或者以类似摄制电影的方法将作品固定在载体上的权利。摄制权具有两个基本特征:(1)被摄制的对象是已经存在的作品;(2)摄制权规制的摄制行为是指以摄制电影或者以类似摄制电影的方法进行摄制。

(十)改编权

改编权是指改变作品,创作出具有独创性的新作品的权利。改编权具有三个基本特征:(1)被改编的对象是已经存在的作品;(2)改编的过程是在已有作品的基础上进行再创作的过程;(3)改编以后所产生的作品与原作品是两个作品。

(十一)翻译权

翻译权是指将作品从一种语言文字转换成另一种语言文字的权利。翻译权具有三个基本特征:(1)被翻译的对象是已经存在的作品;(2)翻译后所得的作品与原作品属于两个作品;(3)翻译后所得的作品与原作品的含义应当基本一致。

(十二)汇编权

汇编权是指将作品或者作品的片段通过选择或者编排,汇集成新作品的权利。汇编权具有两个基本特征:(1)被汇编的对象是已经存在的作品或者是作品的片段;(2)汇编而成的作品是一部新作品,其著作权归属于实施汇编行为的自然人、法人或其他组织。

(十三)应当由著作权人享有的其他权利

随着技术的发展,新的作品使用方式会不断出现。《著作权法》(2010)通过规定综合性财产权利的方式弥补法律之于社会现实的滞后性,使法律能够适应技术的发展规制新的作品使用行为。

第五节 邻接权(相关权)

▶ 一、邻接权的概念和范围

邻接权,又称为相关权,是指与著作权相关的权利。根据世界知识产权组织(WIPO)的权威解释,邻接权是指为保护表演者或演奏者、录音制作者或广播组织在其公开使用作者作品、各类艺术表演或向公众播送时事、信息及在声音或图像有关的活动方面应得的利益而给予的权利。①

中国邻接权的范围根据《著作权法实施条例》(2013)第 27 条进行确定,包括出版者对其出版的图书和期刊的版式设计享有的权利;表演者对其表演享有的权利;录音录像制作者对其制作的录音录像制品享有的权利;广播电台、电视台对其播放的广播、电视节目享有的权利。

▶ 二、与邻接权相关的概念

《著作权法实施条例》(2013)第 5 条对与邻接权相关的概念进行了界定:

(1)录音制品,是指任何对表演的声音和其他声音的录制品;

(2)录像制品,是指电影作品和以类似摄制电影的方法创作的作品以外的任何有伴音或者无伴音的连续相关形象、图像的录制品;

(3)录音制作者,是指录音制品的首次制作人;

(4)录像制作者,是指录像制品的首次制作人;

(5)表演者,是指演员、演出单位或者其他表演文学、艺术作品的人。

---

① 世界知识产权组织编:《著作权与邻接权词汇汇编》,中国对外翻译出版公司 1980 年版,第 167 页。

▶ 三、出版者权

出版者基于自己的版式设计享有的版式设计专有权受法律保护。这里的版式设计是指由文字排列的顺序、字体及其他排版材料的选用，行间和段间的空距，版面的布局等因素所构成的出版物的总体设计。根据《著作权法》(2010)中的规定，出版者有权许可或者禁止他人使用其出版的图书、期刊的版式设计。这一权利的保护期为10年，截止于使用该版式设计的图书、期刊首次出版后第10年的12月31日。

▶ 四、表演者权

表演者对其表演享有的权利被称为表演者权。在著作权法中，表演者权不同于表演权。根据《著作权法》(2010)的规定，著作权人享有表演权，表演权是指公开表演作品，以及用各种手段公开播送作品的表演的权利。这种权利由著作权人享有，是著作权人基于作品而享有的权利。而表演者权是表演者基于自己表演作品的表演行为所获得的权利。

（一）表演者的权利

《著作权法》(2010)第38条规定，表演者享有二项人身权和四项财产权，包括：(1)表明表演者身份；(2)保护表演形象不受歪曲；(3)许可他人从现场直播和公开传送其现场表演，并获得报酬；(4)许可他人录音录像，并获得报酬；(5)许可他人复制、发行录有其表演的录音录像制品，并获得报酬；(6)许可他人通过信息网络向公众传播其表演，并获得报酬。表演者人身权的保护期不受限制，而财产权的保护期为50年，截止于该表演发生后第50年的12月31日。

（二）表演者的义务

《著作权法》(2010)第37条规定，表演者须承担如下义务：

（1）使用他人作品演出，表演者（演员、演出单位）应当取得著作权人许可，并支付报酬。演出组织者组织演出，由该组织者取得著作权人许可，并支付报酬。

（2）使用改编、翻译、注释、整理已有作品而产生的作品进行演出，应当取得改编、翻译、注释、整理作品的著作权人和原作品的著作权人许可，并支付报酬。

▶ 五、录音录像制作者权

（一）录音录像制作者的权利

录音录像制作者享有的邻接权仅涉及财产权，而不涉及人身权。

录音录像制作者对其制作的录音录像制品，享有许可他人复制、发行、出租、通过信息网络向公众传播并获得报酬的权利；权利的保护期为50年，截止于该制品首次制作完成后第50年的12月31日。被许可人复制、发行、通过信息网络向公众传播录音录像制品，还应当取得著作权人、表演者许可并支付报酬。

（二）录音录像制作者的义务

录音录像制作者须承担如下义务：

（1）录音录像制作者使用他人作品制作录音录像制品,应当取得著作权人许可,并支付报酬。

（2）录音录像制作者使用改编、翻译、注释、整理已有作品而产生的作品,应当取得改编、翻译、注释、整理作品的著作权人和原作品著作权人许可并支付报酬。

（3）录音制作者使用他人已经合法录制为录音制品的音乐作品制作录音制品,可以不经著作权人许可,但应当按照规定支付报酬;著作权人声明不许使用的不得使用。

（4）录音录像制作者制作录音录像制品,应当同表演者订立合同并支付报酬。

六、广播组织者权

（一）广播电台、电视台的权利

《著作权法》(2010)第45条规定,广播电台、电视台有权禁止未经其许可的下列行为:(1)将其播放的广播、电视转播;(2)将其播放的广播、电视录制在音像载体上以及复制音像载体。上述权利的保护期为50年,截止于该广播、电视首次播放后第50年的12月31日。

（二）广播电台、电视台的义务

广播电台、电视台须承担如下义务:

（1）广播电台、电视台播放他人未发表的作品,应当取得著作权人许可,并支付报酬。广播电台、电视台播放他人已发表的作品,可以不经著作权人许可,但应当支付报酬。

（2）广播电台、电视台播放已经出版的录音制品,可以不经著作权人许可,但应当支付报酬。当事人另有约定的除外。具体办法由国务院规定。

（3）电视台播放他人的电影作品和以类似摄制电影的方法创作的作品、录像制品,应当取得制片者或者录像制作者许可,并支付报酬;播放他人的录像制品,还应当取得著作权人许可,并支付报酬。

第六节　著作权的行使与限制

一、著作权的行使

著作权的行使是指对著作权作品的使用。著作权作品的使用方式主要有四种,包括自己使用、许可他人使用、质押和转让。

（一）自己使用

自己使用是作品使用的基本方式,就是著作权人自己直接使用享有著作权的作品。由于具体作品不同,使用的目的和条件各异,对于某件作品的具体使用情形可能会有不同。

（二）许可他人使用

许可他人使用是指著作权人授权他人以一定的使用方式,在一定的时间和低于范围内商业性使用自己享有著作权的作品。

1. 许可使用合同的内容

《著作权法》(2010)第24条规定,使用他人作品应当同著作权人订立许可使用合同,根据法律规定可以不经许可的除外。许可使用合同包括下列主要内容:(1)许可使用的权利种类;(2)许可使用的权利是专有使用权或者非专有使用权;(3)许可使用的地域范围、期间;(4)付酬标准和办法;(5)违约责任;(6)双方认为需要约定的其他内容。

许可使用合同中著作权人未明确许可的权利,未经著作权人同意,另一方当事人不得行使。使用他人作品的,应当指明作者姓名、作品名称;但是,当事人另有约定或者由于作品使用方式的特性无法指明的除外。

2. 专有许可使用合同的特别规定

许可使用的权利是专有使用权的,应当采取书面形式,但是报社、期刊社刊登作品除外。专有使用权的内容可由合同约定,合同没有约定或者约定不明的,视为被许可人有权排除包括著作权人在内的任何人以同样的方式使用作品;除合同另有约定外,被许可人许可第三人行使同一权利,必须取得著作权人的许可。与著作权人订立专有许可使用合同的,可以向著作权行政管理部门备案。

（三）著作权的质押

著作权质押是指债务人或者第三人依法将其著作权中的财产权出质,将该财产权作为债权的担保。在著作权质押法律关系中,债务人或者第三人为出质人;债权人为质权人。以著作权出质的,由出质人和质权人向国务院著作权行政管理部门办理出质登记,质权自登记时设立。著作财产权出质后,出质人不得转让或者许可他人使用,但经出质人与质权人协商同意的除外。出质人转让或者许可他人使用出质的著作财产权所得的价款,应当向质权人提前清偿债务或者提存。在债务人不履行债务时,质权人有权依法以著作财产权折价或者以拍卖、变卖该财产权的价款优先受偿。

（四）著作权的转让

著作权的转让是指著作权的主体依法发生变更的情况。著作权的转让需要满足以下条件:

1. 著作权的转让只能转让著作财产权,不能转让著作人身权。

2. 合作作品不可以分割使用的,其著作权由各合作作者共同享有,该著作权的转让必须经过权利人全部同意。

3. 与著作权人订立转让合同的,可以向著作权行政管理部门备案。著作权转让合同未采取书面形式发生纠纷的,人民法院依据《合同法》(1999)相关规定审查合同是否成立。

4. 著作权转让合同一般包括下列主要内容:(1) 作品的名称;(2) 转让的权利种类、地域范围;(3) 转让价金;(4) 交付转让价金的日期和方式;(5) 违约责任;(6) 双方认为需要约定的其他内容。

5. 转让合同中著作权人未明确表示转让的权利,未经著作权人同意,合同的另一方当事人不得行使。

▶ 二、著作权的限制

著作权的限制是指法律明确规定的对著作权人依法行使著作权时所做的约束。在世界范围内,著作权的限制主要包括合理使用、法定许可和强制许可三种类型,中国《著作权法》(2010)中规定了合理使用和法定许可。

（一）合理使用

合理使用是指根据法律规定,可以在不经著作权人许可,不向其支付报酬的情况下使用他人作品的行为,但需要指明作者姓名和作品名称,并且不能侵犯著作权人其他著作权利。

1. 合理使用成立的基本条件

《著作权法》(2010)第22条明确规定了属于合理使用的具体行为。与此同时,该条对合理使用的行为提出了明确要求,即必须同时符合以下条件的行为才属于合理使用:(1) 合理使用的对象应是已经发表的作品,没有发表的作品不属于合理使用的范围;(2) 合理使用他人作品一般应基于非商业目的;(3) 使用者在依据合理使用使用他人作品时必须注明被使用作品的作者姓名和作品出处;(4) 使用行为必须属于法律明确规定的合理使用情形;(5) 不得侵犯著作权人依法享有的其他权利。

2. 著作权合理使用行为的具体类型

《著作权法》(2010)规定的合理使用行为包括下列情形:(1) 为个人学习、研究或者欣赏,使用他人已经发表的作品;(2) 为介绍、评论某一作品或者说明某一问题,在作品中适当引用他人已经发表的作品;(3) 为报道时事新闻,在报纸、期刊、广播电台、电视台等媒体中不可避免地再现或者引用已经发表的作品;(4) 报纸、期刊、广播电台、电视台等媒体刊登或者播放其他报纸、期刊、广播电台、电视台等媒体已经发表的关于政治、经济、宗教问题的时事性文章,但作者声明不许刊登、播放的除外;(5) 报纸、期刊、广播电台、电视台等媒体刊登或者播放在公众集会上发表的讲话,但作者声明不许刊登、播放的除外;(6) 为学校课堂教学或者科学研究,翻译或者少量复制已经发表的作品,供教学或者科研人员使用,但不得出版发行;(7) 国家机关为执行公务在合理范围内使用已经发表的作品;(8) 图书馆、档案馆、纪念馆、博物馆、美术馆等为陈列或者保存版本的需要,复制本馆收藏的作品;(9) 免费表演已经发表的作品,该表演未向公众收取费用,也未向表演者支付报酬;(10) 对设置或者陈列在室外公共场所的艺术作品进行临摹、绘画、摄影、录像;(11) 将中国公民、法人或者其他组织已经发表的以汉语言文字创作的作品翻译成少数民族语言文字作品在国内出版发行;(12)将已经发表的作品改成盲文出版。上述规定适用于对出版者、表演者、录音录像制作者、广播电台、电视台的权利的限制。

3. 计算机软件作品的合理使用

《计算机软件保护条例》(2013)对计算机软件作品的合理使用作出规定,即为了学习和研究软件内含的设计思想和原理,通过安装、显示、传输或者存储软件等方式使用软件的,可以不经软件著作权人许可,不向其支付报酬。

4. 信息网络传播权的合理使用

《信息网络传播权保护条例》(2006)规定,在下列情况下,通过信息网络提供他人作品,可以不经著作权人许可,不向其支付报酬:(1)为介绍、评论某一作品或者说明某一问题,在向公众提供的作品中适当引用已经发表的作品;(2)为报道时事新闻,在向公众提供的作品中不可避免地再现或者引用已经发表的作品;(3)为学校课堂教学或者科学研究,向少数教学、科研人员提供少量已经发表的作品;(4)国家机关为执行公务,在合理范围内向公众提供已经发表的作品;(5)将中国公民、法人或者其他组织已经发表的、以汉语言文字创作的作品翻译成的少数民族语言文字作品,向中国境内少数民族提供;(6)不以营利为目的,以盲人能够感知的独特方式向盲人提供已经发表的文字作品;(7)向公众提供在信息网络上已经发表的关于政治、经济问题的时事性文章;(8)向公众提供在公众集会上发表的讲话。

除此之外,对于图书馆、档案馆、纪念馆、博物馆、美术馆通过信息网络使用他人作品的情况,条例也作出了有条件的合理使用的规定,即图书馆、档案馆、纪念馆、博物馆、美术馆等可以不经著作权人许可,通过信息网络向本馆馆舍内服务对象提供本馆收藏的合法出版的数字作品和依法为陈列或者保存版本的需要以数字化形式复制的作品,不向其支付报酬,但不得直接或者间接获得经济利益。当事人另有约定的除外。所谓为陈列或者保存版本需要以数字化形式复制的作品,是指已经损毁或者濒临损毁、丢失或者失窃,或者其存储格式已经过时,并且在市场上无法购买或者只能以明显高于标定的价格购买的作品。

(二) 法定许可

法定许可是指依据法律的规定,使用他人作品时可以不经著作权人许可,但是必须向著作权人支付报酬的情形。《著作权法》(2010)、《信息网络传播权保护条例》(2006)中对法定行为的类型进行了具体规定。

1. 作品著作权的法定许可

《著作权法》(2010)针对作品著作权规定了下列类型的法定许可,包括:

(1)为实施九年制义务教育和国家教育规划而编写出版教科书,除作者事先声明不许使用的外,可以不经著作权人许可,在教科书中汇编已经发表的作品片段或者短小的文字作品、音乐作品或者单幅的美术作品、摄影作品,但应当按照规定支付报酬,指明作者姓名、作品名称,并且不得侵犯著作权人依照本法享有的其他权利。

该项法律规定适用于对出版者、表演者、录音录像制作者、广播电台、电视台的权利的限制。

(2) 作品刊登后,除著作权人声明不得转载、摘编的外,其他报刊可以转载或者作为文摘、资料刊登,但应当按照规定向著作权人支付报酬。

(3) 录音制作者使用他人已经合法录制为录音制品的音乐作品制作录音制品,可以不经著作权人许可,但应当按照规定支付报酬;著作权人声明不许使用的不得使用。

(4) 广播电台、电视台播放他人已发表的作品,可以不经著作权人许可,但应当支付报酬。

(5) 广播电台、电视台播放已经出版的录音制品,可以不经著作权人许可,但应当支付报酬。当事人另有约定的除外。具体办法由国务院规定。

2. 信息网络传播权的法定许可

《信息网络传播权保护条例》(2006)规定,为通过信息网络实施九年制义务教育或者国家教育规划,可以不经著作权人许可,使用其已经发表作品的片断或者短小的文字作品、音乐作品或者单幅的美术作品、摄影作品制作课件,由制作课件或者依法取得课件的远程教育机构通过信息网络向注册学生提供,但应当向著作权人支付报酬。

(三) 强制许可

中国《著作权法》(2010)中没有对强制许可作出明确规定。强制许可最早出现在1928年修订的《伯尔尼公约》中,1948年再次修订的《伯尔尼公约》扩大了强制许可的使用范围。[①]

强制许可的基本含义是当使用者有正当的理由合理地使用某一作品时,由于不能得到著作权人的许可,请求使用该作品的人可以向政府主管机关申请,由政府主管机关作出决定,允许该申请者使用该作品,并向著作权人支付合理的报酬。

根据《伯尔尼公约》的规定,实施这一许可制度需要符合以下基本条件:(1) 强制许可制度只能在法律规定了强制许可制度的国家适用;(2) 强制许可制度不能损害著作权人依法享有的著作人身权;(3) 获得政府主管机关批准的使用者应当向著作权人支付合理的报酬,如果著作权人与使用者不能就报酬的数额达成一致,则政府主管机关应当最终确定合理费用的金额。[②]

---

① 〔法〕克罗德·马苏耶:《保护文学和艺术作品伯尔尼公约(1971年巴黎文本)指南》,刘波林译,中国人民大学出版社2002年版,第57页。

② 同上注,第34页。

第七节 著作权的法律保护

▶ 一、著作权侵权行为的基本类型

（一）承担民事责任的侵权行为

《著作权法》(2010)第47条规定，下列行为属于侵犯著作权的行为，应承担民事责任：

(1) 未经著作权人许可，发表其作品的；

(2) 未经合作作者许可，将与他人合作创作的作品当做自己单独创作的作品发表的；

(3) 没有参加创作，为谋取个人名利，在他人作品上署名的；

(4) 歪曲、篡改他人作品的；

(5) 剽窃他人作品的；

(6) 未经著作权人许可，以展览、摄制电影和以类似摄制电影的方法使用作品，或者以改编、翻译、注释等方式使用作品的；

(7) 使用他人作品，应当支付报酬而未支付的；

(8) 未经电影作品和以类似摄制电影的方法创作的作品、计算机软件、录音录像制品的著作权人或者与著作权有关的权利人许可，出租其作品或者录音录像制品的；

(9) 未经出版者许可，使用其出版的图书、期刊的版式设计的；

(10) 未经表演者许可，从现场直播或者公开传送其现场表演，或者录制其表演的；

(11) 其他侵犯著作权以及与著作权有关的权益的行为。

基于上述民事侵权行为而应当承担的民事责任包括停止侵害、消除影响、赔礼道歉、赔偿损失。

（二）承担民事责任、行政责任或者刑事责任的侵权行为

《著作权法》(2010)第48条规定，下列侵权行为在承担民事责任的基础上，可能要承担行政责任或刑事责任：

(1) 未经著作权人许可，复制、发行、表演、放映、广播、汇编、通过信息网络向公众传播其作品的；

(2) 出版他人享有专有出版权的图书的；

(3) 未经表演者许可，复制、发行录有其表演的录音录像制品，或者通过信息网络向公众传播其表演的；

(4) 未经录音录像制作者许可，复制、发行、通过信息网络向公众传播其制作的录音录像制品的；

(5) 未经许可，播放或者复制广播、电视的；

(6) 未经著作权人或者与著作权有关的权利人许可,故意避开或者破坏权利人为其作品、录音录像制品等采取的保护著作权或者与著作权有关的权利的技术措施的;

(7) 未经著作权人或者与著作权有关的权利人许可,故意删除或者改变作品、录音录像制品等的权利管理电子信息的;

(8) 制作、出售假冒他人署名的作品的。

上述侵权行为在侵害著作权的同时,还侵害了公共利益和社会经济秩序。《著作权法》(2010)中规定当相关侵权行为损害公共利益时,可以由著作权行政管理部门责令停止侵权行为,没收违法所得,没收、销毁侵权复制品,并可处以罚款;情节严重的,著作权行政管理部门还可以没收主要用于制作侵权复制品的材料、工具、设备等;如果侵权行为严重构成犯罪的,依法追究刑事责任。

(三)《刑法》对侵犯著作权刑事责任的规定

《刑法》(1997)以及最高人民法院、最高人民检察院颁布的相关司法解释对侵犯著作权的刑事责任作出了明确规定:

(1)《刑法》(1997)第217条中规定,以营利为目的,有下列侵犯著作权情形之一,违法所得数额较大或者有其他严重情节的,处3年以下有期徒刑或者拘役,并处或者单处罚金;违法所得数额巨大或者有其他特别严重情节的,处3年以上7年以下有期徒刑,并处罚金:① 未经著作权人许可,复制发行其文字作品、音乐、电影、电视、录像作品、计算机软件及其他作品的;② 出版他人享有专有出版权的图书的;③ 未经录音录像制作者许可,复制发行其制作的录音录像的;④ 制作、出售假冒他人署名的美术作品的。

以营利为目的,实施《刑法》(1997)第217条所列侵犯著作权行为之一,违法所得数额在3万元以上的,属于"违法所得数额较大";具有下列情形之一的,属于"有其他严重情节",应当以侵犯著作权罪判处3年以下有期徒刑或者拘役,并处或者单处罚金:① 非法经营数额在5万元以上的;② 未经著作权人许可,复制发行其文字作品、音乐、电影、电视、录像作品、计算机软件及其他作品,复制品数量合计在500张(份)以上的;③ 其他严重情节的情形。

以营利为目的,实施《刑法》(1997)第217条所列侵犯著作权行为之一,违法所得数额在15万元以上的,属于"违法所得数额巨大";具有下列情形之一的,属于"有其他特别严重情节",应当以侵犯著作权罪判处3年以上7年以下有期徒刑,并处罚金:① 非法经营数额在25万元以上的;② 未经著作权人许可,复制发行其文字作品、音乐、电影、电视、录像作品、计算机软件及其他作品,复制品数量合计在2500张(份)以上的;③ 其他特别严重情节的情形。

(2)《刑法》(1997)第218条中规定,以营利为目的,销售明知是《刑法》(1997)第217条规定的侵权复制品,违法所得数额巨大的,处3年以下有期徒刑或者拘役,并处或者单处罚金。

以营利为目的,实施《刑法》(1997)第218条规定的行为,违法所得数额在10万元以上的,属于"违法所得数额巨大",应当以销售侵权复制品罪判处3年以下有期徒刑或者拘役,并处或者单处罚金。

(3)实施《刑法》(1997)第217条规定的侵犯著作权犯罪,又销售该侵权复制品,构成犯罪的,应当依照《刑法》(1997)第217条的规定,以侵犯著作权罪定罪处罚。实施《刑法》(1997)第217条规定的侵犯著作权犯罪,又销售明知是他人的侵权复制品,构成犯罪的,应当实行数罪并罚。

(4)明知他人实施侵犯知识产权犯罪,而为其提供贷款、资金、账号、发票、证明、许可证件,或者提供生产、经营场所或者运输、储存、代理进出口等便利条件、帮助的,以侵犯知识产权犯罪的共犯论处。

二、法律救济的主要途径

对于侵犯著作权的行为,著作权人获得法律救济的主要途径是依靠行政机关和司法机关。对于民事侵权行为,主要途径是通过诉讼的方式来解决。对于严重的侵权行为,则须通过向公安机关举报,由公安机关立案侦查,然后移送到检察机关,再由检察机关公诉至法院,由法院依法作出判决来获得救济。

(一)通过行政机关获得法律救济

对于侵犯著作权的违法行为,主要是由具有著作权管理职能的政府部门、海关和公安部门进行处理。

1. 具有著作权管理职能的政府部门

在中国,国家版权局是具有著作权管理职能的政府机关。此外,地方政府成立的综合执法部门也承担保护著作权的职责。

2. 海关的职责是查处进出口过程中侵犯著作权的行为

根据《知识产权海关保护条例》(2010)的规定,海关对与进出口货物有关并受中国法律、行政法规保护的著作权和与著作权有关的权利实施保护。在具体的保护中,海关可以实施以下具体的保护措施:

(1)禁止侵犯知识产权的货物进出口。海关依照有关法律的规定实施知识产权保护,行使《海关法》(2000)规定的有关权力。知识产权权利人请求海关实施知识产权保护的,应当向海关提出采取保护措施的申请。知识产权权利人发现侵权嫌疑货物即将进出口的,可以向货物进出境地海关提出扣留侵权嫌疑货物的申请。

(2)知识产权权利人请求海关扣留侵权嫌疑货物的,应当提交申请书及相关证明文件,并提供足以证明侵权事实明显存在的证据。权利人还应当向海关提供不超过货物等值的担保,用于赔偿可能因申请不当给收货人、发货人造成的损失,以及支付货物由海关扣留后的仓储、保管和处置等费用;知识产权权利人直接向仓储商支付仓储、保管费用的,从担保中扣除。

(3)被扣留的侵权嫌疑货物,经海关调查后认定侵犯知识产权的,由海关予以没收。海关没收侵犯知识产权货物后,应当将侵犯知识产权货物的有关情况书面通知知识产权权利人。被没收的侵犯知识产权货物可以用于社会公益事业的,海关应当转交给有关公益机构用于社会公益事业;知识产权权利人有收购意愿的,海关可以有偿转让给知识产权权利人。被没收的侵犯知识产权货物无法用于社会公益事业且知识产权权利人无收购意愿的,海关可以在消除侵权特征后依法拍卖。

(4) 进口或者出口侵犯知识产权货物,构成犯罪的,依法追究刑事责任。

(5) 个人携带或者邮寄进出境的物品,超出自用、合理数量,并违反《知识产权海关保护条例》(2010)相关规定的,按照侵权货物处理。

3. 公安机关负责查处侵犯著作权的犯罪行为

(二) 通过司法机关获得法律救济

司法机关包括法院和检察院两个部门。检察院主要负责对涉及侵犯著作权构成犯罪案件的公诉,以及对侵犯著作权民事案件的监督。法院主要负责审理侵犯著作权的民事案件,行政处罚后的行政诉讼案件,以及涉嫌构成侵犯著作权犯罪的刑事案件。

▶ 三、著作权侵权诉讼

(一) 著作权侵权诉讼的基本原理

1. 原告的著作权合法有效

合法性就是该著作权在中国能够依法存在;有效性就是该著作权仍然在法律有效的保护期限内。

2. 被告对原告的著作权实施了侵权行为

《著作权法》(2010)明确规定了侵犯著作权的行为,正是因为被告实施了侵权行为,才因此而构成侵权。

3. 侵权人须承担侵权法律责任

侵犯著作权应当承担的法律责任都由法律作出了明确的规定,侵权行为人必须承担相应的法律责任。

(二) 著作权侵权诉讼的基本要点

1. 确定案件的原告和被告

在著作权侵权诉讼中,能够作为原告的主体分别是著作权人和邻接权人。相关权利人主要包括继受人,被许可使用人和著作权集体管理组织。被告是实施侵权行为的人以及依法应当承担法律责任的人,包括直接侵权人和间接侵权人。

2. 明确法院受理著作权案件的范围

法院受理以下著作权民事纠纷案件:(1) 著作权及与著作权有关权益权属、侵权、合同纠纷案件;(2) 申请诉前停止侵犯著作权、与著作权有关权益行为,申请诉前财产保全、诉前证据保全案件;(3) 其他著作权、与著作权有关权益纠纷案件。除此之外,著作权行政管理部门查处的侵犯著作权行为,当事人向人民法院提起诉讼追究该行为人民事责任的,人民法院也应当受理。法律规定人民法院审理已由著作权行政管理部门处理的侵犯著作权行为的民事纠纷案件,应当对案件事实进行全面审查。

3. 明确法院受理著作权案件的管辖

著作权民事纠纷案件,由中级以上人民法院管辖。各高级人民法院根据本辖区的实际情况,可以确定若干基层人民法院管辖第一审著作权民事纠纷案件。因侵犯著作权行为提起的民事诉讼,由侵权行为的实施地、侵权复制品储藏地或者查封扣押地、被告住所地人民法院管辖。上述规定的侵权复制品储藏地,是指大量或者经常性储存、隐匿侵权复制品所在地;查封扣押地,是指海关、版权、工商等行政机关依法查封、扣押侵权复制品所在地。

对涉及不同侵权行为实施地的多个被告提起的共同诉讼,原告可以选择其中一个被告的侵权行为实施地人民法院管辖;仅对其中某一被告提起的诉讼,该被告侵权行为实施地的人民法院有管辖权。

侵害信息网络传播权民事纠纷案件由侵权行为地或者被告住所地人民法院管辖。侵权行为地包括实施被诉侵权行为的网络服务器、计算机终端等设备所在地。侵权行为地和被告住所地均难以确定或者在境外的,原告发现侵权内容的计算机终端等设备所在地可以视为侵权行为地。

4. 诉讼证据的要求

当事人提供的涉及著作权的底稿、原件、合法出版物、著作权登记证书、认证机构出具的证明、取得权利的合同等,可以作为证据。在作品或者制品上署名的自然人、法人或者其他组织视为著作权、与著作权有关权益的权利人,但有相反证明的除外。

当事人自行或者委托他人以定购、现场交易等方式购买侵权复制品而取得的实物、发票等,可以作为证据。公证人员在未向涉嫌侵权的一方当事人表明身份的情况下,如实对另一方当事人按照前述规定的方式取得的证据和取证过程出具的公证书,应当作为证据使用,但有相反证据的除外。

5. 举证责任倒置的情形

出版者、制作者应当对其出版、制作有合法授权承担举证责任,发行者、出租者应当对其发行或者出租的复制品有合法来源承担举证责任。举证不能的,依据《著作权法》(2010)的相应规定承担法律责任。

复制品的出版者、制作者不能证明其出版、制作有合法授权的,复制品的发行者或者电影作品或者以类似摄制电影的方法创作的作品、计算机软件、录音录像制品的复制品的出租者不能证明其发行、出租的复制品有合法来源的,应当承担法律责任。

6. 诉讼禁令的规定

《著作权法》(2010)中规定,著作权人或者与著作权有关的权利人有证据证明他人正在实施或者即将实施侵犯其权利的行为,如不及时制止将会使其合法权益受到难以弥补的损害的,可以在起诉前向人民法院申请采取责令停止有关行为的措施。这种司法措施就是诉讼禁令。

人民法院接受申请后,根据案件的情况依法作出裁定,并立即执行。在中国,诉讼禁令是单独的案件类型,虽然在侵权诉讼案件之前提出,但是与侵权诉讼案件本身是两个独立的案件。

7. 证据保全的规定

为制止侵权行为,在证据可能灭失或者以后难以取得的情况下,著作权人或者与著作权有关的权利人可以在起诉前向人民法院申请保全证据。人民法院接受申请后,必须在48小时内作出裁定;裁定采取保全措施的,应当立即开始执行。人民法院可以责令申请人提供担保,申请人不提供担保的,驳回申请。申请人在人民法院采取保全措施后15日内不起诉的,人民法院应当解除保全措施。

8. 损害赔偿的规定

侵犯著作权或者与著作权有关的权利的,侵权人应当按照权利人的实际损失给予赔偿;实际损失难以计算的,可以按照侵权人的违法所得给予赔偿。赔偿数额还应当包括权利人为制止侵权行为所支付的合理开支。权利人的实际损失或者侵权人的违法所得不能确定的,由人民法院根据侵权行为的情节,判决给予50万元以下的赔偿。

第三章　专利法

专利法是确认发明人对其发明享有专利权,规定专利权人的权利和义务的法律规范的总称。中国《专利法》保护的对象是发明、实用新型和外观设计。本章主要介绍了专利权的客体、主体、内容与限制、法律保护等。

专利法是确认发明人或设计人对其发明创造享有专利权,规定专利权人的权利和义务的法律规范的总称。

专利一词来自拉丁文 litterae patents,含有公开之义,原指盖有国玺印鉴不必拆封即可打开阅读的一种文件。现在,专利一词一般理解为专利证书,或理解为专利权。国家颁发专利证书授予专利权人,专利权人有权在法律规定的期限内对制造、使用、销售、进口享有专有权。其他人必须经过专利权人同意才能为生产经营目的实施上述行为,否则,即为侵权。专利期限届满后,专利权即行消灭。任何人皆可无偿地使用该项发明或设计。专利的实质在于发明创造者将其新的技术方案公之于众,与之相应,国家给予其一定期限的独占权;在这样一种制度安排中,公众获得的好处是技术得以快速推广应用和发展,而发明创造者得到的好处是因为独占而获取的丰厚利益。

目前中国现行的与专利有关的法律、法规、规章和司法解释主要有:《专利法》(2008)、《专利法实施细则》(2010)、《专利审查指南》(2010)、最高人民法院《关于审理专利纠纷案件适用法律问题的若干规定》(2013)和最高人民法院《关于审理侵犯专利权纠纷案件应用法律若干问题的解释》(2009)等。

第一节　专利权的客体

专利权的客体,也称专利法保护的对象,是指依据专利法取得专利权的发明创造。根据《专利法》(2008)第 2 条第 1 款的规定,"本法所称的发明创造是指发明、实用新型和外观设计。"因此,专利权的客体是发明、实用新型、外观设计三种专利。

发明,是指对产品、方法或者其改进所提出的新的技术方案,因此,发明最基本的分类是产品发明和方法发明。技术方案是对要解决的技术问题所采取的利用了自然规律的技术手段的集合。技术手段通常是由技术特征来体现的。气味或者诸如声、光、电、磁、波等信号或者能量不属于专利法所说的发明,但利用其性质解决技术问题的,则属于发明。

实用新型,是指对产品的形状、构造或者其结合所提出的适于实用的新的技术方案。实用新型仅指产品,并且其创造性比发明要低,因此实用新型俗称"小发明"。方法不能申请实用新型专利。

外观设计,是指对产品的形状、图案或者其结合以及色彩与形状、图案的结合所作出的富有美感并适于工业应用的新设计。实用新型和外观设计的概念中都提到了产品的形状,其不同在于实用新型所涉及的形状是从产品的技术效果和功能的角度出发的;而外观设计所涉及的形状是从产品美感的角度出发的。

▶ 一、发明和实用新型专利的授权条件

授予专利权的发明和实用新型,应当具备新颖性、创造性和实用性。

（一）新颖性

新颖性是指该发明或者实用新型不属于现有技术；也没有任何单位或者个人就同样的发明或者实用新型在申请日以前向国务院专利行政部门提出过申请，并记载在申请日以后公布的专利申请文件或者公告的专利文件中。现有技术，是指申请日以前在国内外为公众所知的技术。为公众所知的方式有出版物公开、使用公开和其他方式公开等。处于保密状态的技术内容不属于现有技术。所谓保密状态，不仅包括受保密规定或协议约束的情形，还包括社会观念或者商业习惯上被认为应当承担保密义务的情形，即默契保密的情形。如果负有保密义务的人违反规定、协议或者默契泄露秘密，导致技术内容公开，使公众能够得知这些技术，这些技术也就构成了现有技术的一部分。

1. 出版物公开

专利法意义上的出版物是指记载有技术内容的独立存在的传播载体，并且应当表明或者有其他证据证明其公开发表或出版的时间。符合上述含义的出版物可以是各种印刷的、打字的纸件，例如专利文献、科技杂志、科技书籍、学术论文、专业文献、教科书、技术手册、正式公布的会议记录或者技术报告、报纸、产品样本、产品目录、广告宣传册等，也可以是用电、光、磁、照相等方法制成的视听资料，例如缩微胶片、影片、照相底片、录像带、磁带、唱片、光盘等，还可以是以其他形式存在的资料，例如以互联网或其他在线数据库形式存在的文件等。对于印有"内部资料""内部发行"等字样的出版物，确系在特定范围内发行并要求保密的，不属于公开出版物。

出版物不受地理位置、语言或者获得方式的限制，也不受年代的限制。出版物的出版发行量多少、是否有人阅读过、申请人是否知道是无关紧要的。出版物的印刷日视为公开日，有其他证据证明其公开日的除外。印刷日只标示年月或者年份的，以所标示月份的最后一日或者所标示年份的12月31日为公开日。

2. 使用公开

由于使用而导致技术方案的公开，或者导致技术方案处于公众可以得知的状态，这种公开方式称为使用公开。使用公开的方式包括能够使公众得知其技术内容的制造、使用、销售、进口、交换、馈赠、演示、展出等方式。只要通过上述方式使有关技术内容处于公众想得知就能够得知的状态，就构成使用公开，而不取决于是否有公众得知。但是，未给出任何有关技术内容的说明，以致所属技术领域的技术人员无法得知其结构和功能或材料成分的产品展示，不属于使用公开。如果使用公开的是一种产品，即使所使用的产品或者装置需要经过破坏才能够得知其结构和功能，也仍然属于使用公开。此外，使用公开还包括放置在展台上、橱窗内公众可以阅读的信息资料及直观资料，例如招贴画、图纸、照片、样本、样品等。使用公开是以公众能够得知该产品或者方法之日为公开日。

3. 以其他方式公开

为公众所知的其他方式，主要是指口头公开等。例如，口头交谈、报告、讨论会发言、广播、电视、电影等能够使公众得知技术内容的方式。口头交谈、报告、讨论会发言以其发生之日为公开日。公众可接收的广播、电视或电影的报道,以其播放日为公开日。

4. 抵触申请

如果在一项发明或实用新型专利申请的申请日以前,已有同样的发明或者实用新型由任何单位或个人向国务院专利行政部门提出过申请并且记载在申请日以后公布的专利申请文件或者公告的专利文件中,则在先申请就称为在后申请的抵触申请,抵触申请破坏在后申请的新颖性。

5. 优先权

申请人就相同主题的发明或者实用新型在外国第一次提出专利申请之日起 12 个月内,又在中国提出申请的,依照该国同中国签订的协议或者共同参加的国际条约,或者依照相互承认优先权的原则,可以享有优先权。这种优先权,称为外国优先权。假设 2009 年 1 月 5 日某甲就某项技术第一次在美国申请了发明专利,那么在 12 个月内,该甲又就同样的技术到中国申请专利,又假设在 12 个月内,其他人也就该技术在中国申请专利并且在中国的申请日早于该甲,那么在中国的专利权也还是要授予某甲,这就是优先权的本质。

申请人就相同主题的发明或者实用新型在中国第一次提出专利申请之日起 12 个月内,又以该发明专利申请为基础向专利局提出发明专利申请或者实用新型专利申请的,或者又以该实用新型专利申请为基础向专利局提出实用新型专利申请或者发明专利申请的,可以享有优先权。这种优先权称为本国优先权。

相同主题的发明或者实用新型,是指技术领域、所解决的技术问题、技术方案和预期的效果相同的发明或者实用新型。但应注意这里所谓的相同,并不意味着在文字记载或者叙述方式上完全一致。

(二) 创造性

创造性是指与现有技术相比,该发明具有突出的实质性特点和显著的进步,该实用新型具有实质性特点和进步。

1. 现有技术的特殊情况

在发明和实用新型创造性的判断过程中,需要注意比对文件不包括在申请日以前由任何单位或个人向专利局提出过申请并且记载在申请日以后公布的专利申请文件或者公告的专利文件中的内容,即抵触申请中公开的技术不属于创造性判断中现有技术的范畴。

2. 突出的实质性特点

发明有突出的实质性特点,是指对所属技术领域的技术人员来说,发明相对于现有技术是非显而易见的。如果发明是所属技术领域的技术人员在现有技术的基础上仅仅通过合乎逻辑的分析、推理或者有限的试验可以得到的,则该发明是显而易见的,也就不具备突出的实质性特点。

3. 显著的进步

发明有显著的进步,是指发明与现有技术相比能够产生有益的技术效果。例如,发明克服了现有技术中存在的缺点和不足,或者为解决某一技术问题提供了一种不同构思的技术方案,或者代表某种新的技术发展趋势。

在评价发明是否具有显著的进步时,主要应当考虑发明是否具有有益的技术效果。以下情况,通常应当认为发明具有有益的技术效果,具有显著的进步:(1) 发明与现有技术相比具有更好的技术效果,例如,质量改善、产量提高、节约能源、防治环境污染等;(2) 发明提供了一种技术构思不同的技术方案,其技术效果能够基本上达到现有技术的水平;(3) 发明代表某种新技术发展趋势;(4) 尽管发明在某些方面有负面效果,但在其他方面具有明显积极的技术效果。

4. 所属技术领域的技术人员

发明是否具备创造性,应当基于所属技术领域的技术人员的知识和能力进行评价。所属技术领域的技术人员,也可称为本领域的技术人员,是指一种假设的"人",假定他知晓申请日或者优先权日之前发明所属技术领域所有的普通技术知识,能够获知该领域中所有的现有技术,并且具有应用该日期之前常规实验手段的能力,但他不具有创造能力。如果所要解决的技术问题能够促使本领域的技术人员在其他技术领域寻找技术手段,他也应具有从该其他技术领域中获知该申请日或优先权日之前的相关现有技术、普通技术知识和常规实验手段的能力。

5. 几种不同类型发明的创造性判断

(1) 开拓性发明。开拓性发明,是指一种全新的技术方案,在技术史上未曾有过先例,它为人类科学技术在某个时期的发展开创了新纪元。开拓性发明同现有技术相比,具有突出的实质性特点和显著的进步,具备创造性。例如,中国的四大发明——指南针、造纸术、活字印刷术和火药。此外,作为开拓性发明的例子还有:蒸汽机、白炽灯、收音机、电视机、汽车、飞机、雷达、激光器、利用计算机实现汉字输入等。

(2) 组合发明。组合发明,是指将某些技术方案进行组合,构成一项新的技术方案,以解决现有技术客观存在的技术问题。在进行组合发明创造性的判断时通常需要考虑:组合后的各技术特征在功能上是否彼此相互支持、组合的难易程度、现有技术中是否存在组合的启示以及组合后的技术效果等。

(3) 选择发明。选择发明,是指从现有技术中公开的宽范围中,有目的地选出现有技术中未提到的窄范围或个体的发明。在进行选择发明创造性的判断时,选择所带来的预料不到的技术效果是考虑的主要因素。

(4) 转用发明。转用发明,是指将某一技术领域的现有技术转用到其他技术领域中的发明。在进行转用发明的创造性判断时通常需要考虑:转用的技术领域的远近、是否存在相应的技术启示、转用的难易程度、是否需要克服技术上的困难、转用所带来的技术效果等。

（5）已知产品的新用途发明。已知产品的新用途发明,是指将已知产品用于新的目的的发明。在进行已知产品新用途发明的创造性判断时通常需要考虑:新用途与现有用途技术领域的远近、新用途所带来的技术效果等。

（6）要素变更的发明。要素变更的发明,包括要素关系改变的发明、要素替代的发明和要素省略的发明。在进行要素变更发明的创造性判断时通常需要考虑:要素关系的改变、要素替代和省略是否存在技术启示,其技术效果是否可以预料等。

6. 判断发明创造性时需考虑的其他因素

（1）发明解决了人们一直渴望解决但始终未能获得成功的技术难题。如果发明解决了人们一直渴望解决但始终未能获得成功的技术难题,这种发明具有突出的实质性特点和显著的进步,具备创造性。例如,自有农场以来,人们一直期望解决在农场牲畜（如奶牛）身上无痛而且不损坏牲畜表皮地打上永久性标记的技术问题,某发明人基于冷冻能使牲畜表皮着色这一发现而发明的一项冷冻"烙印"的方法成功地解决了这个技术问题,该发明具备创造性。

（2）发明克服了技术偏见。技术偏见,是指在某段时间内、某个技术领域中,技术人员对某个技术问题普遍存在的、偏离客观事实的认识,它引导人们不去考虑其他方面的可能性,阻碍人们对该技术领域的研究和开发。如果发明克服了这种技术偏见,采用了人们由于技术偏见而舍弃的技术手段,从而解决了技术问题,则这种发明具有突出的实质性特点和显著的进步,具备创造性。例如,对于电动机的换向器与电刷间界面,通常认为越光滑接触越好,电流损耗也越小。一项发明将换向器表面制出一定粗糙度的细纹,其结果电流损耗更小,优于光滑表面。该发明克服了技术偏见,具备创造性。

（3）发明取得了预料不到的技术效果。发明取得了预料不到的技术效果,是指发明同现有技术相比,其技术效果产生"质"的变化,具有新的性能;或者产生"量"的变化,超出人们预期的想象。这种"质"的或者"量"的变化,对所属技术领域的技术人员来说,事先无法预测或者推理出来。当发明产生了预料不到的技术效果时,一方面说明发明具有显著的进步,同时也反映出发明的技术方案是非显而易见的,具有突出的实质性特点,该发明具备创造性。

（4）发明在商业上获得成功。当发明的产品在商业上获得成功时,如果这种成功是由于发明的技术特征直接导致的,则一方面反映了发明具有有益效果,同时也说明了发明是非显而易见的,因而这类发明具有突出的实质性特点和显著的进步,具备创造性。但是,如果商业上的成功是由于其他原因所致,例如由于销售技术的改进或者广告宣传造成的,则不能作为判断创造性的依据。

（三）实用性

实用性,是指该发明或者实用新型能够制造或者使用,并且能够产生积极效果。

1. 实用性的含义

授予专利权的发明或者实用新型,必须是能够解决技术问题,并且能够应用的发明或者实用新型。如果申请的是一种产品(包括发明和实用新型),那么该产品必须在产业中能够制造,并且能够解决技术问题;如果申请的是一种方法(仅限发明),那么这种方法必须在产业中能够使用,并且能够解决技术问题。只有满足上述条件的产品或者方法专利申请才可能被授予专利权。所谓产业,它包括工业、农业、林业、水产业、畜牧业、交通运输业以及文化体育、生活用品和医疗器械等行业。

在产业上能够制造或者使用的技术方案,是指符合自然规律、具有技术特征的任何可实施的技术方案。这些方案并不一定意味着使用机器设备,或者制造一种物品,还可以包括例如驱雾的方法,或者将能量由一种形式转换成另一种形式的方法。

能够产生积极效果,是指发明或者实用新型专利申请在提出申请之日,其产生的经济、技术和社会的效果是所属技术领域的技术人员可以预料到的。这些效果应当是积极的和有益的。

2. 不具备实用性的六种主要情形

(1) 无再现性。再现性,是指所属技术领域的技术人员,根据公开的技术内容,能够重复实施专利申请中为解决技术问题所采用的技术方案。这种重复实施不得依赖任何随机的因素,并且实施结果应该是相同的。但是,申请发明或者实用新型专利的产品的成品率低与不具有再现性是有本质区别的。前者是能够重复实施,只是由于实施过程中未能确保某些技术条件(例如环境洁净度、温度等)而导致成品率低;后者则是在确保发明或者实用新型专利申请所需全部技术条件下,所属技术领域的技术人员仍不可能重复实现该技术方案所要求达到的结果。具有实用性的发明或者实用新型专利申请主题,应当具有再现性。反之,无再现性的发明或者实用新型专利申请主题不具备实用性。

(2) 违背自然规律。具有实用性的发明或者实用新型专利申请应当符合自然规律。违背自然规律的发明或者实用新型专利申请是不能实施的,因此,不具备实用性。违背能量守恒定律的发明或者实用新型专利申请的主题,例如永动机,必然是不具备实用性的。

(3) 利用独一无二的自然条件的产品。具备实用性的发明或者实用新型专利申请不得是由自然条件限定的独一无二的产品。利用特定的自然条件建造的自始至终都是不可移动的唯一产品不具备实用性。应当注意的是,不能因为上述利用独一无二的自然条件的产品不具备实用性,而认为其构件本身也不具备实用性。

(4) 人体或者动物体的非治疗目的的外科手术方法。外科手术方法包括治疗目的和非治疗目的的手术方法。以治疗为目的的外科手术方法属于不授予专利权的客体;非治疗目的的外科手术方法,由于是以有生命的人或者动物为实施对象,无法在产业上使用,因此不具备实用性。例如,为美容而实施的外科手术方法,或者采用外科手术从活牛身体上摘取牛黄的方法,以及为辅助诊断而采用的外科手术方法,例如实施冠状造影之前采用的外科手术方法等。

(5) 测量人体或者动物体在极限情况下的生理参数的方法。测量人体或动体在极限情况下的生理参数需要将被测对象置于极限环境中,这会对人或动物的生命构成威胁,不同的人或动物个体可以耐受的极限条件是不同的,需要有经验的测试人员根据被测对象的情况来确定其耐受的极限条件,因此这类方法无法在产业上使用,不具备实用性。

(6) 无积极效果。具备实用性的发明或者实用新型专利申请的技术方案应当能够产生预期的积极效果。明显无益、脱离社会需要的发明或者实用新型专利申请的技术方案不具备实用性。

二、外观设计专利的授权条件

(一) 新颖性

授予专利权的外观设计,应当不属于现有设计;也没有任何单位或者个人就同样的外观设计在申请日以前向国务院专利行政部门提出过申请,并记载在申请日以后公告的专利文件中。现有设计,是指申请日以前在国内外为公众所知的设计。

在外观设计新颖性的判断中,应考虑优先权的有关规定。申请人自外观设计在外国第一次提出专利申请之日起6个月内,又在中国就相同主题提出专利申请的,依照该外国同中国签订的协议或者共同参加的国际条约,或者依照相互承认优先权的原则,可以享有优先权。

(二) 创造性

授予专利权的外观设计与现有设计或者现有设计特征的组合相比,应当具有明显区别。所谓现有设计特征,是指现有设计的部分设计要素或者其结合,如现有设计的形状、图案、色彩要素或者其结合,或者现有设计的某组成部分的设计,如整体外观设计产品中的零部件的设计。

(三) 不得与他人在先权利相冲突

授予专利权的外观设计不得与他人在申请日以前已经取得的合法权利相冲突。这里的在先取得的合法权利是指依照中国法律享有并且在专利申请日仍然有效的权利或者权益,一般认为包括商标权、著作权、企业名称权、肖像权、知名商品特有包装或者装潢使用权等。相冲突是指未经权利人的许可,外观设计专利使用了在先合法权利的客体,从而导致专利权的实施将会损害在先权利人的相关合法权利或者权益。

三、丧失新颖性的例外

申请专利的发明创造在申请日以前6个月内,有下列情形之一的,不丧失新颖性:(1) 在中国政府主办或者承认的国际展览会上首次展出的;(2) 在规定的学术会议或者技术会议上首次发表的;(3) 他人未经申请人同意而泄露其内容的。

法律中规定的6个月期限称为宽限期,宽限期和前述优先权的效力是不同的。宽限期的法律规定仅仅是把申请人(包括发明人)的某些公开,或者第三人从申请人或发明人那里以合法手段或者不合法手段得来的发明创造的某些公开,认为是不损害该专利申请新颖性和创造性的公开。实际上,发明创造公开以后已经成为现有技术,只是这种公开在一定期限内对申请人的专利申请来说不视为影响其新颖性和创造性的现有技术,并不是把发明创造的公开日看做是专利申请的申请日。所以,从公开之日至提出申请的期间,如果第三人独立地作出了同样的发明创造,而且在申请人提出专利申请以前提出了专利申请,那么根据先申请原则,申请人就不能取得专利权。当然,由于申请人(包括发明人)的公开,使该发明创造成为现有技术,故第三人的申请没有新颖性,也不能取得专利权。

发生《专利法》(2008)第24条规定的任何一种情形之日起6个月内,申请人提出申请之前,发明创造再次被公开的,只要该公开不属于上述三种情况,则该申请将由于此在后公开而丧失新颖性。再次公开属于上述三种情况的,该申请不会因此而丧失新颖性,但是,宽限期自发明创造的第一次公开之日起计算。

▶ 四、不授予专利权的情形

(一)违反国家法律的发明创造

发明创造与国家法律相违背的,不能被授予专利权。例如,用于赌博的设备、机器或工具;吸毒的器具;伪造国家货币、票据、公文、证件、印章、文物的设备等都属于违反国家法律的发明创造,不能被授予专利权。

发明创造并没有违反国家法律,但是由于其被滥用而违反国家法律的,则可以授予专利。例如,用于医疗的各种毒药、麻醉品、镇静剂、兴奋剂和用于娱乐的棋牌等。

违反国家法律的发明创造,不包括仅其实施为国家法律所禁止的发明创造。其含义是,如果仅仅是发明创造的产品的生产、销售或使用受到国家法律的限制或约束,则该产品本身及其制造方法并不属于违反国家法律的发明创造。例如,用于国防的各种武器的生产、销售及使用虽然受到国家法律的限制,但这些武器本身及其制造方法仍然属于可给予专利保护的客体。

(二)违反社会公德的发明创造

发明创造与社会公德相违背的,不能被授予专利权。例如,带有暴力凶杀或者淫秽的图片或者照片的外观设计,克隆的人或克隆人的方法,人胚胎的工业或商业目的的应用,可能导致动物痛苦而对人或动物的医疗没有实质性益处的改变动物遗传同一性的方法等,上述发明创造违反社会公德,不能被授予专利权。

(三)妨害公共利益的发明创造

妨害公共利益,是指发明创造的实施或使用会给公众或社会造成危害,或者会使国家和社会的正常秩序受到影响。例如,发明创造以致人伤残或损害财物为手段的,如一种使盗窃者双目失明的防盗装置及方法,不能被授予专利权;发明创造的实施或使用会严重污染环境、严重浪费能源或资源、破坏生态平衡、危害公众健康的,不能被授予专利权;专利申请的文字或者图案涉及国家重大政治事件或宗教信仰、伤害人民感情或民族感情或者宣传封建迷信的,不能被授予专利权。

但是,如果发明创造因滥用而可能造成妨害公共利益的,或者发明创造在产生积极效果的同时存在某种缺点的,例如对人体有某种副作用的药品,则不能以"妨害公共利益"为理由拒绝授予专利权。

(四)违反法律、行政法规的规定获取或者利用遗传资源并依赖该遗传资源完成的发明创造

遗传资源,是指取自人、动物、植物或者微生物的任何含有遗传功能单位并具有实际或者潜在价值的材料;发明创造的完成依赖于遗传资源,是指发明创造的完成利用了遗传资源的遗传功能。

国际上与遗传资源保护相关的公约是《生物多样性公约》,该公约于1992年5月22日在内罗毕讨论通过,中国已加入公约。公约第一次对生物多样性进行了全面阐述,第一次将遗传多样性保护纳入国际条约,其最重要处在于抛弃了"遗传资源是人类的共同财富"的提法,明确遗传资源提供国对其自然资源的主权,注意遗传资源提供国和遗传资源获取国之间的利益的平衡,因而最终获得了大多数国家的认同。《生物多样性公约》的第15条和第16条规定了遗传资源提供国的以下权利:(1)对自然资源的主权;(2)对可否取得遗传资源的决定权;(3)对获取遗传资源的事先知情同意权;(4)要求参与遗传资源科研开发的权利、要求在本国境内进行科研开发的权利;(5)公平分享研究和开发遗传资源的成果以及商业和其他方面利用此种资源所获的利益;(6)获得有关技术的权利,即各缔约国应根据共同商定的条件向遗传资源提供国提供利用遗传资源的技术和转让此种技术。《种子法》(2004)、《野生动物保护法》(2004)和《人类遗传资源管理暂行办法》(1998)都对基因资源的主权原则有所规定。例如《人类遗传资源管理暂行办法》(1998)第17条规定:"我国境内的人类基因资源信息,包括重要遗传家系和特定地区基因资源及其数据、资料、样本等,我国研究开发机构享有专属持有权,未经许可,不得向其他单位转让。"

与上述《公约》、法律、法规相配套,《专利法》(2008)规定,对违反法律、行政法规的规定获取或者利用遗传资源,并依赖该遗传资源完成的发明创造,不授予专利权。依赖遗传资源完成的发明创造,申请人应当在专利申请文件中说明该遗传资源的直接来源和原始来源;申请人无法说明原始来源的,应当陈述理由。

(五)科学发现

科学发现,是指对自然界中客观存在的物质、现象、变化过程及其特性和规律的揭示。科学理论是对自然界认识的总结,是更为广义的发现。它们都属于人们认识的延伸。这些被认识的物质、现象、过程、特性和规律不同于改造客观世界的技术方案,不是专利法意义上的发明创造,因此不能被授予专利权。例如,发现卤化银在光照下有感光特性,这种发现不能被授予专利权,但是根据这种发现制造出的感光胶

片以及此感光胶片的制造方法则可以被授予专利权。又如,从自然界找到一种以前未知的以天然形态存在的物质,仅仅是一种发现,不能被授予专利权。

应当注意,发明和发现虽有本质不同,但两者关系密切。通常,很多发明是建立在发现的基础之上的,进而发明又促进了发现。发明与发现的这种密切关系在化学物质的"用途发明"上表现最为突出,当发现某种化学物质的特殊性质之后,利用这种性质的"用途发明"则应运而生。

(六) 智力活动的规则和方法

智力活动,是指人的思维运动,它源于人的思维,经过推理、分析和判断产生出抽象的结果,或者必须经过人的思维运动作为媒介,间接地作用于自然产生结果。智力活动的规则和方法是指导人们进行思维、表述、判断和记忆的规则和方法。由于其没有采用技术手段或者利用自然规律,也未解决技术问题和产生技术效果,因而不构成技术方案。

智力活动的规则和方法内容非常广泛,例如:审查专利申请的方法;组织、生产、商业实施和经济等方面的管理方法及制度;交通行车规则、时间调度表、比赛规则;演绎、推理和运筹的方法;图书分类规则、字典的编排方法、情报检索的方法、专利分类法;日历的编排规则和方法;仪器和设备的操作说明;各种语言的语法、汉字编码方法;计算机的语言及计算规则;速算法或口诀;数学理论和换算方法;心理测验方法;教学、授课、训练和驯兽的方法;各种游戏、娱乐的规则和方法;统计、会计和记账的方法;乐谱、食谱、棋谱;锻炼身体的方法;疾病普查的方法和人口统计的方法;信息表述方法;计算机程序本身;等等。

(七) 疾病的诊断和治疗方法

疾病的诊断和治疗方法,是指以有生命的人体或者动物体为直接实施对象,进行识别、确定或消除病因或病灶的过程。出于人道主义的考虑和社会伦理的原因,医生在诊断和治疗过程中应当有选择各种方法和条件的自由。另外,这类方法直接以有生命的人体或动物体为实施对象,无法在产业上利用,不属于专利法意义上的发明创造。因此疾病的诊断和治疗方法不能被授予专利权。

但是,用于实施疾病诊断和治疗方法的仪器或装置,以及在疾病诊断和治疗方法中使用的物质或材料属于可被授予专利权的客体。

(八) 动物和植物品种

中国对于动物和植物品种不授予专利权,但对于动物和植物品种的生产方法,可以授予专利权。但这里所说的生产方法是指非生物学的方法,不包括生产动物和植物主要是生物学的方法。一种方法是否属于"主要是生物学的方法",取决于在该方法中人的技术介入程度。如果人的技术介入对该方法所要达到的目的或者效果起了主要的控制作用或者决定性作用,则这种方法不属于"主要是生物学的方法"。例如,采用辐照饲养法生产高产牛奶的乳牛的方法;改进饲养方法生产瘦肉型猪的方法等属于可被授予发明专利权的客体。

（九）用原子核变换方法获得的物质

原子核变换方法以及用该方法所获得的物质关系到国家的经济、国防、科研和公共生活的重大利益，不宜为单位或私人垄断，因此不能被授予专利权。

1. 原子核变换方法

原子核变换方法，是指使一个或几个原子核经分裂或者聚合，形成一个或几个新原子核的过程，例如，完成核聚变反应的磁镜阱法、封闭阱法以及实现核裂变的各种方法等，这些变换方法是不能被授予专利权的。但是，为实现原子核变换而增加粒子能量的粒子加速方法（如电子行波加速法、电子驻波加速法、电子对撞法、电子环形加速法等），不属于原子核变换方法，而属于可被授予发明专利权的客体。

为实现核变换方法的各种设备、仪器及其零部件等，均属于可被授予专利权的客体。

2. 用原子核变换方法所获得的物质

用原子核变换方法所获得的物质，主要是指用加速器、反应堆以及其他核反应装置生产、制造的各种放射性同位素，这些同位素不能被授予发明专利权。但是这些同位素的用途以及使用的仪器、设备属于可被授予专利权的客体。

（十）对平面印刷品的图案、色彩或者二者的结合作出的主要起标识作用的设计

对平面印刷品的图案、色彩或者二者的结合作出的主要起标识作用的设计，例如产品包装袋、瓶贴等，应该主要用商标法、反不正当竞争法等来保护，不应用专利法来保护。

（十一）违反保密审查规定的发明创造

任何单位或者个人将在中国完成的发明或者实用新型向外国申请专利的，应当事先报经国务院专利行政部门进行保密审查，对违反此规定向外国申请专利的发明或者实用新型，在中国申请专利的，不授予专利权。

第二节　专利权的主体

与专利权有关的两个概念是申请专利的权利和专利申请权。申请专利的权利是指对发明创造享有的提出专利申请的权利。而专利申请权是指申请人在向专利局提出专利申请以后，对该专利申请享有的权利。专利权的主体即专利权人，指依法享有专利权并承担与此相应的义务的人。

▶ 一、先发明原则与先申请原则

对于两个以上的申请人分别就同样的发明创造申请专利的情形，专利权究竟应该授予谁，通常解决的原则有两种：先发明原则和先申请原则。

（一）先发明原则

先发明原则是指两个以上的申请人就同样的发明创造分别向专利局申请专利，专利权授给最先完成发明创造的人的原则。以前，美国曾采用这一原则确定专利权

人。"先发明原则虽符合专利制度鼓励发明创造的宗旨,体现了专利权授权的公正、合理性,但在操作中存在明显的缺点:(1)确定先发明人非常困难,要花费较多的人力、物力和财力;(2)不利于促使技术早日公开,因为按先发明原则,发明人在后的申请并不影响其获得专利权;(3)会导致已取得的专利权处于不稳定的状态,客观上不利于专利技术的推广和使用。"①美国目前已经将先发明原则改为先申请原则。

（二）先申请原则

先申请原则是指两个以上的申请人就同样的发明创造分别向专利局申请专利,专利权授给最先申请人的原则。中国采用的是先申请原则。

二、职务发明创造与非职务发明创造

（一）职务发明创造

1. 职务发明创造的含义

职务发明创造是指执行本单位的任务或者主要是利用本单位的物质技术条件所完成的发明创造。职务发明创造申请专利的权利属于该单位；申请被批准后,该单位为专利权人。这里所称本单位,包括临时工作单位；从单位的组织形式上讲,既包括法人单位,也包括非法人单位。

(1) 执行本单位的任务所完成的职务发明创造,主要包括：① 在本职工作中作出的发明创造,例如,发明创造人的本职工作是机械工程师,他在工作中发明创造了一种新的车刀,这项发明创造就是职务发明创造。② 履行本单位交付的本职工作之外的任务所作出的发明创造创造,例如,发明创造人的本职工作是机械工程师,但他自学了电子技术,单位知悉这一情况后,将一项自动化设计任务交给他来完成,则他完成的这项发明创造也属于职务发明创造。③ 退休后或者劳动、人事关系解除或者终止后1年内作出的,与其在原单位承担的本职工作或者原单位分配的任务有关的发明创造。这是为了防止职工将快要完成的职务发明创造隐瞒不报而等到其退职、退休或者调动以后再申请专利,规定1年的期限是合适的,这样可以较好地处理单位和职工之间的利益分配关系。

(2) 主要是利用本单位的物质技术条件所完成的发明创造也属于职务发明创造。本单位的物质技术条件,是指本单位的资金、设备、零部件、原材料或者不对外公开的技术资料等。

2. 职务发明创造的发明人或者设计人享有的权利

职务发明创造的发明人或设计人享有署名权；同时,被授予专利权的单位应当对职务发明创造的发明人或者设计人给予奖励；发明创造专利实施后,根据其推广应用的范围和取得的经济效益,对发明人或者设计人应给予合理的报酬。

(1) 署名权。发明人或者设计人享有在专利文件中写明自己是发明创造人或

---

① 吴汉东主编：《知识产权法》,中国政法大学出版社2004年版,第146页。

者设计人的权利。

(2) 获得奖励权。被授予专利权的单位可以与发明人、设计人约定或者在其依法制定的规章制度中规定《专利法》(2008)第16条规定的奖励的方式和数额。被授予专利权的单位未在其依法制定的规章制度中规定,也未在其与发明人或者设计人订立的合同中约定奖励的,应当自专利权公告之日起3个月内发给发明人或者设计人奖金。一项发明创造专利的奖金最低不少于3,000元;一项实用新型专利或者外观设计专利的奖金最低不少于1,000元。由于发明人或者设计人的建议被其所属单位采纳而完成的发明创造创造,被授予专利权的单位应当从优发给奖金。企业、事业单位给予发明人或者设计人的奖励,按照国家有关财务、会计的制度进行处理。

(3) 获得报酬权。被授予专利权的单位可以与发明人、设计人约定或者在其依法制定的规章制度中规定《专利法》(2008)第16条规定的报酬的方式和数额。被授予专利权的单位未在其依法制定的规章制度中规定,也未在其与发明人或者设计人订立的合同中约定报酬的,在专利权有效期限内,实施发明创造专利后,每年应当从实施该项发明或者实用新型专利所得利润纳税后提取不低于2%或者从实施该项外观设计专利所得利润纳税后提取不低于0.2%,作为报酬给予发明人或者设计人;或者参照上述比例,发给发明人或者设计人一次性报酬。被授予专利权的单位许可其他单位或者个人实施其专利的,应当从收取的转让费、使用费纳税后提取不低于10%,作为报酬给予发明人或者设计人。企业、事业单位给予发明人或者设计人的报酬,按照国家有关财务、会计的制度进行处理。

(二) 非职务发明创造

非职务发明创造是指不属于职务发明的情形,其申请专利的权利属于发明人或者设计人。申请被批准后,该发明人或者设计人即成为专利权人。对发明人或者设计人的非职务发明创造专利申请,任何单位或者个人不得压制。侵夺发明人或者设计人的非职务发明创造专利申请权和《专利法》(2008)规定的其他权益的,由所在单位或者上级主管机关给予行政处分。

(三) 可以约定的情形

利用本单位的物质技术条件所完成的发明创造,单位与发明人或者设计人订有合同,对申请专利的权利和专利权的归属作出约定的,从其约定。这一规定不但更有利于调动科研人员的积极性,而且有利于使单位闲置的设备等物质条件得到充分利用。

不过,不应将上述法律规定理解为可以通过约定的形式而随意将职务发明创造转变为非职务发明创造,以致造成国有资产或集体资产的流失。应当防止科研人员将职务发明创造变成非职务发明创造,例如,利用单位管理不善等,将职务发明创造抢先以个人名义申请专利。国有或集体单位亦不能对职务发明创造被当做非职务发明创造申报专利的情况采取放任的态度。对造成国有资产或集体财产严重受损的情形,应当追究单位法定代表人的法律责任。①

三、合作发明创造

两个以上单位或者个人合作完成的发明创造,合作各方可以约定权利归属;没有约定的,申请专利的权利属于共同完成的单位或者个人;申请被批准后,申请的单位或者个人为专利权人。

合作开发合同的当事人应当按照约定进行投资,包括以技术进行投资;分工参与研究开发工作;协作配合研究开发工作。合作开发合同的当事人违反约定造成研究开发工作停滞、延误或者失败的,应当承担违约责任。

当事人一方转让其共有的专利申请权的,其他各方享有以同等条件优先受让的权利。合作开发的当事人一方声明放弃其共有的专利申请权的,可以由另一方单独申请或者由其他各方共同申请。申请人取得专利权的,放弃专利申请权的一方可以免费实施该专利。合作开发的当事人一方不同意申请专利的,另一方或者其他各方不得申请专利。

四、委托发明创造

一个单位或者个人接受其他单位或者个人委托所完成的发明创造,委托方和受托方可以约定权利归属;没有约定的,申请专利的权利属于完成的单位或者个人;申请被批准后,申请的单位或者个人为专利权人。

委托开发合同的委托人应当按照约定支付研究开发经费和报酬;提供技术资料、原始数据;完成协作事项;接受研究开发成果。委托开发合同的研究开发人应当按照约定制定和实施研究开发计划;合理使用研究开发经费;按期完成研究开发工作,交付研究开发成果,提供有关的技术资料和必要的技术指导,帮助委托人掌握研究开发成果。

研究开发人取得专利权的,委托人可以免费实施该专利。研究开发人转让专利申请权的,委托人享有以同等条件优先受让的权利。

五、外国人

在中国有经常居所或者营业所的外国人、外国企业或者外国其他组织在中国申请专利的,享有与中国单位和个人完全相同的待遇。

在中国没有经常居所或者营业所的外国人,如果所属国同中国签订有协议或者共同参加国际条约的,对这类国家的国民和企业来中国申请专利的,根据中国专利法办理。在中国没有经常居所或者营业所的外国人、外国企业或者外国其他组织在中国申请专利的,如果其所属国没有同中国签订协议,也没有与中国共同参加国际条约的,可以依照互惠原则,根据中国专利法办理。互惠原则就是双方在没有条约、

---

① 国家知识产权局条法司:《新专利法详解》,知识产权出版社 2001 年版,第 35 页。

协议的条件下在实践中互相给予保护。

在中国没有经常居所或者营业所的外国人、外国企业或者外国其他组织在中国申请专利和办理其他专利事务的,应当委托依法设立的专利代理机构办理。相比之下,中国单位或者个人在国内申请专利和办理其他专利事务的,可以委托依法设立的专利代理机构办理,也可以自己申请。

第三节　专利权的取得、内容与限制

▶ 一、专利权的取得

发明人或者设计人提出专利申请后,专利行政主管机关应当根据《专利法》(2008)的规定对专利申请是否符合法律规定的授予专利的条件进行审查。纵观世界各国的专利法,专利审查制度分为登记制、文献报告制、审查制三种主要类型:

第一,登记制。专利行政主管机关仅对授予专利权的形式要件进行审查,就直接授予专利权的制度。[①] 倡导这一制度的主要是 1844 年《法国专利法》。登记制的优点是有利于专利的快速授权,但是,由于登记制对专利不进行实质审查,因此专利的质量无法得到保障。此外,登记制也不便于专利进行转让和许可交易,并且增加了当事人就专利有效性向法院提出诉讼的可能性。

第二,文献报告制。文献报告制是法国 1968 年根据《斯特拉斯堡公约》对其 1844 年《专利法》进行修正后采用的制度。这一制度的运作机制是法国专利行政主管机关在对专利申请进行形式审查后,即委托欧洲专利局海牙分局提供一份文献检索报告。如果检索报告标明申请主题的全部或者一部分明显缺乏新颖性,经法国专利主管机关通知修改而申请人不修改其申请的,或者在检索报告制定过程中申请人不作出说明或者提出新的权利要求的,专利行政主管机关可以驳回申请的全部或一部分。除发生上述情况以外,则应当授予专利权。[②]

第三,审查制。专利行政主管机关对专利申请的形式要件和实质要件要均进行审查,只有在专利申请符合法律规定的授予专利权的条件的情况下,方可授予专利权的制度。目前世界上大部分国家采用这种制度。审查制度不但对于申请人提出的文件进行形式审查,而且还进行文献检索,根据现有技术对专利申请的新颖性和创造性进行审查,并最终决定是否授予专利权。这一制度能够有效地保证专利的质量,促进社会科技的进步。不过这一制度的实施需要较多的专业人才以及文献储备,且对于专利申请是否可授予专利的审查需要相对较长的期间,因此,目前许多国家的专利法,均不采用纯粹意义上的审查制,而是对其进行了改良,采用"早期公开、延期审查"制度,即申请人的申请经初步审查合格后,将申请的内容公布,但并不对

---

① 吴汉东等:《知识产权基本问题研究》,中国人民大学出版社 2005 年版,第 429 页。
② 汤宗舜:《专利法教程》(第三版),法律出版社 2003 年版,第 131 页。

其进行实质审查,而是在申请日后的一定期间内由专利申请人提出请求,专利主管机关应专利申请人的请求对专利申请进行实质审查。

就中国发明专利而言,《专利法》(2008)采取的是"早期公开,延期审查"制度,即国务院专利行政部门收到发明申请后,经初步审查合格并自申请日(有优先权日的指优先权日)起满18个月,即行公布。国务院专利行政部门也可以根据申请人的请求提前公布申请。自申请日(有优先权日的指优先权日)起3年内,申请人随时可以向国务院专利行政部门提出请求要求进行实质审查。发明专利申请经实质审查没有发现驳回理由的,由国务院专利行政部门作出授予发明专利权的决定,发给发明专利证书,同时予以登记和公告。就实用新型和外观设计专利而言,《专利法》(2008)采取的是形式审查制,就是说在初步审查后没有发现驳回理由的,即由国务院专利行政部门作出授予专利权的决定。

二、专利权的内容

(一)禁止未经许可的实施

产品发明和实用新型专利权被授予后,除《专利法》(2008)另有规定的以外,任何单位或者个人未经专利权人许可,都不得实施其专利,即不得为生产经营目的制造、使用、许诺销售、销售、进口其专利产品。

方法发明专利权被授予后,除《专利法》(2008)另有规定的以外,任何单位或者个人未经专利权人许可,都不得实施其专利,即不得为生产经营目的使用其专利方法以及使用、许诺销售、销售、进口依照该专利方法直接获得的产品。

外观设计专利权被授予后,任何单位或者个人未经专利权人许可,都不得实施其专利,即不得为生产经营目的制造、许诺销售、销售、进口其外观设计专利产品。

(二)许可实施

任何单位或者个人实施他人专利的,应当与专利权人订立实施许可合同,向专利权人支付专利使用费。被许可人无权允许合同规定以外的任何单位或者个人实施该专利。

(三)转让

专利申请权和专利权可以转让。中国单位或者个人向外国人、外国企业或者外国其他组织转让专利申请权或者专利权的,应当依照有关法律、行政法规的规定办理手续。转让专利申请权或者专利权的,当事人应当订立书面合同,并向国务院专利行政部门登记,由国务院专利行政部门予以公告。专利申请权或者专利权的转让自登记之日起生效。

(四)临时保护

临时保护是指发明专利申请公布后授权前,申请人可以要求实施其发明的单位或者个人支付适当的费用。

例如,一项发明专利于2003年3月1日提出申请,于2004年9月1日公布,于

2006年3月1日授权。

03.3.1 ——→04.9.1 ——→06.3.1
（申请日）　（公布日）　（授权日）

在该例中，公布日以前相关发明创造适用技术秘密来保护，因为在公布日以前该技术一直处于秘密状态，这个阶段当事人之间订立的合同名称也可能为专利许可合同，但这并不影响合同的效力，也就是说，人民法院不得以当事人就已经申请专利但尚未授权的技术订立专利实施许可合同为由认定合同无效。授权日以后适用专利权来保护，因为此时已经有专利权了。公布日至授权日之间适用临时保护，当事人之间的技术实施许可合同参照适用专利实施许可合同的有关规定。

（五）标记权

专利权人有权在其专利产品或者该产品的包装上标明专利标识。

（六）共有专利权的行使

专利申请权或者专利权的共有人对权利的行使有约定的，从其约定。没有约定的，共有人可以单独实施或者以普通许可方式许可他人实施该专利；许可他人实施该专利的，收取的使用费应当在共有人之间分配。除此之外，行使共有的专利申请权或者专利权应当取得全体共有人的同意。

▶ 三、专利权的期限和终止

（一）期限

发明专利权的期限为20年，实用新型专利权和外观设计专利权的期限为10年。上述权利均自实际申请日起计算。

（二）专利权的提前终止

正常情况下专利权在保护期届满时终止，但是遇有以下情况，专利权会提前终止：

（1）未依规定缴纳年费。

专利权人应当自被授予专利权的当年开始缴纳年费。申请人办理登记手续时，应当缴纳专利登记费、公告印刷费和授予专利权当年的年费。发明专利申请人应当一并缴纳各个年度的申请维持费，授予专利权的当年不包括在内。期满未缴纳费用的，视为未办理登记手续。以后的年费应当在前一年度期满前1个月内预缴。

专利权人未按时缴纳授予专利权当年以后的年费或者缴纳的数额不足的，国务院专利行政部门应当通知专利权人自应当缴纳年费期满之日起6个月内补缴，同时缴纳滞纳金；滞纳金的金额按照每超过规定的缴费时间1个月，加收当年全额年费的5%计算；期满未缴纳的，专利权自应当缴纳年费期满之日起终止。

（2）专利权人以书面声明放弃其专利权。

四、专利权的限制

（一）专利实施的强制许可

强制许可仅存在于发明和实用新型专利，外观设计专利不存在强制许可的情形。

1. 强制许可的种类

（1）不实施或未充分实施导致的强制许可。专利权人自专利权被授予之日起满3年，且自提出专利申请之日起满4年，无正当理由未实施或未充分实施其专利，国务院专利行政部门根据具备实施条件的单位或者个人的申请，可以给予实施该专利的强制许可。未充分实施其专利，是指专利权人及其被许可人实施其专利的方式或者规模不能满足国内对专利产品或者专利方法的需求。

（2）垄断导致的强制许可。专利权人行使专利权的行为被依法认定为垄断行为，为消除或者减少该行为对竞争产生的不利影响，可以给予强制许可。

（3）公共利益目的的强制许可。在国家出现紧急状态或者非常情况时，或者为了公共利益的目的，国务院专利行政部门可以给予实施发明专利或者实用新型专利的强制许可。

（4）药品专利权强制许可。为公共健康目的，对取得专利权的药品，可以给予制造并将其出口到符合中国参加的有关国际条约规定的国家或地区的强制许可。取得专利权的药品，是指解决公共健康问题所需的医药领域中的任何专利产品或者依照专利方法直接获得的产品，包括取得专利权的制造该产品所需的活性成分以及使用该产品所需的诊断用品。

（5）从属专利及基础专利的强制许可。一项取得专利权的发明或者实用新型比前已经取得专利权的发明或者实用新型具有显著经济意义的重大技术进步，其实施又有赖于前一发明或者实用新型的实施的，国务院专利行政部门根据后一专利权人的申请，可以给予实施前一发明或者实用新型的强制许可。在依照前述规定给予实施强制许可的情形下，国务院专利行政部门根据前一专利权人的申请，也可以给予实施后一发明或者实用新型的强制许可。

2. 强制许可的特征

（1）非独占。取得实施强制许可的单位或者个人不享有独占的实施权，并且无权允许他人实施。

（2）有偿性。取得实施强制许可的单位或者个人应当付给专利权人合理的使用费，或者依照中国参加的有关国际条约的规定处理使用费问题。付给使用费的，其数额由双方协商；双方不能达成协议的，由国务院专利行政部门裁决。

（3）可诉性。专利权人对国务院专利行政部门关于实施强制许可的决定不服的，专利权人和取得实施强制许可的单位或者个人对国务院专利行政部门关于实施强制许可的使用费的裁决不服的，可以自收到通知之日起3个月内向人民法院起诉。

(4) 强制许可应当主要为了供应国内市场,但垄断导致的强制许可和药品专利权的强制许可除外。

(二) 不视为侵犯专利权的情形

1. 权利用尽(权利穷竭)

专利产品或者依照专利方法直接获得的产品,由专利权人或者经其许可的单位、个人售出后,使用、许诺销售、销售、进口该产品的。

2. 先用权

在专利申请日前已经制造相同产品、使用相同方法或者已经作好制造、使用的必要准备,并且仅在原有范围内继续制造、使用的。

3. 临时过境

临时通过中国领陆、领水、领空的外国运输工具,依照其所属国同中国签订的协议或者共同参加的国际条约,或者依照互惠原则,为运输工具自身需要而在其装置和设备中使用有关专利的。

4. 专为科学研究和实验而使用有关专利

5. 为提供行政审批所需要的信息

为提供行政审批所需要的信息,制造、使用、进口专利药品或者专利医疗器械的,以及专门为其制造、进口专利药品或者专利医疗器械的。

(三) 强制推广应用

国有企业事业单位的发明专利,对国家利益或者公共利益具有重大意义的,国务院有关主管部门和省、自治区、直辖市人民政府报经国务院批准,可以决定在批准的范围内推广应用,允许指定的单位实施,由实施单位按照国家规定向专利权人支付使用费。

第四节 专利申请的复审与专利权的无效宣告

一、专利申请的复审

(一) 复审的提起

国务院专利行政部门对专利申请审查的结果存在着两种可能性:否定性的结论和肯定性的结论。其中否定性的结论为驳回专利申请,肯定性的结论为授予专利权。[①]

专利申请人对国务院专利行政部门驳回申请的决定不服的,可以自收到通知之日起3个月内,向专利复审委员会请求复审。专利复审委员会复审后,作出决定,并通知专利申请人。

---

① 刘春田主编:《知识产权法》,高等教育出版社、北京大学出版社2003年版,第214页。

(二）前置审查

专利复审委员会应当将受理的复审请求书转交国务院专利行政部门原审查部门进行审查。原审查部门根据复审请求人的请求，同意撤销原决定的，专利复审委员会应当据此作出复审决定，并通知复审请求人。原审查部门应当提出前置审查意见，作出前置审查意见书。除特殊情况外，前置审查应当在收到案卷后1个月内完成。前置审查意见分为下列三种类型：（1）复审请求成立，同意撤销驳回决定；（2）复审请求人提交的申请文件修改文本克服了申请中存在的缺陷，同意在修改文本的基础上撤销驳回决定；（3）复审请求人陈述的意见和提交的申请文件修改文本不足以使驳回决定被撤销，因而坚持驳回决定。

（三）复审决定

专利复审委员会进行复审后，认为复审请求不符合专利法和专利法实施细则有关规定的，应当通知复审请求人，要求其在指定期限内陈述意见。期满未答复的，该复审请求视为撤回；经陈述意见或者进行修改后，专利复审委员会认为仍不符合专利法及其实施细则有关规定的，应当作出维持原驳回决定的复审决定。

专利复审委员会进行复审后，认为原驳回决定不符合专利法及其实施细则有关规定的，或者认为经过修改的专利申请文件消除了原驳回决定指出的缺陷的，应当撤销原驳回决定，由原审查部门继续进行审查程序。

（四）复审决定的司法救济

专利申请人对专利复审委员会的复审决定不服的，可以自收到通知之日起3个月内向人民法院起诉。

二、专利权的无效

（一）无效程序的提起

自国务院专利行政部门公告授予专利权之日起，任何单位或者个人认为该专利权的授予不符合《专利法》（2008）有关规定的，可以请求专利复审委员会宣告该专利权无效。

（二）审查原则

1. 一事不再理原则

对已作出审查决定的无效宣告案件涉及的专利权，以同样的理由和证据再次提出无效宣告请求的，不予受理和审理。如果再次提出的无效宣告请求的理由或者证据因时限等原因未被在先的无效宣告请求审查决定所考虑，则该请求不属于上述不予受理和审理的情形。

2. 当事人处置原则

请求人可以放弃全部或者部分无效宣告理由及证据。对于请求人放弃的无效宣告理由和证据，专利复审委员会通常不再查证。在无效宣告程序中，当事人有权自行与对方和解。对于请求人和专利权人均向专利复审委员会表示有和解愿望的，专利复审委员会应当给予双方当事人一定的期限进行和解,并暂缓作出审查决定,直至任何一方当事人要求专利复审委员会作出审查决定,或者专利复审委员会指定的期限已届满。

在无效宣告程序中,专利权人针对请求人提出的无效宣告请求主动缩小专利权保护范围且相应的修改已被专利复审委员会接受的,视为专利权人承认大于该保护范围的权利要求自始不符合《专利法》(2008)及其实施条例有关规定,并且承认请求人对该权利要求的无效宣告请求,从而免去请求人对宣告该权利要求无效这一主张的举证责任。

在无效宣告程序中,专利权人声明放弃从属权利要求的,视为专利权人承认该权利要求自始不符合《专利法》(2008)及其实施条例的有关规定,并且承认请求人对该权利要求的无效宣告请求,从而免去请求人对宣告该权利要求无效这一主张的举证责任。

3. 保密原则

在作出审查决定之前,合议组的成员不得私自将自己、其他合议组成员、负责审批的主任委员或者副主任委员对该案件的观点明示或者暗示给任何一方当事人。为了保证公正执法和保密,合议组成员原则上不得与一方当事人会晤。

(三) 无效宣告请求审查决定的类型

无效宣告请求审查决定的类型包括:(1) 宣告专利权全部无效;(2) 宣告专利权部分无效;(3) 维持专利权有效。

宣告无效的专利权视为自始即不存在,然而,一项专利被宣告部分无效后,被宣告无效的部分应视为自始即不存在,但是被维持的部分(包括修改后的权利要求)也应视为自始即存在。在无效宣告程序中,如果请求人针对一件发明或者实用新型专利的部分权利要求的无效宣告理由成立,针对其余权利要求(包括以合并方式修改后的权利要求)的无效宣告理由不成立,则无效宣告请求审查决定应当宣告上述无效宣告理由成立的部分权利要求无效,并且维持其余的权利要求有效。对于包含有若干个具有独立使用价值的产品的外观设计专利,如果请求人针对其中一部分产品的外观设计专利的无效宣告理由成立,针对其余产品的外观设计专利的无效宣告理由不成立,则无效宣告请求审查决定应当宣告无效宣告理由成立的该部分产品外观设计专利无效,并且维持其余产品的外观设计专利有效。上述审查决定均属于宣告专利权部分无效的审查决定。

(四) 无效决定的效力

专利复审委员会对宣告专利权无效的请求应当及时审查和作出决定,并通知请求人和专利权人。宣告专利权无效的决定,对在宣告专利权无效前人民法院作出并已执行的专利侵权的判决、调解书,已经履行或者强制执行的专利侵权纠纷处理决定,以及已经履行的专利实施许可合同和专利权转让合同,不具有追溯力。然而,因专利权人的恶意给他人造成的损失,应当给予赔偿。如果依照前述规定不返还专利侵权赔偿金、专利使用费、专利权转让费,明显违反公平原则的,应当全部或者部分返还。

(五) 无效决定的司法救济

宣告专利权无效的决定,由国务院专利行政部门登记和公告。对专利复审委员会宣告专利权无效或者维持专利权的决定不服,可以自收到通知之日起3个月内向人民法院起诉。人民法院应当通知无效宣告请求程序的对方当事人作为第三人参加诉讼。

第五节 专利权的保护

一、专利权的保护范围

(一) 发明和实用新型

发明和实用新型专利权的保护范围以其权利要求的内容为准,说明书及附图可以用于解释权利要求的内容。

1. 发明或者实用新型专利申请的说明书

说明书包括下列内容:(1) 技术领域:写明要求保护的技术方案所属的技术领域;(2) 背景技术:写明对发明或者实用新型的理解、检索、审查有用的背景技术;有可能的,并引证反映这些背景技术的文件;(3) 发明内容:写明发明或者实用新型所要解决的技术问题以及解决其技术问题采用的技术方案,并对照现有技术写明发明或者实用新型的有益效果;(4) 附图说明:说明书有附图的,对各幅附图作简略说明;(5) 具体实施方式:详细写明申请人认为实现发明或者实用新型的优选方式;必要时,举例说明;有附图的,对照附图。

2. 权利要求书

权利要求书应说明发明或者实用新型的技术特征,清楚、简要地表述请求保护的范围。权利要求书应当有独立权利要求,也可以有从属权利要求。独立权利要求从整体上反映发明或者实用新型的技术方案,记载解决技术问题的必要技术特征。从属权利要求应当用附加的技术特征,对引用的权利要求作进一步限定。

3. 等同特征

专利权的保护范围应当以权利要求书中明确记载的必要技术特征所确定的范围为准,也包括与该必要技术特征相等同的特征所确定的范围。等同特征是指与所记载的技术特征以基本相同的手段,实现基本相同的功能,达到基本相同的效果,并且本领域的普通技术人员无需经过创造性劳动就能够联想到的特征。

4. 捐献规则

对于仅在说明书或者附图中描述而在权利要求中未记载的技术方案,权利人在侵犯专利权纠纷案件中不能将其纳入专利权保护范围,这称为捐献规则,就是说权利人愿意把该技术方案公之于众并且还不要求专利保护。

（二）外观设计

外观设计专利权的保护范围以表示在图片或者照片中的该产品的外观设计为准,简要说明可以用于解释图片或者照片所表示的该产品的外观设计。

▶ 二、专利侵权的法律救济

侵犯专利权的行为是指在专利有效期内,行为人未经许可,以营利为目的实施他人专利的行为。对于侵犯专利权的行为,法律规定了几种救济方式。

（一）处理方式

未经专利权人许可,实施其专利,即侵犯其专利权,引起纠纷的,由当事人协商解决;不愿协商或者协商不成的,专利权人或者利害关系人可以向人民法院起诉。

专利权人也可以请求管理专利工作的部门处理专利侵权纠纷。管理专利工作的部门处理时,认定侵权行为成立的,可以责令侵权人立即停止侵权行为,当事人不服的,可以自收到处理通知之日起15日内依照《行政诉讼法》(2014)向人民法院起诉;侵权人期满不起诉又不停止侵权行为的,管理专利工作的部门可以申请人民法院强制执行。进行处理的管理专利工作的部门应当事人的请求,可以就侵犯专利权的赔偿数额进行调解;调解不成的,当事人可以依照《民事诉讼法》(2012)向人民法院起诉。

（二）侵犯发明、实用新型专利权判定中的几项原则

1. 全面覆盖原则

全面覆盖原则,又称全部技术特征覆盖原则或字面侵权原则,是指如果被控侵权物(产品或方法)的技术特征包含了专利权利要求中记载的全部必要技术特征,则落入专利权的保护范围。进行侵权判定首要适用全面覆盖原则,即应当以专利权利要求中记载的技术方案的全部必要技术特征与被控侵权物(产品或方法)的全部技术特征逐一进行对应比较。进行侵权判定,一般不以专利产品与侵权物品直接进行侵权对比。专利产品可以用于帮助理解有关技术特征与技术方案。必要技术特征可以理解为该发明或实用新型要想实现其发明目的而必不可少的技术要素,缺一不可。判断是否构成侵犯专利权,需要将被控侵权物与专利权利要求的必要技术特征进行比对,当被控侵权物含的技术特征多于或等于权利要求的必要技术特征时,侵权成立;而当被控侵权物含的技术特征少于权利要求的必要技术特征时,侵权不成立。

2. 等同原则

等同原则是指被控侵权物(产品或方法)中有一个或者一个以上技术特征经与专利独立权利要求保护的技术特征相比,从字面上看不相同,但经过分析可以认定两者是相等同的技术特征。这种情况下,应当认定被控侵权物(产品或方法)落入了专利权的保护范围。在专利侵权判定中,当适用全面覆盖原则判定被控侵权物(产品或方法)不构成侵犯专利权的情况下,应当适用等同原则进行侵权判定。

3. 禁止反悔原则

禁止反悔原则是指在专利审批、撤销或无效程序中，专利权人为确定其专利具备新颖性和创造性，通过书面声明或者修改专利文件的方式对专利权利要求的保护范围作了限制承诺或者部分地放弃了保护并因此获得了专利权，而在专利侵权诉讼中，法院适用等同原则确定专利权的保护范围时应当禁止专利权人将已被限制、排除或者已经放弃的内容重新纳入专利权保护范围。当等同原则与禁止反悔原则在适用上发生冲突时，即原告主张适用等同原则判定被告侵犯其专利权，而被告主张适用禁止反悔原则判定自己不构成侵犯专利权的情况下，应当优先适用禁止反悔原则。

4. 现有技术抗辩

在专利侵权纠纷中，被控侵权人有证据证明其实施的技术或者设计属于现有技术或者现有设计的，不构成侵犯专利权。被诉落入专利权保护范围的全部技术特征，与一项现有技术方案中的相应技术特征相同或者无实质性差异的，符合现有技术抗辩原则。被诉侵权设计与一个现有设计相同或者无实质性差异的，符合现有技术抗辩原则。

(三) 专利侵权处理程序中的一些特殊规定

1. 民事诉讼的管辖

专利纠纷第一审案件，由各省、自治区、直辖市人民政府所在地的中级人民法院和最高人民法院指定的中级人民法院管辖。最高人民法院根据实际情况，可以指定基层人民法院管辖第一审专利纠纷案件。

2. 诉讼时效

侵犯专利权的诉讼时效为2年，自专利权人或者利害关系人知道或者应当知道侵权行为之日起计算。权利人超过2年起诉的，如果侵权行为在起诉时仍在继续，在该项专利权有效期内，人民法院应当判决被告停止侵权行为，侵权损害赔偿额应当自权利人向人民法院起诉之日起向前推算2年计算。

发明专利申请公布后至专利权授予前使用该发明未支付适当使用费的，专利权人要求支付使用费的诉讼时效为2年，自专利权人得知或者应当得知他人使用其发明之日起计算，但是，专利权人于专利权授予之日前即已得知或者应当得知的，自专利权授予之日起计算。

3. 诉前禁令

专利权人或者利害关系人有证据证明他人正在实施或者即将实施侵犯其专利权的行为，如不及时制止将会使其合法权益受到难以弥补的损害的，可以在起诉前向人民法院申请采取责令停止有关行为的措施。

4. 新产品制造方法发明专利的举证责任倒置

专利侵权纠纷涉及新产品制造方法的发明专利的，制造同样产品的单位或者个人应当提供其产品制造方法不同于专利方法的证明。

5. 实用新型和外观设计专利评价报告

专利的审查分为形式审查和实质审查。形式审查指的是主要审查专利申请文件的格式是否符合法律规定、著录项目有无漏填、错填等方面的问题,而实质审查是审查专利申请是否符合法律规定的新颖性、创造性和实用性等方面的问题。中国专利审查制度中,发明专利要进行形式审查和实质审查,而实用新型专利和外观设计专利则只进行形式审查,这就会产生垃圾专利的问题,垃圾专利是指质量不高的专利,即可能没有什么新颖性、创造性的专利。为了解决垃圾专利的问题,《专利法》(2008)规定,专利侵权纠纷涉及实用新型专利或者外观设计专利的,人民法院或者管理专利工作的部门可以要求专利权人或者利害关系人出具由国务院专利行政部门对相关实用新型或者外观设计进行检索、分析和评价后作出的专利权评价报告,作为审理、处理专利侵权纠纷的证据。显然,如果专利权评价报告认为该专利不具有新颖性或者创造性,那么专利侵权纠纷也就没必要继续审理了。利害关系人,是指有权就专利侵权纠纷向人民法院起诉或者请求管理专利工作的部门处理的人,包括专利实施独占许可合同的被许可人以及由专利权人授予起诉权的专利实施普通许可合同的被许可人。

6. 确认不侵权之诉

权利人向他人发出侵犯专利权的警告,被警告人或者利害关系人经书面催告权利人行使诉权,自权利人收到该书面催告之日起1个月内或者自书面催告发出之日起2个月内,权利人不撤回警告也不提起诉讼,被警告人或者利害关系人可以向人民法院提起请求确认其行为不侵犯专利权的诉讼。

(四) 专利侵权赔偿数额的决定

侵犯专利权的赔偿数额按照权利人因被侵权所受到的实际损失确定;实际损失难以确定的,可以按照侵权人因侵权所获得的利益确定。权利人的损失或者侵权人获得的利益难以确定的,参照该专利许可使用费的倍数合理确定。赔偿数额还应当包括权利人为制止侵权行为所支付的合理开支。权利人的损失、侵权人获得的利益和专利许可使用费均难以确定的,人民法院可以根据专利权的类型、侵权行为的性质和情节等因素,确定给予1万元以上100万元以下的赔偿。

(五) 关于善意侵权

为生产经营目的使用或者销售不知道是未经专利权人许可而制造并售出的专利产品或者依照专利方法直接获得的产品,能证明其产品合法来源的,不承担赔偿责任。在专利侵权判断中采用的是无过错责任,即原则上不考虑被告方是否有过错。"知识产权由于其无形、具有地域性、受法定时间限制之类物权等民事权利不具有的特点,权利人的专有权范围被他人无意及无过失闯入的可能性与实际机会,比物权等权利多得多、普遍得多……于是,无过错给他人知识产权造成损害的'普遍性',就成了知识产权领域归责原则的特殊性。同时,在知识产权侵权纠纷中,原告要证明被告'有过错'往往很困难。而被告要证明自己'无过错'又很容易。"①

▶ 三、假冒专利的处理

在司法实践中,假冒专利的行为主要有以下几类情况:(1) 在未被授予专利权的产品或者其包装上标注专利标识,专利权被宣告无效后或者终止后继续在产品或者其包装上标注专利标识,或者未经许可在产品或者产品包装上标注他人的专利号;(2) 销售第(1)项所述产品;(3) 在产品说明书等材料中将未被授予专利权的技术或者设计称为专利技术或者专利设计,将专利申请称为专利,或者未经许可使用他人的专利号,使公众将所涉及的技术或者设计误认为是专利技术或者专利设计;(4) 伪造或者变造专利证书、专利文件或者专利申请文件;(5) 其他使公众将未被授予专利权的技术或者设计误认为是专利技术或者专利设计的行为。专利权终止前依法在专利产品、依照专利方法直接获得的产品或者其包装上标注专利标识,在专利权终止后许诺销售、销售该产品的,不属于假冒专利行为。

假冒他人专利的,除依法承担民事责任外,由管理专利工作的部门责令改正并予公告,没收违法所得,可以并处违法所得4倍以下的罚款,没有违法所得的,可以处20万元以下的罚款;构成犯罪的,依法追究刑事责任。销售不知道是假冒专利的产品,并且能够证明该产品合法来源的,由管理专利工作的部门责令停止销售,但免除罚款的处罚。

▶ 四、专利权滥用的规制

专利权本身是一种合法的垄断权,不过专利权的行使有个"度",超出合理范围行使专利权就会构成专利权的滥用。对于专利权滥用,既可以用民法的"禁止权利滥用原则"来规制,也可以用反垄断法来规制。《专利法》(2008)还规定专利权人行使专利权的行为被依法认定为垄断行为的,有可能导致强制许可。

(一)《技术进出口管理条例》

根据《技术进出口管理条例》(2011)第29条的规定,技术进口合同中,不得含有下列限制性条款:(1) 要求受让人接受并非技术进口必不可少的附带条件,包括购买非必需的技术、原材料、产品、设备或者服务;(2) 要求受让人为专利权有效期限届满或者专利权被宣布无效的技术支付使用费或者承担相关义务;(3) 限制受让人改进让与人提供的技术或者限制受让人使用所改进的技术;(4) 限制受让人从其他来源获得与让与人提供的技术类似的技术或者与其竞争的技术;(5) 不合理地限制受让人购买原材料、零部件、产品或者设备的渠道或者来源;(6) 不合理地限制受让人产品的生产数量、品种或者销售价格;(7) 不合理地限制受让人利用进口的技术生产产品的出口渠道。

---

① 郑成思:《知识产权论》(修订版),法律出版社2001年版,第252页。

（二）《对外贸易法》

根据《对外贸易法》(2004)第30条的规定,知识产权权利人有阻止被许可人对许可合同中的知识产权的有效性提出质疑、进行强制性一揽子许可、在许可合同中规定排他性返授条件等行为之一,并危害对外贸易公平竞争秩序的,国务院对外贸易主管部门可以采取必要的措施消除危害。这一条是《对外贸易法》2004年修改时新增的内容,"这意味着一旦国外知识产权权利人滥用自己在知识产权上的垄断地位危害公平的对外贸易环境,如不合理的专利收费、限制性的销售行为以及捆绑销售等,中国的对外贸易主管部门即商务部可以采取必要的措施,调查其行为是否符合中国法律及相关国际公约的规定,以保证对外贸易在公平的环境下进行"[1]。

（三）最高人民法院《关于审理技术合同纠纷案件适用法律若干问题的解释》

最高人民法院《关于审理技术合同纠纷案件适用法律若干问题的解释》(2004)规定,合同中包含下列条款的,属于非法垄断技术、妨碍技术进步,相应的合同条款会被判为无效:(1)技术回授。限制当事人一方在合同标的技术基础上进行新的研究开发或者限制其使用所改进的技术,或者双方交换改进技术的条件不对等,包括要求一方将其自行改进的技术无偿提供给对方、非互惠性转让给对方、无偿独占或者共享该改进技术的知识产权。(2)独家交易。限制当事人一方从其他来源获得与技术提供方类似技术或者与其竞争的技术。(3)明显不合理的数量、品种、价格、销售渠道和出口市场限制。阻碍当事人一方根据市场需求,按照合理方式充分实施合同标的技术,包括明显不合理地限制技术接受方实施合同标的技术生产产品或者提供服务的数量、品种、价格、销售渠道和出口市场。(4)内向型搭售。要求技术接受方接受并非实施技术必不可少的附带条件,包括购买非必需的技术、原材料、产品、设备、服务以及接收非必需的人员等。(5)外向型搭售。不合理地限制技术接受方购买原材料、零部件、产品或者设备等的渠道或者来源。(6)禁止质疑技术知识产权的有效性。禁止技术接受方对合同标的技术知识产权的有效性提出异议或者对提出异议附加条件。

（四）《反垄断法》

《反垄断法》(2008)中规定,经营者依照有关知识产权的法律、行政法规规定行使知识产权的行为,不适用本法;但是,经营者滥用知识产权,排除、限制竞争的行为,适用本法。

第六节　国防专利

▶ 一、国防专利的概念

国防专利是指涉及国防利益以及对国防建设具有潜在作用,需要保密的发明专

---

[1] 王剑:《促进对外贸易的快速发展——解析对外贸易法》,载《人民司法》2004年第6期,第65页。

利。涉及国防利益或者对国防建设具有潜在作用被确定为绝密级的国家技术秘密不得申请国防专利。保密专利泛指需要保密的专利,其范围要比国防专利大。涉及国家安全或者重大利益的发明创造都属于保密专利的范畴;而所谓涉及国家安全的发明创造主要是指国防专用或者对国防有重大价值的发明创造。

就国防专利的授权条件而言,授予国防专利权的发明,应当具备新颖性、创造性和实用性。所谓新颖性是指在申请日之前没有同样的发明在国外为公众所知、在国内出版物上发表过、在国内使用过或者以其他方式为公众所知,也没有同样的发明由任何单位或者个人提出过申请并在申请日以后获得国防专利权。所谓创造性是指同申请日之前已有的技术相比,该发明有突出的实质性特点和显著的进步。所谓实用性是指该发明能够制造或者使用,并且能够产生积极效果。

法律还规定了国防专利不丧失新颖性的例外情况。申请国防专利的发明在申请日之前6个月内,有下列情形之一的,不丧失新颖性:(1) 在国务院有关主管部门、中国人民解放军有关主管部门举办的内部展览会上首次展出的。这与普通专利不同,普通专利是"在中国政府主办或者承认的国际展览会上首次展出的"。(2) 在国务院有关主管部门、中国人民解放军有关主管部门召开的内部学术会议或者技术会议上首次发表的。这也与普通专利不同,普通专利是"在部级或全国性学术团体的会议上发表的"。(3) 他人未经国防专利申请人同意而泄露其内容的。遇有上述任何情况时,国防专利申请人应当在申请时加以声明,并自申请日起2个月内提供有关证明文件。

国防专利权的保护期限为20年,自申请日起计算。

▶ 二、国防专利的密级

(一) 国防专利对于保密的特殊要求

申请专利的发明创造涉及国家安全或者重大利益需要保密的,按照国家有关规定办理。违反法律规定向外国申请专利,泄露国家秘密的,由所在单位或者上级主管机关给予行政处分;构成犯罪的,依法追究刑事责任。

(二) 国防专利密级的变更

在国防专利保护期内,由于情况变化而需要变更密级、解密或者国防专利权终止后需要延长保密期限的,国防专利机构可以作出变更密级、解密或者延长保密期限的决定。但是,对在申请国防专利前已被确定为国家秘密的,应当征得原确定密级和保密期限的机关、单位或者其上级机关的同意。

被授予国防专利权的单位或者个人可以向国防专利机构提出变更密级、解密或者延长保密期限的书面申请;属于国有企业事业单位或者军队单位的,应当附送原确定密级和保密期限的机关、单位或者其上级机关的意见。

国防专利机构应当将变更密级、解密或者延长保密期限的决定,在该机构出版的《国防专利内部通报》上刊登,并通知国防专利权人,同时将解密的国防专利报送国务院专利行政部门转为普通专利。国务院专利行政部门应当及时将解密的国防专利向社会公告。

（三）国防专利实施中的保密

国防专利权人许可国外的单位或个人实施其国防专利的,应当确保国家秘密不被泄露,保证国防和军队建设不受影响。国防专利权人向国防专利机构提出书面申请,由国防专利机构进行初步审查后及时报送国务院国防科学技术工业主管部门、总装备部审批。国务院国防科学技术工业主管部门、总装备部应当自国防专利机构受理申请之日起30日内作出批准或者不批准的决定;作出不批准决定的,应当书面通知申请人并说明理由。

（四）《国防专利内部通报》

国防专利机构出版的《国防专利内部通报》属于国家秘密文件,其知悉范围由国防专利机构确定。《国防专利内部通报》刊登下列内容:(1) 国防专利申请中记载的著录事项;(2) 国防专利的权利要求书;(3) 发明说明书的摘要;(4) 国防专利权的授予;(5) 国防专利权的终止;(6) 国防专利权的无效宣告;(7) 国防专利申请权、国防专利权的转移;(8) 国防专利的指定实施;(9) 国防专利实施许可合同的备案;(10) 国防专利的变更密级、解密;(11) 国防专利保密期限的延长;(12) 国防专利权人的姓名或者名称、地址的变更;(13) 其他有关事项。

（五）国防专利说明书的查阅

国防专利权被授予后,有下列情形之一的,经国防专利机构同意,可以查阅国防专利说明书:(1) 提出宣告国防专利权无效请求的;(2) 需要实施国防专利的;(3) 发生国防专利纠纷的;(4) 因国防科研需要的。查阅者对其在查阅过程中知悉的国家秘密负有保密义务。

三、国防专利的申请

国家国防专利机构负责受理和审查国防专利申请。国务院国防科学技术工业主管部门和中国人民解放军总装备部分别负责地方系统和军队系统的国防专利管理工作。需要委托专利代理机构申请国防专利和办理其他国防专利事务的,应当委托国防专利机构指定的专利代理机构办理。专利代理机构及其工作人员对在办理国防专利申请和其他国防专利事务过程中知悉的国家秘密,负有保密义务。

国防专利机构应当事人请求,可以对下列国防专利纠纷进行调解:(1) 国防专利申请权和国防专利权归属纠纷;(2) 国防专利发明人资格纠纷;(3) 职务发明的发明人的奖励和报酬纠纷;(4) 国防专利使用费和实施费纠纷。除《专利法》(2008)和《国防专利条例》(2004)另有规定的以外,未经国防专利权人许可实施其国防专利,即侵犯其国防专利权,引起纠纷的,由当事人协商解决;不愿协商或者协商不成的,国防专利权人或者利害关系人可以向人民法院起诉,也可以请求国防专利机构处理。

国防专利机构设立国防专利复审委员会,负责国防专利的复审和无效宣告工作。国防专利复审委员会由技术专家和法律专家组成,其主任委员由国防专利机构负责人兼任。国防专利申请人对国防专利机构驳回申请的决定不服的,可以自收到通知之日起3个月内,向国防专利复审委员会请求复审。国防专利复审委员会复审并作出决定后,通知国防专利申请人。

任何单位或者个人认为国防专利权的授予不符合《国防专利条例》(2004)规定的,可以向国防专利复审委员会提出宣告该国防专利权无效的请求。国防专利复审委员会对宣告国防专利权无效的请求进行审查并作出决定后,通知请求人和国防专利权人。宣告国防专利权无效的决定,国防专利机构应当予以登记并在《国防专利内部通报》上刊登,国务院专利行政部门应当在专利公报上公布。

四、国防专利的应用

(一) 国防专利申请权和国防专利权的转让

国防专利申请权和国防专利权经批准可以向国内的中国单位和个人转让。转让国防专利申请权或者国防专利权,应当确保国家秘密不被泄露,保证国防和军队建设不受影响,并向国防专利机构提出书面申请,由国防专利机构进行初步审查后及时报送国务院国防科学技术工业主管部门、总装备部审批。

国务院国防科学技术工业主管部门、总装备部应当自国防专利机构受理申请之日起30日内作出批准或者不批准的决定;作出不批准决定的,应当书面通知申请人并说明理由。

经批准转让国防专利申请权或者国防专利权的,当事人应当订立书面合同,并向国防专利机构登记,由国防专利机构在《国防专利内部通报》上刊登。国防专利申请权或者国防专利权的转让自登记之日起生效。

禁止向国外的单位和个人以及在国内的外国人和外国机构转让国防专利申请权和国防专利权。

(二) 国防专利的实施

国防专利机构应当自授予国防专利权之日起3个月内,将该国防专利有关文件副本送交国务院有关主管部门或者中国人民解放军有关主管部门。收到文件副本的部门,应当在4个月内就该国防专利的实施提出书面意见,并通知国防专利机构。

国务院有关主管部门、中国人民解放军有关主管部门,可以允许其指定的单位实施本系统或者本部门内的国防专利;需要指定实施本系统或者本部门以外的国防专利的,应当向国防专利机构提出书面申请,由国防专利机构依照《国防专利条例》(2004)第3条第2款规定的职责分工报国务院国防科学技术工业主管部门、总装备部批准后实施。国防专利机构对国防专利的指定实施予以登记,并在《国防专利内部通报》上刊登。

实施他人国防专利的单位应当与国防专利权人订立书面实施合同,向国防专利权人支付费用,并报国防专利机构备案。实施单位不得允许合同规定以外的单位实施该国防专利。实施他人国防专利的,应当向国防专利权人支付国防专利使用费。实施使用国家直接投入的国防科研经费或者其他国防经费进行科研活动所产生的国防专利,符合产生该国防专利的经费使用目的的,可以只支付必要的国防专利实施费;但是,科研合同另有约定或者科研任务书另有规定的除外。国防专利指定实施的实施费或者使用费的数额,由国防专利权人与实施单位协商确定;不能达成协议的,由国防专利机构裁决。

国家对国防专利权人给予补偿。国防专利机构在颁发国防专利证书后,向国防专利权人支付国防专利补偿费,具体数额由国防专利机构确定。属于职务发明的,国防专利权人应当将不少于50%的补偿费发给发明人。

第四章　商标法

商标法是调整商标关系的法律规范的综合,是调整商标因注册、使用、管理和保护商标专用权等活动,在自然人、法人或其他组织之间所发生的各种社会关系的法律规范。本章主要介绍了商标权的客体、主体、取得和丧失、内容、限制与行使、法律保护等。

商标法是调整商标关系的法律规范的综和,即是调整商标因注册、使用、管理和保护商标专用权等活动,在自然人、法人或其他组织之间所发生的各种社会关系的法律规范。商标法的作用主要是加强商标管理,保护商标专用权,促进生产、经营者保证商品和服务的质量,维护商标的信誉,以保障消费者和生产、经营者的利益,促进社会主义市场经济的发展。

目前中国现行的与商标有关的法律、法规、规章和司法解释主要有:《商标法》(2013)、《商标法实施条例》(2014)、最高人民法院《关于审理商标民事纠纷案件适用法律若干问题的解释》(2002)和最高人民法院《关于审理涉及驰名商标保护的民事纠纷案件应用法律若干问题的解释》(2009)等。

第一节 商标权的客体

商标制度是商品经济的产物,其伴随着商品经济的发展而发展。虽然根据历史记载,中国是世界上最早使用商标的国家,但那时也只是一种商标使用的萌芽,是自然经济社会中出现的含有商品经济色彩的商贸行为的产物。中国商标制度的真正发展是在20世纪80年代的改革开放之后。具有中国特色的社会主义市场经济体制的建立和完善为中国商标制度的发展,特别是商标权的行政保护提供了基础和动力。商标作为知识产权的重要组成部分,已为很多公众所熟悉。无论是商标法律理论的完善、商标法律意识的提高,还是商标法律制度的发展、商标执法力度的加大,中国都取得了显著的成绩。

商标权是指商标注册人依法对其商标所享有的专有权利。《商标法》(2013)第3条第1款规定,经商标局核准注册的商标为注册商标,包括商品商标、服务商标和集体商标、证明商标;商标注册人享有商标专用权,受法律保护。因此,商标权客体是商标。

一、商标的概念和特征

商标是指自然人、法人或其他组织在商品或服务上使用,由文字、图形、字母、数字、三维标志、颜色组合等要素或其组合构成,用以区别商品或服务来源的标志。[①]经国家核准注册的商标为注册商标,受法律保护。

商标法意义上的商标具有以下特征:(1)商标是一种由各种构成要素构成的标志,各国一般在法律中对法定的构成要素进行规定,如《商标法》(2013)第8条中明确规定商标的构成要素包括文字、图形、字母、数字、三维标志、颜色组合和声音等,以及上述要素的结合;(2)商标不可孤立的存在,需要在一定的商品和服务上使用;(3)商标的主要作用是区分商品或服务的来源,其在一定的商品和服务

---

① 曲三强主编:《现代工业产权法》,北京大学出版社2012年版,第119页。

上使用能够起到指示作用,使消费者得以区分同种商品或服务的不同提供者。

▶ 二、商标的构成要素

2013年修改前的《商标法》对商标的构成要素作出要求,第8条规定:"任何能够将自然人、法人或者其他组织的商品与他人的商品区别开的可视性标志,包括文字、图形、字母、数字、三维标志和颜色组合,以及上述要素的结合,均可以作为商标申请注册。"由此可见,2013年《商标法》修改前,中国商标法仅承认可视性标志可以作为商标注册。

伴随着经济和科技的发展,社会生活中逐步出现了一些非传统性的商标,如声音商标、全息商标等。为了适应社会情势的变化,《商标法新加坡条约》对非传统类型商标的注册作出确认,中国于2007年正式加入该条约。《商标法新加坡条约》首次明确规定非传统类型商标的申请注册事项,并在其2010年修订的《实施细则》中"细则三"第5—10条中针对非传统类型的商标注册,诸如全息商标、动作商标、位置商标、声音商标、含有除声音商标以外的非可视性标志的商标,规定了统一标准。中国作为《商标法新加坡条约》的签署国,在《商标法》2013年修订时根据实践的需要取消了商标构成要素可视性的要求,明确将声音规定为商标的构成要素。

▶ 三、商标的种类

理论上,我们可以根据一定的标准将商标区分为不同的种类。

(一)商品商标和服务商标

根据商标所使用对象的不同,可以将商标分为商品商标和服务商标。中国在1983年制定《商标法》时仅规定了商品商标的保护,1993年第一次修订时增加了对服务商标的保护。根据《商标法》(2013)第4条第2款的规定,《商标法》中有关商品商标的规定,适用于服务商标。

(二)可视性商标和非可视性商标

根据商标法定构成要素的不同,可以将商标分为可视性商标和非可视性商标。可视性商标是指商标的构成要素是可视性的,包括文字商标、图形商标、字母商标、数字商标、三维标志商标、颜色组合商标等。非可视性商标是指商标由声音、气味等非可视性的要素构成。中国在2013年修改《商标法》时明确规定可以将声音申请注册为商标。

图1 可视性商标

(三) 个体商标、共有商标和集体商标

根据商标的所有权形态不同,可以将商标分为个体商标、共有商标和集体商标。个体商标是指由单个自然人、法人或者其他组织享有商标权的商标。共有商标的商标权主体是两个以上的自然人、法人或者其他组织,根据《商标法》(2013)第5条的规定,"两个以上的自然人、法人或者其他组织可以共同向商标局申请注册同一商标,共同享有和行使该商标专用权"。集体商标是指以团体、协会或其他组织的名义注册,供该组织的成员在商事活动中使用,以表明使用者在该组织中的成员资格的标志。

图 2　集体商标

(四) 普通商标和证明商标

根据商标的作用不同,可以将商标分为普通商标和证明商标。普通商标的主要作用是为了区分商品或服务的来源,而证明商标则是指由对某种商品或者服务具有监督能力的组织所控制,而由该组织以外的单位或者个人使用于其商品或者服务,用以证明该商品或者服务的原产地、原料、制造方法、质量或者其他特定品质的标志。

图 3　证明商标

(五) 联合商标和防御商标

根据商标注册人的注册意图不同,可以将商标区分为联合商标和防御商标。联合商标是指商标权人在相同或者类似的商品或服务上注册若干近似的商标,例如,娃哈哈、哈娃娃、娃哈娃。防御商标是指商标权人将其商标在其他不同类别的商品或服务上注册而形成的商标,例如,苹果公司将其商标在电子商品之外的其他商品或服务上注册。

第二节 商标权的主体

一、商标权的原始主体

商标权的原始主体是指在不存在其他基础性权利的前提下,依照法律规定对商标享有商标权的人。商标权的原始主体主要有三类:自然人、法人、其他组织。根据《商标法》(2013)第4条第1款的规定,自然人、法人或者其他组织在生产经营活动中,对其商品或者服务需要取得商标专用权的,应当向商标局申请商标注册。

中国1983年制定《商标法》时不允许自然人申请商标注册,但是在2001年第二次修改时扩展了商标权的主体,允许自然人依照法定程序申请商标注册。虽然法律明确了自然人可以成为商标权的原始主体,但是在实践中,2007年由国家工商行政管理总局商标局通过的《自然人办理商标注册申请注意事项》中对自然人申请商标注册作出限制性规定。

在商标注册人是外国人或者外国企业的情况下,其申请商标注册的,应当按其所属国和中国签订的协议或者共同参加的国际条约办理,或者按照对等原则办理。外国人或者外国企业在中国申请商标注册时应当委托依法设立的商标代理机构办理。

二、商标权的继受主体

商标权的继受主体是指通过继承、转让或者法律规定的其他方式取得商标权的人。

(一)通过继承方式取得商标权

通过继承方式取得商标权,是指商标权人死亡后,继承人、受遗赠人依照继承法的规定取得商标权。《继承法》(1985)第3条以列举方式规定了公民死亡时遗留的个人合法财产,其中并未包括商标权,究其原因在于《继承法》通过时法律尚未允许自然人取得商标权。随着《商标法》2001年第二次修改时允许自然人申请注册商标,商标权可以依据《继承法》(1985)第3条第6款的规定视为公民的其他合法财产。商标的继承涉及商标注册人的变更,根据《商标法实施条例》(2014)第32条的规定,注册商标专用权因转让以外的继承等其他事由发生移转的,接受该注册商标专用权的当事人应当凭有关证明文件或者法律文书到商标局办理商标专有权移转手续。注册商标专用权移转的,注册商标专用权人在同一种或者类似商品上注册的相同或者近似的商标,应当一并移转;未一并移转的,由商标局通知其限期改正;期满未改正的,视为放弃该移转注册商标的申请,商标局应当书面通知申请人。商标移转申请经核准后,予以公告。接受该注册商标专用权移转的当事人自公告之日起享有商标专用权。

（二）通过转让方式取得商标权

商标权作为私权，其注册人有权以自己的意志处分自己的财产。根据《商标法》（2013）第42条的规定，转让注册商标的，转让人与受让人应当签订转让协议，并共同向商标局提出申请。受让人应当保证使用该注册商标的商品质量。《商标法实施条例》（2014）第31条对商标权转让作出进一步规定，转让注册商标的，转让人和受让人应当向商标局提交转让注册商标申请书，转让注册商标申请手续应当由转让人和受让人共同办理；此外，转让注册商标，商标注册人对其在同一种或者类似商品上注册的相同或类似的商标未一并转让的，由商标局通知其限期改正；期满未改正的，视为放弃转让该注册商标的申请，商标局应当书面通知当事人。转让注册商标经核准后，予以公告。受让人自公告之日起享有商标专用权。

（三）通过其他方式取得商标权

商标权除了通过继承、转让方式移转之外，还可以通过其他法定方式移转。这些方式包括：（1）商标注册人的合并或分立。商标权属于法人或者其他组织的，法人或者其他组织变更后，其商标权由承受其权利义务的法人或者其他组织享有。法人的变更主要是指法人的合并或分立，其中法人的合并包括吸收合并和新设合并两种形式。（2）法人的破产清算。法人的破产清算是指法人不能清偿到期债务，并且资产不足以清偿全部债务或者明显缺乏清偿能力的，债务人向人民法院申请破产清算。破产企业可以全部或者部分变价出售，变价出售时，可以将其中的无形资产单独变价出售，这里的无形资产包括商标权。

第三节　商标权的取得和丧失

一、商标权的取得

总括世界各国在商标权的取得上所采用的原则大体有三种：（1）商标申请在先取得原则。在商标申请在先取得原则下，商标主管机关依据商标注册申请提出的时间先后决定商标权的归属。（2）商标使用在先取得原则。在此原则下，商标主管机关依据实际使用商标的时间顺序确定商标权的归属。（3）混合原则，即商标权的确定和取得兼顾使用在先和注册在先两种事实的原则。

中国《商标法》（2013）采取的是商标注册在先取得原则为主，以使用在先原则作为补充的基本立场。此原则体现在《商标法》（2013）第31条，该条规定："两个或者两个以上的商标注册申请人，在同一种商品或者类似商品上，以相同或近似的商标申请注册的，初步审定并公告申请在先的商标；同一天申请的，初步审定并公告使用在先的商标，驳回其他人的申请，不予公告。"

（一）商标注册的原则

1. 申请在先为主，使用在先为辅的原则

《商标法》（2013）在商标注册上原则上采取的是申请在先原则，即商标权由最先依照法定程序提出商标申请并经商标主管机关批准注册的人取得。如两个或两个以上申请人同日提出申请,相关申请属于在同一种商品或者类似商品上的相同或者近似的商标,则适用使用在先原则。各申请人应当自收到商标主管机关通知之日起30日内提交其申请注册前在先使用该商标的证据,如其中的一方提交了在先使用的证据,商标主管机关将初步审定并公告使用在先的商标。如果出现了同日使用或者均未使用的情况,《商标法实施条例》(2014)第19条规定,各申请人可以自收到商标主管机关通知之日起30日内自行协商,并将书面协议报送商标主管机关;如申请人不愿协商或者协商不成的,商标主管机关将通知各申请人以抽签的方式确定一个申请人,驳回其他人的注册申请。

2. 自愿注册为主,强制注册为辅的原则

除有法律的特殊规定,自然人、法人或者其他组织可以根据自己的意愿选择是否将在其提供的商品或服务上使用的标志注册为商标。但是根据《商标法》(2013)第6条的规定,法律、行政法规规定必须使用注册商标的商品,必须申请商标注册,未经核准注册的,不得在市场销售。所谓"国家规定必须使用注册商标的商品"是指法律、行政法规规定的必须使用注册商标的商品。现有涉及商标强制注册的法律是《烟草专卖法》(1991)第20条的规定,即:卷烟、雪茄烟和有包装的烟丝必须申请商标注册,未经核准注册的,不得生产、销售。禁止生产、销售假冒他人注册商标的烟草制品。如违反中国有关商标强制注册有关规定的,地方工商行政管理部门有权责令限期申请注册,违法经营额5万元以上的,可以处违法经营额20%以下的罚款,没有违法经营额或者违法经营额不足5万元的,可以处1万元以下的罚款。

3. 书面原则及一标多类原则

商标权的取得必须由商标注册申请人向商标主管机关提交书面文件,包括商标注册申请书、商标图样以及其他证明文件,相关书面文件应当真实、准确、完整。在提交书面申请时,商标注册申请人可以根据《商标法》(2013)第22条第2款的规定通过一份申请就多个类别的商品申请注册同一商标。

4. 优先权原则

优先权原则最早出现在《巴黎公约》第4条A款第1项,其规定:已经在巴黎公约联盟的一个国家正式提出商标注册申请的任何人,或其权利继受人,在一定期间内,在该联盟内的其他成员国提出同样内容的申请的,应当享有优先权。中国商标法根据公约的相关规定也确立了优先权制度。《商标法》(2013)中规定的优先权制度包括申请优先权和展览优先权:(1) 申请优先权。商标注册申请人自其商标在外国第一次提出商标注册申请之日起6个月内,又在中国就相同商品以同一商标提出商标注册申请的,依照该外国同中国签订的有关协议或者共同参加的国际公约,或者按照相互承认优先权的原则,可以享有优先权。要求享有优先权的,注册申请人应当在提出商标注册申请的时候提出书面声明,并且在3个月内提交第一次提出的商标注册申请文件的副本;未提出书面声明或者逾期未提交商标注册申请文件副本的,视为未要求优先权。(2)展览优先权。商标在中国政府主办的或者承认的国际展览会展出的商品上首次使用的,自该商品展出之日起 6 个月内,该商标的注册申请人可以享有优先权。要求享有优先权的,注册申请人应当在提出商标注册申请的时候提出书面声明,并且在 3 个月内提交展出其商品的展览会名称,在展出商品上使用该商标的证据、展出日期等证明文件;未提出书面声明或者逾期未提交证明文件的,视为未要求优先权。

注册申请人享有优先权的,商标注册的申请日为首次在国外提出申请日或商品首次展出之日,并以此为依据解决商标申请先后以及申请是否与在先权利相冲突的事项。

(二)商标注册的条件

商标注册的条件是指商标注册必须符合的法定条件。作为工业产权领域最早的国际公约,《巴黎公约》在第 6 条之 5 就列举了 4 种可予驳回商标注册申请和商标无效的情况:(1)在要求保护的国家,商标具有侵犯第三人的既得权利的性质;(2)商标缺乏任何显著特征,或者完全是由商业中用以表示商品的种类、质量、数量、用途、价值、原产地或生产时间的符号或标记所组成,或者在要求给予保护的国家的现代语言中或在善意和公认的商务实践中已经成为惯用;(3)商标违反道德或公共秩序,尤其是具有欺骗公众的性质;(4)违反第 10 条之 2 禁止不正当竞争的规定。中国《商标法》(2013)中对商标注册条件的规定散见于各章节,从理论上可以将其归纳为合法性、显著性、非功能性和在先性。前三者构成商标不能注册的绝对理由,而在先性是商标不能注册的相对理由。一旦上述理由成立,商标注册申请人提出的商标注册申请将被驳回;对初步审定公告的商标提出的异议将成立;已经注册的商标将被宣告无效。

1. 合法性

合法性是指商标注册不得违反商标法、商标法实施条例及其他规范性法律文件的强制性法律规定,主要体现为《商标法》(2013)第 10 条和第 44 条。

《商标法》(2013)第 10 条是有关商标禁用条款以及地名作为商标的禁止性规定。商标禁用条款是指下列标志不得作为商标使用:(1)同中华人民共和国的国家名称、国旗、国徽、国歌、军旗、军徽、军歌、勋章相同或者近似的,以及同中央国家机关的名称、标志、所在地特定地点的名称或者标志性建筑物的名称、图形相同的;(2)同外国的国家名称、国旗、国徽、军旗等相同或者近似的,但该国政府同意的除外;(3)同政府间国家组织的名称、旗帜、徽记等相同或者近似的,但经该组织同意或者不易误导公众的除外;(4)与表明实施控制、予以保证的官方标志、检验印记相同或者近似的,但经授权的除外;(5)同"红十字""红新月"的名称、标志相同或者近似的;(6)带有民族歧视性的;(7)带有欺骗性,容易使公众对商品的质量等特点或者产地产生误认的;(8)有害于社会主义道德风尚或者有其他不良影响的。除以上规定外,《商标法》(2013)第10条第2款对以地名作为商标作出了禁止性规定,即县级以上行政区划的地名或者公众知晓的外国地名不得作为商标,但是地名具有其他含义或者作为集体商标、证明商标的组成部分的除外;已经注册的使用地名的商标继续有效。

《商标法》(2013)第44条是有关申请违反诚实信用原则因而不具有合法性的规定。商标申请人提出商标注册申请时应遵循诚实信用的基本原则,不得以欺骗手段或者其他不正当的手段取得商标注册。根据《商标法》(2013)第44条第1款的规定,已经注册的商标是以欺骗手段或者其他不正当手段取得注册的,由商标局宣告该注册商标无效;其他单位或者个人可以请求商标评审委员会宣告该注册商标无效。这里的"欺骗手段"是指申请人在申请注册商标时,为骗取商标注册,所采取的向商标主管机关虚构或者隐瞒事实真相、提交伪造的申请文件或者其他证明文件等手段;"其他不正当手段"是指申请人基于进行不正当竞争、谋取非法利益为目的,恶意进行注册的行为。

2. 显著性

显著性,又称为"识别性"或"区别性",是指商标应当具备的使社会公众区分商品或者服务来源的特征,理论上区分为固有显著性和获得显著性。有关显著性的规定见于《商标法》(2013)第9条,即:申请注册的商标,应当有显著特征,便于识别。

根据标志与商品或服务的关系,可以将申请商标注册的标志区分为臆造性标志、任意性标志、暗示性标志和描述性标志。前三类标志与商品或服务没有直接的联系,这些标志所具有的显著性是固有显著性,可以获得商标注册。臆造性标志是指标志没有通常或者字典上的意思,完全由当事人臆造产生的标志,如 KODAK(照相器材)、XEROX(复印器材)、ROLLS ROYCE(汽车和飞机配件)、EXXON(石油、天然气产品和服务)、CLOROX(漂白粉)。任意性标志是指标志由社会公众在日常生活中使用并具有特定的含义,但其与所使用的商品或服务没有任何的联系,如将 APPLE 用于电脑设备。暗示性标志是指由日常的词汇构成,这些词汇暗示商品或服务的某种特征,公众需要通过一定的联想才能够获取相关的信息,如健力宝(饮料)、ROACH HOTEL(捕虫器)、CITIBANK(银行服务)、SAFARI(浏览器)。而描述性标志由于直接描述了商品或服务的质量、功能等基本特征,只有通过使用使标志获得第二含义的情况,才可以获得显著性并获得商标注册,即所谓的"获得显著性"。关于描述性标志的商标注册,《商标法》(2013)第11条规定:"下列标志不得作为商标注册:(1) 仅有本商品的通用名称、图形、型号的;(2) 仅直接表示商品的质量、主要原料、功能、用途、重量、数量及其他特点的;(3) 其他缺乏显著特征的。前款所列标志经过使用取得显著特征,并便于识别的,可以作为商标注册。"

3. 非功能性

非功能性是法律针对三维标志商标注册专门作出的规定,实质上是禁止商标权人将具有功能性的标志申请商标注册,如果对具有功能性的三维标志提供法律保护,将不利于其他竞争者参与市场竞争。具体而言,《商标法》(2013)第 12 条禁止以下三类具有功能性的标志申请商标注册:(1)仅由商品自身的性质产生的形状,是指为实现商品固有的功能和用途所必须采用的或者通常采用的形状。(2)为获得技术效果而需有的商品形状,是指为商品具有特定的功能,或者使商品固有的功能更容易地实现所必需使用的形状。(3)使商品具有实质性价值的形状,是指为使商品的外观和造型影响商品价值所使用的形状。

4. 在先性

在先性规定在《商标法》(2013)第 9 条,是指申请注册商标应当具有在先性,既不得与他人在先申请或者注册的商标相冲突,也不得与他人在先取得的其他合法权利相冲突。这些合法权利具体包括:

(1)在先注册的或初步审定的商标。《商标法》(2013)第 30 条规定,申请注册的商标,凡不符合本法有关规定或者同他人在同一种商品或者类似商品上已经注册的或者初步审定的商标相同或者近似的,由商标局驳回申请,不予公告。

(2)在先申请的或同日申请在先使用的商标。《商标法》(2013)第 31 条规定,两个或两个以上的商标注册申请人,在同一种商品或者类似商品上,以相同或者近似的商标申请注册的,初步审定并公告申请在先的商标;同一天申请的,初步审定并公告使用在先的商标,驳回其他人的申请,不予公告。

(3)被代理人或被代表人的商标。《商标法》(2013)第 15 条第 1 款规定,未经授权,代理人或代表人以自己的名义将被代理人或者被代表人的商标进行注册,被代表人或者被代理人提出异议的,不予注册并禁止使用。

(4)因合同、业务往来关系或者其他关系而知道的他人在先使用的未注册商标。《商标法》(2013)第 15 条第 2 款规定,就同一种商品或者类似商品申请注册的商标与他人在先使用的未注册商标相同或者近似,申请人与该他人具有代理或者代表之外的合同、业务往来关系或者其他关系而明知该他人商标存在,该他人提出异议的,不予注册。

(5)已经使用并有一定影响的商标。《商标法》(2013)第 32 条规定,申请商标注册不得损害他人现有的在先权利,也不得以不正当手段抢先注册他人已经使用并有一定影响的商标。

(6)驰名商标。《商标法》(2013)第 13 条对申请注册的商标是复制、摹仿或者翻译驰名商标的情况作出了相应规定:① 就相同或类似的商品申请注册的商标是复制、摹仿或者翻译他人未在中国注册的驰名商标,容易导致混淆的,不予注册并禁止使用;② 就不相同或不相类似的商品申请注册的商标是复制、摹仿或者翻译他人已经在中国注册的驰名商标,误导公众,致使该驰名商标注册人的利益可能受到损害的,不予注册并禁止使用。

(7)其他在先权利,包括商号权、著作权、外观设计专利权、姓名权、肖像权、地理标志权、特殊标志权、奥林匹克标志权、对知名商品的特有名称、包装或装潢享有的权利等。

(三)商标注册的程序

如前所述,中国商标权的取得原则上适用的是注册在先原则,申请人希望就商品或服务上使用的商标获得法律的保护,应根据法律规定提出商标注册。根据《商标法》(2013)及其实施条例的规定,商标注册的程序包括:

1. 商标注册的申请

申请商标注册,申请人应当按规定的商品和服务分类表填报使用商标的商品类别和商品名称,提出注册申请。商标注册申请人可以通过一份申请就多个类别的商品申请注册同一商标。商标注册申请等文件,可以以书面方式或者数据电文方式提出。当商标注册申请文件以数据电文方式提出时,应当按照商标局的规定通过互联网提交。每一件商标注册申请应当向商标局提交《商标注册申请书》1份、商标图样1份;以颜色组合或者着色图样申请商标注册的,应当提交着色图样,并提交黑白稿1份;不指定颜色的,应当提交黑色图样。

《商标法实施条例》(2014)对下列标志申请商标应提交的文件作出特别规定:

(1) 以三维标志申请注册商标的,应当在申请书中予以声明,说明商标的使用方式,并提交能够确定三维形状的图样,提交的商标图样应当至少包含三面视图。

(2) 以颜色组合申请注册商标的,应当在申请书中予以声明,说明商标的使用方式。

(3) 以声音标志申请商标注册的,应当在申请书中予以声明,提交符合要求的声音样本,对申请注册的声音商标进行描述,说明商标的使用方式。对声音商标进行描述,应当以五线谱或者简谱对申请用作商标的声音加以描述并附加文字说明;无法以五线谱或者简谱描述的,应当以文字加以描述;商标描述与声音样本应当一致。

(4) 申请注册集体商标、证明商标的,应当在申请书中予以声明,并提交主体资格证明文件和使用管理规则。

申请人提出申请后,商标局须确定商标注册的申请日期,该日期以商标局收到申请文件的日期为准。

2. 形式和实质审查

商标局收到申请文件后,须对相关申请手续和申请文件进行审查,将产生如下三种结果:(1) 受理。申请手续齐备并按照规定填写申请文件的,商标局予以受理并书面通知申请人。(2) 不予受理。申请手续不齐备或者未按照规定填写申请文件的,商标局不予受理,书面通知申请人并说明理由。(3) 要求补正。申请手续基本齐备或者申请文件基本符合规定,但是需要补正的,商标局通知申请人予以补正,限其自收到通知之日起30日内,按照指定内容补正并交回商标局。在规定期限内补正并交回商标局的,保留申请日期;期满未补正的或者不按照要求进行补正的,商标局不予受理并书面通知申请人。

形式审查解决的是商标局是否接受商标注册申请的问题,至于是否能够获得商标权则需经过商标局对商标申请的实质审查。商标局对商标注册申请进行实质审查的目的是为了确定申请商标注册的标志是否符合商标注册的条件,即确定申请注册商标的标志是否符合法律关于商标注册合法性、显著性、非功能性、在先性的要求。

3. 初步审定公告

对申请注册的商标,商标局应当自收到商标注册申请文件之日起9个月内审查完毕。在审查过程中,商标局认为商标注册申请内容需要说明或者修正的,可以要求申请人作出说明或者修正。申请人未做出说明或者修正的,不影响商标局做出审查决定。商标局审查后认为相关商标申请符合法律规定的,予以初步审定公告。对于不符合规定的全部申请或者部分申请,商标局将驳回全部或部分注册申请,书面通知申请人并说明理由。商标注册申请人对驳回申请的决定不服的,可以自收到通知之日起15日内向商标评审委员会申请复审。商标评审委员会应当自收到申请之日起9个月内作出决定,并书面通知申请人。有特殊情况需要延长的,经国务院工商行政管理部门批准,可以延长3个月。当事人对商标评审委员会的决定不服的,可以自收到通知之日起30日内向人民法院起诉。

4. 异议

对初步审定公告的商标,自公告之日起3个月内,在先权利人、利害关系人认为违反《商标法》(2013)第13条第2款和第3款(驰名商标)、第15条(代理、代表或其他关系的商标申请)、第16条第1款(地理标志)、第30条(在先注册的或初步审定的商标)、第31条(在先申请的或同日申请在先使用的商标)、第32条(在先权利或已经使用并有一定影响的商标)规定的,或者任何人认为违反《商标法》(2013)第10条(商标禁用条款和地名作为商标的禁止性规定)、第11条(不具有显著性的标志)或第12条(功能性的标志)规定的,可以向商标局提出异议。商标局应当听取异议人和被异议人陈述事实和理由,经调查核实后,自公告期满之日起12个月内作出是否准予注册的决定,并书面通知异议人和被异议人。有特殊情况需要延长的,经国务院工商行政管理部门批准,可以延长6个月。

商标局作出准予注册决定的,发给商标注册证,并予公告。异议人不服的,可以依照《商标法》(2013)第44条和第45条的规定向商标评审委员会请求宣告该注册商标无效。商标局作出不予注册决定,被异议人不服的,可以自收到通知之日起15日内向商标评审委员会申请复审。商标评审委员会应当自收到申请之日起12个月内作出复审决定,并书面通知异议人和被异议人。有特殊情况需要延长的,经国务院工商行政管理部门批准,可以延长6个月。被异议人对商标评审委员会的决定不服的,可以自收到通知之日起30日内向人民法院起诉。人民法院应当通知异议人作为第三人参加诉讼。

商标评审委员会在复审过程中,所涉及的在先权利的确定必须以人民法院正在审理或者行政机关正在处理的另一案件的结果为依据的，可以中止审查。中止原因消除后，应当恢复审查程序。

5. 商标注册

初步审定的商标公告期满无异议的，予以核准注册，发给商标注册证，并予公告。除无异议情形下的商标注册外，经审查异议不能成立的情况下，商标局对相关商标注册申请也予以核准，发给商标注册证，并予公告。在这种情况下，法律对商标权的起算期有特殊规定，即商标注册申请人取得商标专用权的时间自初审公告3个月期满之日起计算。自该商标公告期满之日起至准予注册决定作出前，对他人在同一种或者类似商品上使用与该商标相同或者类似商品上使用与该商标相同或者近似的标志的行为不具有追溯力；但是，因该使用人的恶意给商标注册人造成的损失，应当给予赔偿。

注册商标的有效期为10年，自核准注册之日起计算。注册商标有效期满，需要继续使用的，商标注册人应当根据法律规定办理续展手续。每次续展的有效期为10年，自该商标上一届有效期满次日起计算。

二、商标权的丧失

（一）商标注销

引起注销的原因可以是商标注册人的申请，或者是商标有效期届满后商标注册人未予续展的情形。

1. 申请注销

商标注册人可选择在注册商标有效期届至前申请注销其注册商标或者注销其商标在部分指定商品上的注册。根据《商标法实施条例》（2014）第73条的规定，商标注册人申请注销商标的应当向商标局提交商标注销申请书，并交回原《商标注册证》。商标注册人申请注销其注册商标或者注销其商标在部分指定商品上的注册，经商标局核准注销的，该注册商标专用权或者该注册商标专用权在该部分指定商品上的效力自商标局收到其注销申请之日起终止。

2. 未续展的注销

注册商标的有效期为10年，法律规定有效期届满之后，需要继续使用的，应当在期满前12月内按照规定办理续展手续；在此期间内未能办理的，可以给予6个月的宽展期。宽展期届满后商标注册人未办理续展手续的，注销其注册商标。

（二）商标撤销

各级工商行政管理部门有权对注册商标的使用行为进行监管，可因商标权人的不使用或不当使用行为依职权或依当事人的申请撤销相关商标。根据《商标法》（2013）第48条的规定，商标的使用是指将商标用于商品、商品包装或者容器以及商品交易文书上，或者将商标用于广告宣传、展览以及其他商业活动中，用于识别商品来源的行为。

1. 因商标权人的不当行为而撤销

商标权人在商标使用过程中,自行改变注册商标、注册人名义、地址或者其他注册事项的,由地方工商行政管理部门责令限期改正;期满不改正的,商标局可依《商标法》(2013)第49条第1款的规定撤销其注册商标。

2. 因商标成为通用名称或不使用而撤销

注册商标成为其核定使用的商品的通用名称或者没有正当理由①连续3年不使用的,任何单位或者个人可以向商标局申请撤销该注册商标。根据《商标法》(2013)第49条第2款的规定,商标局应当自收到申请之日起9个月内作出决定。有特殊情况需要延长的,经国务院工商行政管理部门批准,可以延长3个月。

当事人对商标局作出的撤销或者不予撤销注册商标的决定不服的,可以自收到通知之日起15日内向商标评审委员会申请复审。商标评审委员会应当自收到通知之日起9个月内作出决定,并书面通知当事人。有特殊情况需要延长的,经国务院工商行政管理部门批准,可以延长3个月。当事人对商标评审委员会的决定不服的,可以自收到通知之日起30日内向人民法院起诉。注册商标被撤销的,自撤销之日起1年内,商标局对于该商标相同或者近似的商标注册申请,不予核准。

法定期限届满,当事人对商标局作出的撤销注册商标的决定不申请复审或者对商标评审委员会作出的复审决定不向人民法院起诉的,撤销注册商标的决定、复审生效。被撤销的注册商标,由商标局予以公告,该注册商标专用权自公告之日起终止。

(三) 注册商标的无效宣告

《商标法》(2013)规定,如注册商标系由违反法律规定而获得注册,商标局或其他单位和个人可依照商标权的宣告无效制度使之归于消灭。

1. 注册商标无效的法定事由

根据《商标法》(2013)第44条和第45条的规定,注册商标争议的法定事由包括:

(1) 绝对事由。绝对事由规定在《商标法》(2013)第44条,具体是指违反《商标法》(2013)第10条(商标禁用条款和地名作为商标的禁止性规定)、第11条(不具有显著性的标志)、第12条(功能性的标志)的规定,或者是以欺骗手段或者其他不正当手段取得注册。在注册商标违反上述规定时,商标局可依据职权宣告该注册商标无效,其他单位或者个人可以请求商标评审委员会宣告该注册商标无效。

(2) 相对事由。相对事由规定在《商标法》(2013)第45条,具体是指违反《商标法》(2013)第13条第2款和第3款(驰名商标)、第15条(代理、代表或其他关系的商标申请)、第16条第1款(地理标志)、第30条(在先注册的或初步审定的商标)、

---

① 根据《商标法实施条例》(2014)第67条的规定,下列情形属于"正当理由":(1) 不可抗力;(2) 政府政策性限制;(3) 破产清算;(4) 其他不可归责于商标注册人的正当事由。

第 31 条（在先申请的或同日申请在先使用的商标）、第 32 条（在先权利或已经使用并有一定影响的商标）的规定。已经注册的商标违反上述规定的，在先权利人或者利害关系人自商标注册之日起 5 年内可以请求商标评审委员会宣告该注册商标无效。对恶意注册的，驰名商标所有人不受 5 年的时间限制。

2. 商标无效宣告的决定及司法复审

(1) 注册商标违反绝对事由的情形

商标局作出宣告注册商标无效的决定，应当书面通知当事人。当事人对商标局的决定不服的，可以自收到通知之日起 15 日内向商标评审委员会申请复审。商标评审委员会应当自收到申请之日起 9 个月内作出决定，并书面通知当事人。有特殊情况需要延长的，经国务院工商行政管理部门批准，可以延长 3 个月。当事人对商标评审委员会的决定不服的，可以自收到通知之日起 30 日内向人民法院起诉。

其他单位和个人请求商标评审委员会宣告注册商标无效的，商标评审委员会收到申请后，应当书面通知有关当事人，并限期提出答辩。商标评审委员会应当自收到申请之日起 9 个月内作出维持注册商标或者宣告注册商标无效的裁定，并书面通知当事人。有特殊情况需要延长的，经国务院工商行政管理部门批准，可以延长 3 个月。当事人对商标评审委员会的裁定不服的，可以自收到通知之日起 30 日内向人民法院起诉。人民法院应当通知商标裁定程序的对方当事人作为第三人参加诉讼。

(2) 注册商标违反相对事由的情形

商标评审委员会收到在先权利人或者利害关系人宣告注册商标无效的申请后，应当书面通知有关当事人，并限期提出答辩。商标评审委员会应当自收到申请之日起 12 个月内作出维持注册商标或者宣告注册商标无效的裁定，并书面通知当事人。有特殊情况需要延长的，经国务院工商行政管理部门批准，可以延长 6 个月。当事人对商标评审委员会的裁定不服的，可以自收到通知之日起 30 日内向人民法院起诉。人民法院应当通知商标裁定程序的对方当事人作为第三人参加诉讼。

商标评审委员会在对针对注册商标违反相对事由的无效宣告请求进行审查的过程中，所涉及的在先权利的确定必须以人民法院正在审理或者行政机关正在处理的另一案件的结果为依据的，可以中止审查。中止原因消除后，应当恢复审查程序。

3. 宣告注册商标无效决定或者裁定的法律效力

《商标法》(2013) 第 47 条对宣传注册商标无效的决定或者裁定的法律效力进行了规定。依照《商标法》第 44 条、第 45 条的规定宣告无效的注册商标，由商标局予以公告，该注册商标专用权视为自始即不存在。宣告注册商标无效的决定或者裁定，对宣告无效前人民法院作出并已执行的商标侵权案件的判决、裁定、调解书和工商行政管理部门作出并已执行的商标侵权案件的处理决定以及已经履行的商标转让或者使用许可合同不具有追溯力。但是，因商标注册人恶意给他人造成损失的，应当给予赔偿。如不返还侵权赔偿金、商标转让费、商标使用费，明显违反公平原则的,应当全部或者部分返还。

第四节 商标权的内容、限制与行使

一、商标权的内容

商标权的内容主要包括商标专用权、商标禁止权、商标续展权、商标转让权和商标许可权等。

(一) 商标专用权

商标专用权是指商标权人享有的将其注册商标在核定的商品或服务上独占性使用的权利。[①] 根据《商标法》(2013)第56条的规定,注册商标的专用权,以核准注册的商标和核定的使用的商品为限。

使用注册商标,可以在商品、商品包装、说明书或者其他附着物上标明"注册商标"或者注册标记。注册标记包括 ⓜ 和 ®。使用注册标记,应当标注在商标的右上角或者右下角。

(二) 商标禁止权

商标禁止权是指商标权人有权禁止他人在同一种或者类似商品上使用与其注册商标相同或者近似的商标。须注意的是,《商标法》(2013)规定的商标禁止权的范围大于商标专用权的范围。

(三) 商标续展权

商标续展权是指商标权人有权在注册商标有效期届满前或者在宽展期内向商标局申请延展其商标权保护期的权利。根据《商标法》(2013)第40条的规定,注册商标有效期满,需要继续使用的,商标注册人应当在期满前12个月内按照规定办理续展手续;在此期间内未能办理的,可以给予6个月的宽展期。每次续展注册的有效期为10年,自该商标上一届有效期满次日起计算。期满未办理续展手续的,注销其注册商标。商标局应当对续展注册的商标予以公告。

(四) 商标转让权

商标转让权是指商标权人享有的依法将其注册商标转让给他人的权利。对于商标转让,世界各国存在连带转让主义和自然转让主义两种立法例,前者要求注册商标必须和使用该商标的企业一起转让,后者则规定商标权人有权自由选择是否将注册商标和使用该注册商标的企业一并转让。《商标法》(2013)采用的是自由转让主义,但要求受让人应当保证使用该注册商标的商品质量。

(五) 商标许可权

商标许可权是指商标权人享有的以合同方式许可他人使用注册商标的权利。

---

① 曲三强主编:《现代工业产权法》,北京大学出版社2012年版,第177页。

根据《商标法》(2013)第43条的规定,许可人应当监督被许可人使用其注册商标的商品质量。被许可人应当保证使用该注册商标的商品质量。经许可使用他人注册商标的,必须在使用该注册商标的商品上标明被许可人的名称和商品产地。

▶ 二、商标权的限制

商标权作为一种排他性的专有权,其本身就包含了某种"垄断"的性质,正是基于商标权的这种属性,对其进行保护不能是没有任何限制的,否则将可能侵害社会公众的利益。社会公众对商标的使用不致影响商标区分商品或服务来源的功能时,应当允许公众对商标相关构成要素进行自由使用。

（一）合理使用

商标的合理使用是指他人在符合法律规定的情况下可以不经商标权人的许可而使用其注册商标或注册商标的组成部分,且不构成侵权的制度。① 中国将商标合理使用制度规定在《商标法》(2013)第59条第1款和第2款,分为以下两种情形:(1)注册商标专用权人无权禁止他人正当使用注册商标中含有的本商品的通用名称、图形、型号,或者直接表示商品的质量、主要原料、功能、用途、重量、数量及其他特点,或者含有的地名。这种使用可以视为一种描述性的使用,避免了对特定语词授予商标权而使权利人形成垄断,阻碍他人以合理的方式表述商品或服务的来源;(2)注册商标专用权人无权禁止他人正当使用三维标志注册商标中含有的商品自身的性质产生的形状、为获得技术效果而需有的商品形状或者使商品具有实质性价值的形状。

（二）商标先用权

除合理使用外,《商标法》(2013)第59条第3款对商标先用权进行了规定,即商标注册人申请商标前,他人已经在同一种或者类似商品上先于商标注册人使用与注册商标相同或者近似并有一定影响的商标的,注册商标专用权人无权禁止该使用人在原使用范围内继续使用该商标,但可以要求其附加适当区别标识。

（三）权利穷竭

权利穷竭是指注册商标权人以及商标被许可人的商品经合法售出后,其商标权即告穷竭,第三人在合法售出的商品上继续使用该注册商标的行为不构成侵权。商标法中的权利穷竭制度类似于著作权法中的发行权用尽制度,目的在于实现私权保障与商品自由流通之间的平衡。

▶ 三、商标权的行使

（一）商标使用

商标权人有权将核准注册的商标在核定的商品或服务上使用。商标权人对商

---

① 曲三强主编:《现代工业产权法》,北京大学出版社2012年版,第199页。

标的使用是商标专用权的体现,权利人有权将商标用于商品、商品包装或者容器以及商品交易文书上,或者为了商业目的将商标用于广告宣传、展览以及其他业务。使用注册商标,可以在商品、商品包装、说明书或者其他附着物上标明"注册商标"或者注册标记。《商标法》(2013)除了将商标使用规定为商标权人的权利外,也在一定情况下将商标使用规定为商标权人的义务,如商标权人无正当理由连续3年不使用其注册商标,商标局可以根据任何单位或者个人的申请撤销该注册商标。

（二）商标转让

商标权是权利人享有的私权,其有权依自己的意愿将其所有的商标权移转给他人。《商标法》(2013)对商标转让采取登记生效主义,转让注册商标的申请须经商标局的核准,商标局核准后应发给受让人相应的证明,并予以公告。受让人自公告之日起享有商标专用权。转让注册商标的,商标注册人对其在同一种商品上注册的近似的商标,或者在类似商品上注册的相同或者近似的商标,应当一并转让。对容易导致混淆或有其他不良影响的转让,商标局不予核准,书面通知申请人并说明理由。

商标权转让未经登记不发生权利转让的效力,但并不影响转让合同的效力。在商标权转让未经核准不发生法律效力的情况下,转让人须向受让人承担违约责任。

（三）商标许可

商标权人有权通过订立许可使用合同的方式许可他人在一定的时间和地域范围内以一定方式使用其注册商标的行为。许可合同根据最高人民法院《关于审理商标民事纠纷案件适用法律若干问题的解释》(2002)的规定可区分为以下三类:(1) 独占使用许可,是指商标注册人在约定的期间、地域和以约定的方式,将该注册商标仅许可一个被许可人使用,商标注册人依约定不得使用该注册商标;(2) 排他使用许可,是指商标注册人在约定的期间、地域和以约定的方式,将该注册商标仅许可一个被许可人使用,商标注册人依约定可以使用该注册商标但不得另行许可他人使用该注册商标;(3) 普通使用许可,是指商标注册人在约定的期间、地域和以约定的方式,许可他人使用其注册商标,并可自行使用该注册商标和许可他人使用其注册商标。许可人和被许可人签订许可合同后,许可人应当将其商标使用许可报商标局备案,由商标局公告。商标使用许可合同未经备案的,不影响该许可合同的效力。商标使用许可合同未经备案不得对抗善意第三人。

（四）商标质押

商标质押是指债务人或第三人为了担保债权人债权的实现,以其享有的商标权出质,当债务人到期不履行债务的情况下,债权人有权就该注册商标拍卖所得的价款优先受偿。商标权人将商标权设定质押时适用《物权法》(2007)中有关权利质押的法律规定,即商标注册人作为出质人以依法可以转让的注册商标专用权出质的,应当和质权人订立书面质押合同,并向其管理部门办理出质登记。质权自有关主管机关办理出质登记之日起设立;质权未经登记的情况下将不影响质押合同的效力,仅质权不发生法律效力。当注册商标权出质后,出质人不得转让或者许可他人使用,但是经出质人与质权人协商同意的可以转让或者许可他人使用。出质人转让或者许可他人使用出质的注册商标专用权所得的转让费、许可费应当向质权人提前清偿所担保的债权或者向与质权人约定的第三人提存。

第五节 商标权的保护

▶ 一、概述

商标权的核心是商标专用权和禁止权。商标权人可以依法行使专用权,将核准的商标在核定的商品或服务上使用,以指示商品或服务的来源。此外,商标权人还可以依法行使禁止权阻止他人实施商标侵权行为,即禁止他人在未经其许可的情况下,在同一类或类似商品或服务上使用与注册商标相同或者近似的标志,或者实施妨害其正常使用商标的行为。

中国在法律体系的划分中将知识产权法划入民法的范畴,因此在商标侵权的判定中主要依据民事侵权判定的一般要件,包括以下四方面:

(1) 行为人实施了商标侵权行为。商标侵权行为以行为形态进行区分,可以分为使用侵权、销售侵权、标识侵权、反向假冒和其他侵权行为。

(2) 行为造成了一定的损害结果。行为人实施的行为造成了一定的损害结果,表现为相关公众对商品或服务的来源产生混淆或者妨害了商标权人对商标的正常使用。

(3) 行为与损害结果之间的因果关系。

(4) 行为人实施行为时的主观状态。商标侵权的判定与一般民事侵权的判定不同,如权利人要求行为人承担停止侵权行为的民事责任时,侵权判定采取的是无过错责任原则,权利人不需要证明行为人实施相关行为时具有过错;而在权利人要求行为人承担损害赔偿责任时,侵权判定采取的是过错责任原则,行为人只有在有过错的情况才须承担损害赔偿责任。

▶ 二、商标侵权行为的表现形式

《商标法》(2013)、《商标法实施条例》(2014)及相关司法解释对商标侵权行为作了列举式的规定。按照商标侵权行为表现的不同,将相关侵权行为划分为不同的类型:

(一) 使用侵权

《商标法》(2013)第 57 条第 1 项和第 2 项规定的使用侵权行为包括两种情形:(1) 未经商标注册人的许可,在同一种商品上使用与其注册商标相同的商标;(2) 未经商标注册人的许可,在同一种商品上使用与其注册商标近似的商标,或者在类似商品上使用与其注册商标相同或者近似的商标,容易导致混淆的。

（二）销售侵权

《商标法》(2013)第57条第3项规定,销售侵犯注册商标权的商品的行为应认定为侵犯注册商标专用权。在销售者不知道其销售的是侵犯注册商标专用权的商品的情况下,《商标法》(2013)第64条第2款规定如果销售者能够证明相关商品是自己合法取得的并说明提供者的,不承担赔偿责任。

（三）标识侵权

《商标法》(2013)第57条第4项规定,伪造、擅自制造他人注册商标标识或者销售伪造、擅自制造的注册商标标识的行为应认定为侵犯注册商标专用权。商标标识一般是指附着在相关商品或服务上的标贴、标牌、铭牌等物质表现形式,标识上通常载有注册商标的图样以及商品或服务提供者信息等内容。

（四）反向假冒

反向假冒规定在《商标法》(2013)第57条第5项,即未经商标注册人同意,更换其注册商标并将该更换商标的商品又投入市场的行为。

（五）帮助侵权

帮助侵权是2013年《商标法》修改时新增的商标侵权行为类型,规定在第57条第6项,即故意为侵犯他人商标专用权行为提供便利条件,帮助他人实施侵犯商标专用权的行为。根据《商标法实施条例》(2014)第75条的规定,"提供便利条件"是指为侵犯他人商标专用权提供仓储、运输、邮寄、印制、隐匿、经营场所、网络商品交易平台等。

（六）其他侵权行为

《商标法》(2013)第52条第7项规定:"给他人的注册商标专用权造成其他损害的",此项规定对商标侵权行为的类型进行了兜底性的规定。《商标法实施条例》(2014)及最高人民法院颁布的与商标法适用相关的司法解释对侵权行为作出了补充性的规定,主要涉及商标与其他商业标识之间的冲突,具体包括:

（1）在同一种或类似的商品上,将与他人注册商标相同或近似的标志作为商品名称或者商品装潢使用,误导公众的;

（2）将与他人注册商标相同或者近似的文字作为企业字号在相同或者类似的商品上突出使用,容易使相关公众产生误认的;

（3）复制、摹仿、翻译他人注册的驰名商标或者其主要部分在不相同或者不相类似的商品上作为商标使用,误导公众,致使该驰名商标注册人的利益可能受到损害的;

（4）将与他人注册商标相同或者相近似的文字注册为域名,并且通过域名进行相关商品交易的电子商务,容易使相关公众产生误认的。

▶ 三、商标侵权行为的判定

在诸多的商标侵权行为类型中,使用侵权是最为普遍的商标侵权行为。因此本部分以商标使用侵权行为的判定为例说明判定商标侵权时需要注意的几个要点：

（一）相关公众

最高人民法院在《关于审理商标民事纠纷案件适用法律若干问题的解释》（2002）中规定侵权的判定过程中需要以相关公众为基准对商标是否相同或者近似以及商品或服务是否类似进行认定。相关公众是指与商标所标识的某类商品或者服务有关的消费者和与前述商品或者服务的营销有密切关系的其他经营者。

（二）同一种或者类似的商品或服务

同一种商品或服务的判定较为简单，但在类似商品或服务的判定上则有特殊规则。最高人民法院在《关于审理商标民事纠纷案件适用法律若干问题的解释》（2002）中确立了判断规则，包括：(1) 类似商品，是指在功能、用途、生产部门、销售渠道、消费对象等方面相同，或者相关公众一般认为其存在特定联系、容易造成混淆的商品；(2) 类似服务，是指在服务的目的、内容、方式、对象等方面相同，或者相关公众一般认为存在特定联系，容易造成混淆的服务；(3) 商品与服务类似，是指商品和服务之间存在特定联系，容易使相关公众混淆。该司法解释规定人民法院在认定商品或者服务是否类似，应当以相关公众对商品或者服务的一般认识综合判断。《商标注册用商品和服务国际分类表》《类似商品和服务区分表》可以作为判断类似商品或者服务的参考。

（三）相同或者近似的商标

商标侵权判定中除了需要判断商品或服务的相同或类似外，还需要判定使用在相关商品或服务上的商标与注册商标是否相同或者近似。在商标相同或者近似的判定中，最高人民法院《关于审理商标民事纠纷案件适用法律若干问题的解释》（2002）作出了规定，具体是指：(1) 商标相同是指被控侵权的商标与原告的注册商标相比较，二者在视觉上基本无差别；(2) 商标近似是指被控侵权的商标与原告的注册商标相比较，其文字的字形、读音、含义或者图形的构图及颜色，或者其各要素组合后的整体结构相似，或者其立体形状、颜色组合近似，易使相关公众对商品的来源产生误认或者认为其来源与原告注册商标的商品有特定的联系。在判定原则方面，该司法解释规定认定商标相同或者近似须按照以下的原则进行：(1) 以相关公众的一般注意力为标准；(2) 既要进行商标的整体比对，又要进行对商标主要部分的比对，比对应当在比对对象隔离的状态下分别进行；(3) 判断商标是否近似，应当考虑请求保护注册商标的显著性和知名度。

（四）可能产生混淆

商标最基础的功能在于区分商品或者服务的来源，当行为人实施的不当行为使相关公众对商品或服务的来源产生混淆，则应受法律的责难。所谓混淆是指由于行为人对商标的不当使用行为，已经或者可能使相关公众对商品或服务的来源或其他方面发生误认。混淆可以分为狭义的混淆和广义的混淆两种情况：狭义的混淆是指相关公众对商品或服务来源发生混淆；广义的混淆除了包括狭义的混淆外，还包括行为人的不当行为使相关公众认为商品或服务的来源与注册商标的商品或服务有特定的联系,譬如经营者之间具有赞助关系、联营关系或许可关系。最高人民法院在《关于审理商标民事纠纷案件适用法律若干问题的解释》(2002)中采用了广义的混淆的判断标准。

▶ 四、管辖和诉讼时效

商标权人以提起民事诉讼的方式请求商标权保护的情况下存在管辖及诉讼时效方面的问题。

(一)管辖

管辖是指各级人民法院之间以及同级人民法院之间受理第一审民事案件的权限和分工,包括级别管辖和地域管辖。前者是指各级人民法院之间受理第一审民事案件的权限和分工;后者是指不同地区的同级人民法院之间受理第一审民事案件的权限和分工。

商标权民事纠纷案件的级别管辖由《民事诉讼法》(2012)、最高人民法院《关于调整地方各级人民法院管辖第一审知识产权民事案件标准的通知》(2010)以及最高人民法院《关于印发基层人民法院管辖第一审知识产权民事案件标准的通知》(2010)予以确定。在相关法律文件中,高级人民法院管辖诉讼标的额在 2 亿元以上的第一审商标权民事案件,以及诉讼标的额在 1 亿元以上且当事人一方住所地不在其辖区或者涉外、涉港澳台的第一审商标民事案件。对于上述标准以下的第一审商标权民事案件,除应当由经最高人民法院指定具有一般商标民事案件管辖的基层人民法院管辖的以外,均由中级人民法院管辖。

商标权民事纠纷案件的地域管辖由最高人民法院在《关于审理商标民事纠纷案件适用法律若干问题的解释》(2002)进行了明确规定,即因侵犯注册商标专用权行为提起的民事诉讼,由侵权行为的实施地、侵权商品的储藏地或者查封扣押地、被告住所地的人民法院管辖。其中:侵权商品的储藏地是指大量或者经常性储存、隐匿侵权商品所在地;查封扣押地是指海关、工商等行政机关依法查封、扣押侵权商品所在地。

(二)诉讼时效

诉讼时效是指民事权利受到侵害的当事人如在法律规定的时效期间内不行使权利,当时效期间届满时,人民法院对权利人的权利不再进行保护的制度。侵犯商标权的诉讼时效是 2 年,自商标注册人或者利害关系人知道或者应当知道侵权行为之日起计算。这里的利害关系人包括注册商标使用许可的被许可人、注册商标财产权的合法继承人等。商标注册人或利害关系人如果超过 2 年起诉的,如果侵权行为在起诉时仍在持续,在该注册商标专用权有效期限内,人民法院应当判决被告停止侵权行为,侵权损害赔偿数额应当自权利人向人民法院起诉之日起向前推算 2 年计算。

五、商标侵权的救济

(一) 诉前临时措施

诉前临时措施是指权利人在提起诉讼之前,经法院核准而采取的维护自己合法权益的措施。诉前临时措施在国际公约中首次得到确认的是 TRIPs 协议,该协议规定司法机关可以采取及时有效的临时措施,保障知识产权所有人的合法权益,包括制止侵权行为的措施和保全证据的措施。《商标法》(2013) 及相关规范性法律文件确立了三类诉前临时措施,包括诉前责令停止侵权、诉前财产保全和诉前证据保全。

1. 诉前责令停止侵权

诉前责令停止侵权,又称为临时禁令,是指商标注册人或者利害关系人有证据证明他人正在实施或者即将实施侵犯注册商标专用权的行为,如不及时制止将会使其合法权益受到难以弥补的损害的,可以在起诉前向人民法院申请采取责令停止有关行为的措施。这里的利害关系人包括商标使用许可合同的被许可人、注册商标财产权利的合法继承人。

商标注册人或者利害关系人提出诉前责令停止侵权行为的申请,应当向侵权行为地或者被申请人住所地对商标争议案件有管辖权的人民法院提出。在提交申请时,商标注册人或者利害关系人应当同时提交下列证据:(1) 商标注册人应当提交商标注册证,利害关系人应当提交商标使用许可合同、在商标局备案的材料及商标注册证复印件;排他使用许可合同的被许可人单独提出申请的,应当提交商标注册人放弃申请的证据材料;注册商标财产权利的继承人应当提交已经继承或者正在继承的证据材料;(2) 证明被申请人正在实施或者即将实施侵犯商标专用权的行为的证据,包括被控侵权商品。除证据材料外,申请人提出诉前停止侵犯商标专用权行为的申请时应当提供担保。

人民法院接受商标注册人或者利害关系人提出责令停止侵犯注册商标专用权行为的申请后,经审查后认为符合相关规定的,应当在 48 小时内作出书面裁定;裁定责令被申请人停止侵犯注册商标专用权行为的,应当立即开始执行。当事人对责令停止侵权行为的裁定不服的,可以在收到裁定之日起 10 日内申请复议一次。复议期间不停止裁定的执行。

人民法院对当事人提出的复议申请进行审查时,应从以下方面进行:(1) 胜诉可能性。被申请人正在实施或者即将实施的行为是否侵犯注册商标专用权;(2) 损害的难以弥补性。不采取有关责令停止侵权行为的措施,是否会给商标注册人或者利害关系人的合法权益造成难以弥补的损害;(3) 申请人提供担保的情况;(4) 社会公益的考量。责令被申请人停止有关行为是否损害社会公共利益。

人民法院作出责令停止侵权行为的裁定后,商标注册人或者利害关系人应当在 15 日内起诉,逾期不起诉的,人民法院应当解除裁定采取的措施。停止侵犯注册商标专用权行为裁定的效力,一般应维持到终审法律文书生效时止。申请人不起诉或者申请错误造成被申请人损失的,被申请人可以向有管辖权的人民法院起诉请求申请人赔偿,也可以在申请人提起的侵犯注册商标专用权的诉讼中提起损害赔偿请求,人民法院可以一并处理。

2. 诉前财产保全

诉前财产保全是指商标注册人或者利害关系人有证据证明他人正在实施或者即将实施侵犯注册商标专用权的行为,如不及时制止将会使其合法权益受到难以弥补的损害的,可以在起诉前向人民法院申请采取财产保全的措施。

商标注册人或者利害关系人因情况紧急,不立即申请财产保全将会使其合法权益造成难以弥补的损害,可以在起诉前申请财产保全,申请人应提供相应的担保。人民法院接受申请后,必须在48小时内作出裁定,裁定作出后,应当立即开始执行。财产保全限于申请人请求的范围或与案件有关的财物。被申请人提供担保的,人民法院应当解除财产保全。当事人对财产保全的裁定不服的,可以申请复议一次,复议期间不停止裁定的执行。

申请人在人民法院采取保全措施后15日内不起诉的,人民法院应当解除财产保全。申请有错误的,申请人应当赔偿被申请人因财产保全所遭受的损失。

3. 诉前证据保全

诉前证据保全是指为制止侵权行为,在证据可能灭失或者以后难以取得的情况下,商标注册人或者利害关系人可以在起诉前向人民法院申请证据保全。人民法院接受申请后,必须在48小时内作出裁定;裁定采取保全措施的,应当立即开始执行。人民法院可以责令申请人提供担保,申请人不提供担保的,驳回申请。申请人在人民法院采取保全措施后15日内不起诉的,人民法院应当解除保全措施。

(二)商标侵权的民事责任

商标权本质上属于私权。当事人实施了侵犯他人商标权的行为需要承担民事责任,根据《民法通则》(2009)第118条的规定,行为人应当承担停止侵害、消除影响、赔偿损失的民事责任。

1. 停止侵权

停止侵权是指商标权人有权要求侵权行为的实施人停止其侵权行为,也称为禁令制度。欧美国家一般将禁令制度区分为临时性禁令和永久性禁令,前者类似于《商标法》(2013)规定的诉前责令停止侵权行为,而后者则类似于中国法律中规定的停止侵权。

2. 损害赔偿

损害赔偿是指行为人实施侵权行为给权利人造成损害时,权利人有权要求法院判令行为实施人支付一定的金钱作为赔偿。《商标法》(2013)中有关侵犯商标权损害赔偿责任的规定包括:

(1)损害赔偿的确定方式和顺序

《商标法》(2013)第63条第1款对侵犯商标权损害赔偿数额的确定方式及顺序

作出规定,包括:(1) 按照权利人因被侵权所受到的实际损失确定;(2) 实际损失难以确定的,可以按照侵权人因侵权所得的利益确定;(3) 权利人的损失或者侵权人获得的利益难以确定的,参照该商标许可使用费的倍数合理确定。对于恶意侵犯商标权,情节严重的情况,《商标法》(2013)规定可以在依据上述方法确定数额的1倍以上3倍以下确定赔偿数额。赔偿数额应当包括权利人为制止侵权行为所支付的合理开支。

(2) 法定赔偿

实践中存在着权利人因被侵权所受到的实际损失、侵权人因侵权所获得的利益、注册商标许可使用费难以确定的情形,《商标法》(2013)第63条第3款规定了法定赔偿制度,允许人民法院根据侵权行为的情节判决给予300万元以下的赔偿。人民法院可以根据当事人的请求或者依职权适用法定赔偿条款。人民法院在适用法定赔偿条款确定赔偿额时考虑的因素包括侵权行为的性质、期间、后果、商标的声誉、商标许可使用费的数额、商标使用许可的种类、时间、范围及制止侵权行为的合理开支等。

(3) 文书提供令

为了减轻权利人在诉讼过程中的举证责任,《商标法》(2013)增加了有关文书提供令的规定,在第63条第2款规定,"人民法院为确定赔偿数额,在权利人已经尽力举证,而与侵权行为相关的账簿、资料主要由侵权人掌握的情况下,可以责令侵权人提供与侵权行为相关的账簿、资料;侵权人不提供或者提供虚假的账簿、资料的,人民法院可以参考权利人的主张和提供的证据判定赔偿数额。"

(4) 不使用商标的抗辩

商标权人请求损害赔偿时,被控侵权人可以以注册商标专用权人未使用注册商标提出抗辩。在侵权人提出相关抗辩时,根据《商标法》(2013)第64条第1款的规定,人民法院可以要求商标权人提供此前3年内实际使用该注册商标的证据。商标权人不能证明此前3年实际使用过该注册商标,也不能证明因侵权行为受到其他损失的,被控侵权人不承担赔偿责任。

(5) 善意侵权

《商标法》第64条第2款规定,销售不知道是侵犯注册商标专用权的商品,能证明该商品是自己合法取得并说明提供者的,不承担赔偿责任。

(三) 商标侵权的行政责任

商标注册人或者利害关系人发现侵权行为的,可以请求工商行政管理部门处理。工商行政管理部门认定侵权行为成立的,可以采取如下措施:(1) 责令立即停止侵权行为;(2) 没收、销毁侵权商品和专门用于制造侵权商品、伪造注册商业标识的工具;(3) 罚款。违法经营额5万元以上的,可以处违法经营额5倍以下的罚款,没有违法经营额或者违法经营额不足5万元的,可以处25万元以下的罚款。对5年内实施2次以上商标侵权行为或者有其他严重情节的,应当从重处罚。销售不知道是侵犯注册商标专用权的商品,能证明该商品是自己合法取得并说明提供者的,由工商行政管理部门责令停止销售。

除当事人请求外,工商行政管理部门可依职权查处侵犯注册商标权的行为,在进行查处时,可以行使下列职权:(1) 询问有关当事人,调查与侵犯他人注册商标专用权有关的情况;(2) 查阅、复制当事人与侵权活动有关的合同、发票、账簿以及其他有关资料;(3) 对当事人涉嫌从事侵犯他人注册商标专用权活动的场所实施现场检查;(4) 检查与侵权活动有关的物品;对有证据证明是侵犯他人注册商标专用权的物品,可以查封或者扣押。

(四)商标侵权的刑事责任

行为人实施下列三类商标侵权行为将可能承担刑事责任:(1) 未经商标注册人许可,在同一种商品上使用与其注册商标相同的商标,情节严重或特别严重的行为;(2) 销售明知是假冒注册商标的商品,销售金额数额较大或重大的行为;(3) 伪造、擅自制造他人注册商标表示或者销售伪造、擅自制造的注册商标标识,情节严重或特别严重的行为。

第六节 驰名商标的法律保护

▶ 一、驰名商标的概念

驰名商标是指在中国为相关公众广为知晓并享有较高声誉的商标。相关公众包括与使用商标所标示的某类商品或者服务有关的消费者,生产前述商品或者提供服务的其他经营者以及经营渠道中所涉及的销售者和相关人员等。

驰名商标的核心在于商标在相关公众中的知名程度,保护的理论基础是淡化理论。淡化理论发源于美国,规定在美国的《联邦商标反淡化法》,该法将商标淡化定义为,"减少、削弱驰名商标对其商品或服务的识别性和显著性能力的行为,不管在驰名商标所有人与他人之间是否存在竞争关系或者存在混淆和误解的可能性"。①

▶ 二、驰名商标的立法背景

作为与商标权有关的第一个国际公约,《巴黎公约》最初缔结时并未规定有关驰名商标的保护问题。1911 年,法国最先提出驰名商标保护的问题。由于各国在驰名商标保护问题上逐步取得一致意见,公约在 1925 年增加了有关驰名商标保护的规定,即:缔约国承诺,如本国法律允许,应在行政中,或依照有关当事人的请求,对商标注册国主管机关认为该国以已经属于有权享受本公约利益的人所有,并且使用在

---

① 张今:《对驰名商标特殊保护的若干思考》,载《政法论坛》2000 年第 2 期,第 37 页。

相同或类似商品而驰名的商标,构成复制、仿制并可能产生混淆的商标,拒绝或撤销注册。《巴黎公约》现行文本中的驰名商标保护条款如下:

> 缔约国承诺,如本国法律允许,应依职权,或依利害关系人的请求,对构成商标注册国或使用国主管机关认为在该国已经驰名、属于有权享受本公约利益的人所有的、用于相同或相类似商品商标的复制、摹仿或翻译,而易于产生混淆的商标,拒绝或撤销注册,并禁止使用。这些规定,在商标的主要部分构成上述驰名商标的复制或假冒,容易导致混淆的,也应适用。
>
> 自注册之日起至少5年的期间内,应允许提出撤销这种商标的请求。本联盟各国可以规定一个期间,在这期间内允许提出禁止使用这种商标的请求。
>
> 对于以欺诈手段取得注册或使用的商标提出撤销注册或禁止使用的请求的,不应规定时间限制。

TRIPs协议作为目前最重要的与知识产权国际保护的公约,在其中也对驰名商标进行了规定,相关规定提高了《巴黎公约》中对驰名商标的保护水平:(1) 将驰名商标的保护从商品商标扩展至服务商标,并明确规定了成员方主管机关认定驰名商标应考虑的因素;(2) 与《巴黎公约》不同的是,TRIPs协议将保护扩展至已经注册的驰名商标,为其提供跨类保护。

中国在1983年制定《商标法》时没有有关驰名商标的规定。1985年我国加入《巴黎公约》后,中国必须履行驰名商标保护的国际义务。1993年《商标法》第一次修改中未明确将驰名商标作为法律术语确定下来,而是在其实施条例中将违反诚信原则,抢注他人已为公众熟知的商标的行为作为欺骗或其他不正当手段取得注册的行为进行了规定,行为人实施此种行为将导致商标被撤销。2001年《商标法》第二次修改时对驰名商标的法律保护进行了完善规定,主要体现在:(1) 第13条正式将驰名商标确立为法律术语,并将驰名商标的法律保护划分为未注册驰名商标和已注册驰名商标两类;(2) 第14条规定了驰名商标的认定标准;(3) 第41条第2款将已经注册的商标违反驰名商标保护规定作为注册商标争议裁定的相对事由加以明确规定。2013年《商标法》第三次修改时对驰名商标的规定作出进一步的完善。

中国在驰名商标法律保护方面的规范性法律文件主要有:《商标法》(2013)、《商标法实施条例》(2014)、《驰名商标认定和保护规定》(2003)、最高人民法院《关于审理涉及计算机网络域名民事纠纷案件适用法律若干问题的解释》(2001)以及最高人民法院《关于审理涉及驰名商标保护的民事纠纷案件应用法律若干问题的解释》(2009)。

▶ 三、驰名商标的认定

(一) 认定机关

驰名商标必须由有权机关对商标是否驰名进行认定。根据《商标法》(2013)第

14条的规定,有权认定驰名商标的机关主要包括:

1. 商标局。《商标法》(2013)第14条第2款规定,在商标注册审查、工商行政管理部门查处商标违法案件过程中,当事人主张驰名商标保护的,商标局根据审查、处理案件的需要,可以对商标驰名情况作出认定。

2. 商标评审委员会。《商标法》(2013)第14条第3款规定,在商标争议处理过程中,当事人主张驰名商标保护的,商标评审委员会根据处理案件的需要,可以对商标驰名情况作出认定。

3. 人民法院。《商标法》(2013)第14条第4款规定,在商标民事、行政案件审理过程中,当事人主张驰名商标保护的,最高人民法院指定的人民法院根据审理案件的需要,可以对商标驰名情况作出认定。

(二) 认定标准

《商标法》(2013)第14条第1款明确规定了驰名商标认定的标准,包括:(1) 相关公众对该商标的知晓程度;(2) 该商标使用的持续时间;(3) 该商标的任何宣传工作的持续时间、程度和地理范围;(4) 该商标作为驰名商标受保护的记录;(5) 该商标驰名的其他因素。

(三) 认定效力

在商标异议、争议或管理过程中,相关行政机关根据当事人的请求作出驰名商标的认定,行政机关可在审查相关证据资料的基础上作出裁定。行政认定原则上没有时间限制,除非在具体的行政程序中有当事人提出异议并以证据材料加以证明。

人民法院在民事纠纷案件中对驰名商标的认定属于诉讼中事实认定的范畴,仅具有个案的效力。涉及驰名商标保护的民事纠纷案件中,人民法院对驰名商标的认定,仅作为案件事实和判决理由,不写入判决主文;以调解方式审结的,在调解书中对商标驰名的事实不予认定。

▶ 四、驰名商标的保护

(一) 未注册驰名商标的保护

《商标法》(2013)第13条第2款规定,就相同或类似的商品申请注册的商标是复制、摹仿或者翻译他人未在中国注册的驰名商标,容易导致混淆的,不予注册并禁止使用。该款规定中涉及的"容易导致混淆"是指足以使相关公众对使用驰名商标和被诉商标的来源发生误认,或者足以使相关公众认为使用驰名商标和被诉商标的经营者之间具有许可使用、关联企业关系等特定联系的。

(二) 已注册驰名商标的保护

《商标法》(2013)第13条第3款规定,就不相同或不相类似的商品申请注册的商标是复制、摹仿或者翻译他人已在中国注册的驰名商标,误导公众,致使该驰名商标注册人的利益可能受到损害的,不予注册并禁止使用。对于已在中国注册的驰名商标,《商标法》(2013)提供的是跨类保护。该款规定中涉及的"误导公众,致使该驰名商标注册人的利益可能受到损害的"是指足以使相关公众认为被诉商标与驰名商标具有相当程度的联系,而减弱驰名商标的显著性、贬损驰名商标的市场声誉,或者不正当利用驰名商标的市场声誉。

第五章 其他知识产权

其他知识产权不是知识产权的一个类型,而是对随着技术发展而形成的知识产权新客体的归纳。本章主要介绍了集成电路布图设计权、植物新品种权、地理标志权、商号权、商业秘密权和域名权。

"其他知识产权"并不是知识产权的一个类型,而是为了编写教材的需要,人为地进行了划分和归类。"其他知识产权"主要包括以下内容:集成电路布图设计权、植物新品种权、地理标志权、商号权、商业秘密权和域名权。

第一节 集成电路布图设计权

一、概述

《集成电路布图设计保护条例》(2001)第2条规定,集成电路布图设计(布图设计)是指集成电路中至少有一个是有源元件的两个以上元件和部分或者全部互连线路的三维配置,或者为制造集成电路而准备的上述三维配置。一般说来,集成电路,即半导体芯片,是指以特殊的技术将若干电子元件及它们之间的连线集中地制作在金属绝缘物或半导体涂层上,使它们成为紧密联系的整体,并发挥电子电路技术功能的电子产品。[①] 布图设计需要投入相当的资金和人力。而其仿造却比较容易、成本低、耗时短。因此,为了保护开发者的积极性,保护微电子技术及行业的发展,有必要以法律形式对集成电路布图设计予以保护。

布图设计具有工业版权的性质,其基本特征表现为:

(1) 独创性。布图设计凝结着创造者的智慧。集成电路系一次做成,不能对不合格或出错的地方进行修补,因此,布图设计不容许有一丝一毫的差错。同时,随着集成电路集成化提高,为了设计先进性更高的布图设计,创造人需要付出巨大的创造性劳动。因此,《集成电路布图设计保护条例》(2001)第4条第1款规定:"受保护的布图设计应当具有独创性,即该布图设计是创作者自己的智力劳动成果,并且在其创作时该布图设计在布图设计创作者和集成电路制造者中不是公认的常规设计。"

(2) 无形性。布图设计是集成电路中所有元器件之间的配置方式,而这种"配置方式"是抽象和无形的。虽然布图设计表现为一定的构形,或可以以数据代码的方式储存在磁盘或磁带中,但这些只是布图设计的特定载体,不能与布图设计本身相混淆。

(3) 可复制性。当布图设计的载体为掩膜时,布图设计就以图形方式存在于掩膜板上,他人只需对其全套掩膜加以翻拍,即可复制出全套的布图设计。当布图设计以磁盘或磁带为载体时,可以拷贝磁盘或磁带来复制布图设计。当布图设计被"固化"到集成电路产品中时,通过"反向工程"了解集成电路功能、设计特点等,还原其布图设计。

---

① 丁丽瑛主编:《知识产权法》,厦门大学出版社2009年版,第380页。

二、集成电路布图设计权的客体与主体

（一）集成电路布图设计权的客体

并非所有的布图设计都能取得专有权。集成电路布图设计权的客体应具备独创性的条件。根据《集成电路布图设计保护条例》(2001)第4条，布图设计是创作者自己的智力劳动成果，并且在其创作时该布图设计在布图设计创作者和集成电路制造者中不是公认的常规设计。

（二）集成电路布图设计权的主体

集成电路布图设计权的主体，即布图设计权利人，是指依法对布图设计享有专有权的自然人、法人或者其他组织。外国人创作的布图设计首先在中国境内投入商业利用的，或者其创作者所属国同中国签订有关布图设计保护协议或者与中国共同参加有关布图设计保护国际条约的，也可以享有布图设计专有权。

三、集成电路布图设计权的取得

根据《集成电路布图设计保护条例》(2001)第8条的规定，布图设计专有权经国务院知识产权行政部门登记产生。未经登记的布图设计不受条例的保护。布图设计自其在世界任何地方首次商业利用之日起2年内，未向国务院知识产权行政部门提出登记申请的，国务院知识产权行政部门不再予以登记。根据《集成电路布图设计保护条例实施细则》(2001)第2条的规定，条例所称的国务院知识产权行政部门是指国家知识产权局。

（一）申请登记

申请布图设计登记时，应当提交申请表、布图设计的复制件或者图样。布图设计在申请日之前已投入商业利用的，申请登记时应当提交含有该布图设计的集成电路样品。布图设计在申请日之前没有投入商业利用的，该布图设计登记申请可以有保密信息，其比例最多不得超过该集成电路布图设计总面积的50%。布图设计登记申请有保密信息的，含有该保密信息的图层的复制件或者图样纸件应当置于在另一个保密文档袋中提交。

（二）初步审查

布图设计登记申请有下列情形的，国家知识产权局不予受理，并通知申请人：(1)未提交布图设计登记申请表或者布图设计的复制件或者图样的，已投入商业利用而未提交集成电路样品的，或者提交的上述各项不一致的；(2)外国申请人的所属国未与中国签订有关布图设计保护协议或者与中国共同参加有关国际条约的；(3)所涉及的布图设计属于《集成电路布图设计保护条例》(2001)第12条规定不予保护的；(4)所涉及的布图设计属于《集成电路布图设计保护条例》(2001)第17条规定不予登记的；(5)申请文件未使用中文的；(6)申请类别不明确或者难以确定其属于布图设计的；(7)未按规定委托代理机构的；(8)布图设计登记申请表填写

不完整的。

除属于不予受理的情形外,申请文件不符合《集成电路布图设计保护条例》(2001)和《集成电路布图设计保护条例实施细则》(2001)规定的条件的,申请人应当在收到国家知识产权局的审查意见通知之日起2个月内进行补正。补正应当按照审查意见通知书的要求进行。逾期未答复的,该申请视为撤回。申请人按照国家知识产权局的审查意见补正后,申请文件仍不符合规定的,国家知识产权局应当作出驳回决定。国家知识产权局还可以根据《集成电路布图设计条例实施细则》(2001)第19条的规定对明显不符合条例第2条第1、2项和第5条规定的申请作出驳回决定。

(三)登记并公告

布图设计登记申请经初步审查,未发现驳回理由的,由国家知识产权局予以登记,发给登记证明文件,并予以公告。

(四)复审

布图设计登记申请人对国家知识产权局驳回其登记申请的决定不服的,可以自收到通知之日起3个月内,向国家知识产权局专利复审委员会请求复审。专利复审委员会复审后,作出决定,并通知布图设计登记申请人。布图设计登记申请人对专利复审委员会的复审决定仍不服的,可以自收到通知之日起3个月内向人民法院起诉。

(五)登记的撤销

布图设计获准登记后,国家知识产权局专利复审委员会发现该登记不符合《集成电路布图设计保护条例》(2001)规定的,应当予以撤销,通知布图设计权利人,并予以公告。布图设计权利人对专利复审委员会撤销布图设计登记的决定不服的,可以自收到通知之日起3个月内向人民法院起诉。

▶ 四、集成电路布图设计权的内容及行使

(一)集成电路布图设计权的内容

集成电路布图设计权主要包括两项具体权利:复制权和商业利用权。《集成电路布图设计保护条例》(2001)将复制权表述为:对受保护的布图设计的全部或者其中任何具有独创性的部分进行复制的权利。复制权是布图设计专有权人的一项最主要的权利,专有权人通过行使复制权,对布图设计进行进一步的利用,大批量地生产集成电路产品,从而获得经济利益。[①]《集成电路布图设计保护条例》(2001)将商业利用权表述为:布图设计权利人依法享有将受保护的布图设计、含有该布图设计的集成电路或者含有该集成电路的物品投入商业利用的权利,包括为商业目的进口、销售或者以其他方式提供的行为。

---

① 张耕主编:《知识产权法》,中国政法大学出版社2011年版,第320页。

(二) 集成电路布图设计权的行使

集成电路布图设计权的行使主要包括三种形式,权利人自己对布图设计进行复制和商业利用、将布图设计权进行转让,以及许可他人对布图设计进行复制和商业利用。

▶ 五、集成电路布图设计权的限制

为了平衡权利人与社会公众之间的利益,集成电路布图设计权受到一定的限制。《集成电路布图设计保护条例》(2001)对集成电路布图设计权规定了若干限制,包括合理使用、权利用尽、强制许可和善意购买。

(一) 合理使用

《集成电路布图设计保护条例》(2001)第23条规定,下列行为可以不经布图设计权利人的许可,不向其支付报酬:(1) 为个人目的或者单纯为评价、分析、研究、教学等目的而复制受保护的布图设计;(2) 在依据前项评价、分析受保护的布图设计的基础上,创作出具有独创性的布图设计;(3) 对自己独立创作的与他人相同的布图设计进行复制或者将其投入商业利用。

(二) 权利用尽

权利用尽,又称权利穷竭,是指受保护的布图设计、含有该布图设计的集成电路或者含有该集成电路的物品,由布图设计权利人或者经其许可投放市场后,他人再次商业利用的,可以不经布图设计权利人许可,并不向其支付报酬。这一规定的合理性在于消除了知识产权的专有性与商品自由流通的矛盾,保障了布图设计、含有该布图设计的集成电路或者含有该集成电路的物品的市场流通能够正常进行。①

(三) 强制许可

强制许可,又称非自愿许可,是指在国家出现紧急状态或者非常情况时,或者为了公共利益的目的,或者经人民法院、不正当竞争行为监督检查部门依法认定布图设计权利人有不正当竞争行为而需要给予补救时,国家知识产权局可以给予使用其布图设计的非自愿许可。取得使用布图设计非自愿许可的自然人、法人或者其他组织不享有独占的使用权,并且无权允许他人使用。取得使用布图设计非自愿许可的自然人、法人或者其他组织应当向布图设计权利人支付合理的报酬,其数额由双方协商。双方不能达成协议的,由国务院知识产权行政部门裁决。

(四) 善意购买

在获得含有受保护的布图设计的集成电路或者含有该集成电路的物品时,不知道也没有合理理由应当知道其中含有非法复制的布图设计,而将其投入商业利用的,不视为侵权。这一规定的合理性在于,鉴于布图设计极为复杂细微,一般经销商无法辨认自己所购买或销售的集成电路产品是否含有非法复制的集成电路,因此,

---

① 张玉敏主编:《知识产权法学》,法律出版社2011年版,第424页。

善意买方因"不知"而从事了布图设计的商业利用或复制的行为给予豁免,从而维护集成电路贸易的正常秩序。行为人得到其中含有非法复制的布图设计的明确通知后,可以继续将现有的存货或者此前的订货投入商业利用,但应当向布图设计权利人支付合理的报酬。

▶ 六、集成电路布图设计权的保护

(一) 保护期限

根据《集成电路布图设计保护条例》(2001)的规定,布图设计权的保护期限为10年,自布图设计登记申请之日或者在世界任何地方首次投入商业利用之日起计算,以较前日期为准。但是,无论是否登记或者投入商业利用,布图设计自创作完成之日起15年后,不再受本条例保护。

(二) 侵权行为

《集成电路布图设计保护条例》(2001)规定,未经布图设计权利人许可,复制受保护的布图设计的全部或者其中任何具有独创性的部分的,或为商业目的进口、销售或者以其他方式提供受保护的布图设计、含有该布图设计的集成电路或者含有该集成电路的物品的,属于侵犯布图设计权的行为,行为人必须立即停止侵权行为,并承担赔偿责任。

(三) 侵权责任

根据侵权类型和损害后果,布图设计侵权人应当承担的法律责任分为民事责任和行政责任。

侵害集成电路布图设计权的民事责任包括停止侵害和赔偿损失两种方式。损害赔偿数额为侵权人所获得的利益或者被侵权人所受到的损失,包括被侵权人为制止侵权行为所支付的合理开支。如不及时制止相关侵权行为,将会使权利人的合法权益受到难以弥补的损害的,《集成电路布图设计保护条例》(2001)第32条规定权利人可以在起诉前依法向人民法院申请采取责令停止有关行为和财产保全的措施。对于行政责任,《集成电路布图设计保护条例》(2001)第31条规定,国家知识产权局处理因侵权而引起的纠纷,认定侵权行为成立的,可以责令侵权人立即停止侵权行为,没收、销毁侵权产品或者物品。当事人不服的,可以自收到处理通知之日起15日内依照《行政诉讼法》(1990)向人民法院起诉。侵权人期满不起诉又不停止侵权行为的,国家知识产权局可以请求人民法院强制执行。

第二节　植物新品种权

▶ 一、概述

植物新品种是指经过人工培育的或者对发现的野生植物加以开发,具备新颖性、特异性、一致性和稳定性并有适当命名的植物品种。植物新品种分为农业植物新品种和林业植物新品种,包括粮食、棉花、烟草、桑树、茶树、果树、观赏植物、草本药材及木本油料、木本草药等植物品种。植物新品种的产生,来源于人们对植物的人工培育或对野生植物的开发。高产优质的植物新品种促进农林业科技创新,可以实现农林业的可持续发展,对于促进国民经济的健康发展和社会稳定具有极为重要的意义。培育植物新品种是一个相当复杂的过程,需要投入时间、资金和精力,而培育出来的植物新品种,却易于被人繁殖。因此,如果国家没有相应的法律制度保证培育者因其先前的投资获得合理回报,就无法鼓励人们培育更多的优良品种,也无法满足社会发展和人民生活的需要。

《专利法》(2008)第 25 条规定,植物品种不属于专利法的保护对象,但对其生产方法则授予专利权。为了保护植物新品种权,鼓励培育和使用植物新品种,促进农业、林业的发展,国务院制定了《植物新品种保护条例》,于 1997 年 10 月 1 日起施行。1999 年 4 月,中国加入了《国际植物新品种保护公约》1978 年文本,成为该联盟的第 39 个成员。随后,为进一步完善中国的植物新品种权制度,根据《国务院关于修改〈中华人民共和国植物新品种保护条例〉的决定》,2013 年 1 月 16 日国务院第 231 次常务会议通过新修改的《植物新品种保护条例》,自 2013 年 3 月 1 日起施行。为确保人民法院依法受理和公正审判植物新品种权纠纷案件,最高人民法院多次公布相应的司法解释,其中《关于审理侵犯植物新品种权纠纷案件具体应用法律问题的若干规定》(2007)对植物品种权纠纷案件的受理、管辖、诉讼主体等方面法律规定的应用作出了规定。

▶ 二、植物新品种权的取得

（一）取得条件

植物新品种权,亦称品种权,是指国家植物新品种权审批机关依照法律规定,赋予育种权人在一定期限内对其新品种所享有的独占权。植物新品种权要受到法律的保护,应具备以下法定的条件:

(1) 属于国家植物品种保护名录。申请品种权的植物新品种应当属于国家植物品种保护名录中列举的植物的属或者种。植物品种保护名录由审批机关确定和公布。

(2) 新颖性。授予品种权的植物新品种应当具备新颖性。新颖性,是指申请品种权的植物新品种在申请日前该品种繁殖材料未被销售,或者经育种者许可,在中国境内销售该品种繁殖材料未超过 1 年。在中国境外销售藤本植物、林木、果树和观赏树木品种繁殖材料未超过 6 年,销售其他植物品种繁殖材料未超过 4 年。

(3) 特异性。特异性是指申请品种权的植物新品种应当明显区别于在递交申请以前已知的植物品种。

(4) 一致性。一致性是指申请品种权的植物新品种经过繁殖,除可以预见的变异外,其相关的特征或者特性一致。

（5）稳定性。稳定性是指申请品种权的植物新品种经过反复繁殖后或者在特定繁殖周期结束时，其相关的特征或者特性保持不变。

（6）适当的名称。授予品种权的植物新品种应当具备适当的名称，并与相同或者相近的植物属或者种中已知品种的名称相区别。该名称经注册登记后即为该植物新品种的通用名称。但下列名称不得用于品种命名：仅以数字组成的；违反社会公德的；对植物新品种的特征、特性或者育种者的身份等容易引起误解的。

（二）取得程序

取得品种权必须经过申请、受理、审批程序，经主管部门批准后，才能取得植物新品种权。

（1）申请。中国的单位和个人申请品种权的，可以直接或者委托代理机构向审批机关提出申请。中国的单位和个人申请品种权的植物新品种涉及国家安全或者重大利益需要保密的，应当按照国家有关规定办理。外国人、外国企业或者外国其他组织在中国申请品种权的，应当按其所属国和中华人民共和国签订的协议或者共同参加的国际条约办理，或者根据互惠原则，依照《植物新品种保护条例》（2013）办理。申请品种权的，应当向审批机关提交符合规定格式要求的请求书、说明书和该品种的照片。申请文件应当使用中文书写。

（2）受理。审批机关收到申请文件后，符合规定的，应当予以受理，明确申请日，给予申请号，并自收到申请之日起1个月内通知申请人缴纳申请费。对不符合或者经修改仍不符合《植物新品种保护条例》（2013）的品种权申请，审批机关不予受理，并通知申请人。在中国，植物新品种权的审批机关为农业部和林业部。

（3）审查。植物品种权的审查分为两个阶段，分为初步审查和实质审查。初步审查包括审查植物品种是否属于保护名录列举的植物属或者种的范围；是否符合《植物新品种保护条例》（2013）第20条规定；是否符合新颖性的规定；植物新品种的命名是否适当等。审批机关应当自受理品种权申请之日起6个月内完成初步审查。对经初步审查合格的品种权申请，审批机关予以公告，并通知申请人在3个月内缴纳审查费。对经初步审查不合格的品种权申请，审批机关应当通知申请人在3个月内陈述意见或者予以修正；逾期未答复或者修正后仍然不合格的，驳回申请。申请人按照规定缴纳审查费后，审批机关对品种权申请的特异性、一致性和稳定性进行实质审查。实质审查主要依据申请文件和其他有关书面材料进行。审批机关认为必要时，可以委托指定的测试机构进行测试或者考察业已完成的种植或者其他试验的结果。

（4）授权和公告。对经实质审查符合规定的品种权申请，审批机关应当作出授予品种权的决定，颁发品种权证书，并予以登记和公告。对经实质审查不符合《植物新品种保护条例》（2013）规定的品种权申请，审批机关予以驳回，并通知申请人。如果申请人对审批机关的驳回申请的决定不服，申请人可以自收到通知之日起3个月内，向植物新品种复审委员会请求复审。植物新品种复审委员会应当自收到复审请求书之日起6个月内作出决定，并通知申请人。申请人对植物新品种复审委员会的决定不服的,可以自接到通知之日起 15 日内向人民法院提起诉讼。

▶ 三、植物新品种权的内容

根据《植物新品种保护条例》(2013)的规定,可以将植物新品种权的权利内容归纳为以下三项具体权利:

1. 独占权

完成育种的单位或者个人对其授权品种,享有排他的独占权。而独占权包含自己使用品种权和未经品种权所有人许可,禁止任何单位或者个人为商业目的生产或者销售授权品种的繁殖材料,为商业目的将该授权品种的繁殖材料重复使用于生产另一品种的繁殖材料的权利。

2. 转让权和许可使用权

品种权人可以转让植物新品种的申请权和品种权。但应遵守国家的法律规定。中国的单位或者个人就其在国内培育的植物新品种向外国人转让申请权或者品种权的,应当经审批机关批准。国有单位在国内转让申请权或者品种权的,应当按照国家有关规定报经有关行政主管部门批准。转让申请权或者品种权的,当事人应当订立书面合同,并向审批机关登记,由审批机关予以公告。

3. 名称标记权

标记权是指,植物品种权人有权在授权品种的包装上标明植物品种权标记的权利,如授权时间、品种权申请号、品种权号、品种的名称、品种权人的名称。①

▶ 四、植物新品种权的限制

植物作为人类衣食住行的重要原料来源,与人类的生存和发展息息相关。因此,各国在保护植物新品种的品种权人权利的同时,无不基于社会公共利益的目的,对品种权人的权利给予一定的限制。② 《植物新品种保护条例》(2013)对品种权人的专有权规定了以下两个方面的限制。

1. 合理使用

利用授权品种进行育种及其他科研活动和农民自繁自用授权品种的繁殖材料使用授权品种时,可以不经品种权人许可,不向其支付使用费,但是不得侵犯品种权人享有的其他权利。因科研的需要,对品种权人的权利进行合理使用的限制为植物育种的后续研发提供了方便,减少了后续研发的成本和阻碍。③ 而农民自繁自用授权品种的繁殖材料,即农民特权,存在的合理性在于,历代农民长期在选种、育种中付出辛勤劳动,没有他们的贡献,植物新品种无法得以培育。因此有必要在保障品种权人的权利的同时,允许农民自己繁殖自己使用授权品种的繁殖材料,同时为无

---

① 张耕主编:《知识产权法》,中国政法大学出版社 2011 年版,第 340 页。
② 冯晓青主编:《知识产权法》,中国政法大学出版社 2010 年版,第 461 页。
③ 张玉敏主编:《知识产权法学》,法律出版社 2011 年版,第 415 页。

力购买新种子的贫困农民开启了生存之道,从而体现平衡品种权人的权利和社会公共利益的原则。

2. 强制许可使用

为了国家利益或者公共利益的需要;品种权人无正当理由自己不实施,又不许可他人以合理条件实施的;对重要农作物品种,品种权人虽已实施,但明显不能满足国内市场需求,又不许可他人以合理条件实施的,审批机关可以作出实施植物新品种强制许可的决定,并予以登记和公告。取得实施强制许可的单位或者个人应当付给品种权人合理的使用费,其数额由双方商定。双方不能达成协议的,由审批机关裁决。品种权人对强制许可决定或者强制许可使用费的裁决不服的,可以自收到通知之日起3个月内向人民法院提起诉讼。

▶ 五、植物新品种权的期限、终止和无效

植物新品种权的保护期限是自授权之日起,藤本植物、林木、果树和观赏树木为20年,其他植物为15年。

有下列情形之一的,植物新品种权在其保护期限届满前终止:(1)品种权人以书面声明放弃品种权的;(2)品种权人未按照规定缴纳年费的;(3)品种权人未按照审批机关的要求提供检测所需的该授权品种的繁殖材料的;(4)经检测该授权品种不再符合被授予植物新品种权时的特征和特性的。品种权的终止,由审批机关登记和公告。

自审批机关公告授予植物新品种权之日起,植物新品种复审委员会可以依据职权或者依据任何单位或者个人的书面请求,对不符合《植物新品种保护条例》(2013)相关规定的植物新品种权,宣告其无效。宣告植物新品种权无效的决定,由审批机关登记和公告,并通知当事人。对植物新品种复审委员会的决定不服的,可以自收到通知之日起3个月内向人民法院提起诉讼。被宣告无效的植物新品种权视为自始不存在。

▶ 六、侵犯植物新品种权的行为及法律责任

根据《植物新品种保护条例》(2013)的规定,侵犯植物新品种权的行为主要包括:(1)未经品种权人许可,以商业目的生产或者销售授权品种的繁殖材料的行为;(2)假冒授权品种的行为;(3)销售授权品种未使用其注册登记的名称的行为。

侵犯植物新品种权的,行为人应当根据具体情况,分别承担民事责任、行政责任和刑事责任:

(1)民事责任。人民法院审理侵犯植物新品种权纠纷案件,应当依照《民法通则》(2009)第134条的规定,结合案件具体情况,判决侵权人承担停止侵害、赔偿损失等民事责任。人民法院可以根据被侵权人的请求,按照被侵权人因侵权所受损失或者侵权人因侵权所得利益确定赔偿数额。被侵权人请求按照植物新品种实施许

可费确定赔偿数额的,人民法院可以根据植物新品种实施许可的种类、时间、范围等因素,参照该植物新品种实施许可费合理确定赔偿数额。依照前述规定难以确定赔偿数额的,人民法院可以综合考虑侵权的性质、期间、后果,植物新品种实施许可费的数额,植物新品种实施许可的种类、时间、范围及被侵权人调查、制止侵权所支付的合理费用等因素,在50万元以下确定赔偿数额。

(2) 行政责任。未经品种权人许可,以商业目的生产或者销售授权品种的繁殖材料的,品种权人或者利害关系人可以请求省级以上人民政府农业、林业行政部门依据各自的职权进行处理。省级以上人民政府农业、林业行政部门根据当事人自愿的原则,对侵权所造成的损害赔偿可以进行调解。调解达成协议的,当事人应当履行;调解未达成协议的,品种权人或者利害关系人可以依照民事诉讼程序向人民法院提起诉讼。省级以上人民政府农业、林业行政部门依据各自的职权处理品种权侵权案件时,为维护社会公共利益,可以责令侵权人停止侵权行为,没收违法所得和植物品种繁殖材料;货值金额5万元以上的,可处货值金额1倍以上5倍以下的罚款;没有货值金额或者货值金额5万元以下的,根据情节轻重,可处25万元以下的罚款。

假冒授权品种的,由县级以上人民政府农业、林业行政部门依据各自的职权责令停止假冒行为,没收违法所得和植物品种繁殖材料;货值金额5万元以上的,处货值金额1倍以上5倍以下的罚款;没有货值金额或者货值金额5万元以下的,根据情节轻重,处25万元以下的罚款。省级以上人民政府农业、林业行政部门依据各自的职权在查处品种权侵权案件和县级以上人民政府农业、林业行政部门依据各自的职权在查处假冒授权品种案件时,根据需要,可以封存或者扣押与案件有关的植物品种的繁殖材料,查阅、复制或者封存与案件有关的合同、账册及有关文件。

销售授权品种未使用其注册登记的名称的,由县级以上人民政府农业、林业行政部门依据各自的职权责令限期改正,可以处1000元以下的罚款。

(3) 刑事责任。假冒授权品种情节严重,构成犯罪的,依法追究刑事责任。县级以上人民政府农业、林业行政部门的及有关部门的工作人员滥用职权、玩忽职守、徇私舞弊、索贿受贿,构成犯罪的,依法追究刑事责任;尚不构成犯罪的,依法给予行政处分。

第三节　地理标志权

▶ 一、概述

(一) 地理标志

地理标志是《商标法》(2013)中的术语,是指指示某商品来源于某地区,该商品的特定质量、信誉或其他特征,主要由该地区的自然因素或人文因素所决定的标志。

在中国地理标志和原产地名称系同义语。① 根据以上定义,地理标志具有如下特征:(1) 地理标志是一种重要的商品来源指示器、商品质量指示器和集体利益的指示器,蕴藏着巨大的商业价值。(2) 地理标志标明商品或服务的真实来源地。(3) 地理标志并不是纯地理概念,而是表明商品特有的品质,并和特定地区的自然因素或人文因素有极为密切的联系。(4) 地理标志不归属于某一特定企业或者个人单独享有,而是属于某特定产地所有生产同类产品的、或是提供类似服务的企业或者个人共同享有。

(二) 地理标志权

地理标志权是指特定地域范围内某些同类商品的经营者,对其产地名称所享有的专有性权利。地理标志本身虽然不具有知识的创造性,但这并不影响地理标志权所内含的经济价值。特定地理区域内的自然或人文因素影响消费者选购商品或服务的心理,在同类商品的竞争中因其所在的地理区域因素,往往处于优势地位。这种竞争的优势,无疑给生产者带来商业信誉和巨大的财富。② 地理标志的专有性体现在由特定区域范围内的经营者共同使用,而其他地区同类商品的经营者则不得使用该地理标志。地理标志权是附属于特定区域的自然因素或人文因素的权利。

地理标志权是一种特殊的知识产权,它并不完全具备知识产权权利的基本特征。地理标志权的特殊性体现在以下几个方面:(1) 地理标志权是一种集体性权利。地理标志是基于商品产地的自然条件和生产者的集体智慧而形成。利益分享是地理标志权的一个显著特征。该权利只能归某一特定地区内生产者们的集体共有。该权利由特定地理区域内每一个"适格"的生产者分享,而不可被原产地任何单个生产者独占所有。(2) 地理标志权具有永久性。不同于著作权、商标权或专利权中的财产权有时间限制,保护期限届满,该智力成果就会进入公共领域,成为人类共同财富,不再受到法律保护。地理标志没有保护期限,只要地理标志产品的质量、声誉或其他特征与该地理区域的自然、人文因素之间的关系不变,该项权利无保护期限的限制,是一项永久的权利。(3) 地理标志权具有不可转让性。使用地理标志的任何生产经营者都不得转让或许可他人使用,这是由于权利客体即地理标志的本源性所决定。倘若允许地理标志转让使用,即会造成商品地域来源的混淆,扰乱社会经济秩序,从而也就丧失了地理标志的本来功能与作用。③

(三) 与地理标志相似的概念

与地理标志相似的概念是货源标记和商标。这些术语都属于识别性标记,可用于识别商品或服务的不同来源(产地)或可帮助不同需求的消费者挑选商品或服务。

---

① 吴汉东主编:《知识产权法》,北京大学出版社2012年版,第344页。
② 王锋主编:《知识产权法学》,郑州大学出版社2010年版,第330页。
③ 王莲峰:《地理标志的法律保护》,载《郑州大学学报(哲学社会科学版)》2003年第5期,第67页。

1. 地理标志与货源标记

地理标志与货源标记的共同点是都属于识别性标记,都是表明产品原产地的重要因素。但两者存在显著区别:(1)货源标记只证明商品出处或产地来源,不代表产品具有某种特定质量或品质。而地理标志则不仅证明商品从何而来,更能表示和保证商品的特有品质、信誉或其他特征。(2)使用范围不同。地理标志主要使用于农产品、食品、手工艺品等,很少用于工业品。而货源标记的使用范围则没有限制。(3)作用不同。地理标志便于消费者识别、选择质优商品,有利于保护地理标志权利人的权益,给他们带来巨大的经济利益;货源标记则主要用于国际贸易,在商品上标注货源标记,便于确定商品原产地、征收关税、执行数量限制等非关税措施等。(4)构成要素不同。构成地理标志的地理区域的名称可以是一个国名,也可以是国家的一个行政区域,甚至可以为更小的特定地点的名称。而货源标记的地域范围比地理标志大,如"中国制造""上海制造"等。(5)权利属性不同。地理标志具有财产权属性,是特定地域内符合使用条件的生产商、经营者享有的一项集体权利。而货源标记则不具有财产权性质,不能被特定主体注册和持有。

2. 地理标志与商标

地理标志与商标都具有质量表示功能,都可以起到指示、区别不同商品生产者和服务提供者的功能,都受到知识产权的保护。但两者也有一定的区别:(1)构成要素不同。地理标志一般是由特定地域的名称和商品名称组合而成,可以使用一国国家名称或其他地方、地区或场所名称。但按照商标显著性要求,商标通常不得使用地名,尤其是县级以上行政区划的地名或者公众知晓的外国地名。(2)区别商品来源的功能不同。商标区别的是同一类商品的生产经营者或服务提供者。而地理标志表示的是商品来源地,本身并不区别具体的每个商品生产者,即同一产地的不同生产者可以使用相同的地理标志,但往往使用的不是相同的商标。(3)权利主体不同。地理标志权是产品生产的地理区域内的所有生产商的集体权利,主体具有广泛性,权利具有公有性。而商标专有权的主体则是单个的自然人、法人或其他组织。(4)权利内容不同。法律保护商标注册人独占性使用其注册商标,同时允许权利人转让或许可他人使用其商标,禁止任何第三人未经许可使用他人注册商标的行为。而地理标志既不能许可他人使用,也不能转让,只能由该地域内的人共同使用。[①] 除此之外,地理标志与商标在其适用范围、权利的保护期限、权利的取得方式等方面存在诸多差异。

▶ 二、中国对地理标志的法律保护体系

中国历史悠久,地域辽阔,经过世世代代的努力和智慧,培育出无数具有地方特色的名优特产,如吐鲁番葡萄、景德镇瓷器、宜兴紫砂等。建立地理标志保护法律制度

---

① 吴汉东主编:《知识产权法学》,北京大学出版社2011年版,第354页。

对开发和拓展中国农业综合功能,保护资源和环境,实现我国经济、社会可持续发展具有重要的意义。目前,中国对地理标志的保护采用的是以《商标法》(2013)为主,《反不正当竞争法》(1993)、《产品质量法》(2009)、《消费者权益保护法》(2013)等特别法与地理标志相关的部门规章和规范性文件相结合的地理标志多重保护制度。

(一) 与地理标志相关的法律

地理标志作为一项特殊的知识产权类型被纳入商标法的保护体系,其制度设计基本实现了以下功能:

(1) 原则上禁止产地以外的生产经营者在其生产经营的商品或服务上使用地理标志。《商标法》(2013)第16条规定,商标中有商品的地理标志,而该商品并非来源于该标志所标示的地区,误导公众的,不予注册并禁止使用;但是,已经善意取得注册的继续有效。

(2) 以集体商标或证明商标的形式对地理标志进行保护。《商标法实施条例》(2014)第4条规定:"商标法第16条规定的地理标志,可以依照商标法和本条例的规定,作为证明商标或者集体商标申请注册。以地理标志作为证明商标注册的,其商品符合使用该地理标志条件的自然人、法人或者其他组织可以要求使用该证明商标,控制该证明商标的组织应当允许。以地理标志作为集体商标注册的,其商品符合使用该地理标志条件的自然人、法人或者其他组织,可以要求参加以该地理标志作为集体商标注册的团体、协会或者其他组织,该团体、协会或者其他组织应当依据其章程接纳为会员;不要求参加以该地理标志作为集体商标注册的团体、协会或者其他组织的,也可以正当使用该地理标志,该团体、协会或者其他组织无权禁止。"除了《商标法》(2013)及其实施条例对地理标志的专门保护外,《反不正当竞争法》(1993)第5条和第9条、《消费者权益保护法》(2013)第8条和第20条、《产品质量法》(2009)第5条和第53条、《农业法》(2012)第23条,也为地理标志提供了法律保护。这些法律并不是从保护地理标志的角度,而是从保护生产者和消费者的角度对产品产地进行规范,这些产品产地当然包括了产品的地理标志。①

(二) 与地理标志相关的部门规章、规范性文件

与地理标志相关的部门规章、规范性文件包括:

(1)《集体商标、证明商标注册和管理办法》(2003)。这是由国家工商行政管理总局发布的部门规章,主要规定了地理标志作为集体商标、证明商标注册的申请和受理。同时,为更好地履行 TRIPs 协议中有关葡萄酒和烈酒地理标志的额外保护规定,该管理办法特别规定了多个葡萄酒地理标志构成同音字或者同形字的,在这些地理标志能够彼此区分且不误导公众的情况下,每个地理标志都可以作为集体商标或者证明商标申请注册等条款。

(2)《地理标志产品保护规定》(2005)。这是国家质量监督检验检疫总局颁布

---

① 冯晓青主编:《知识产权法》,中国政法大学出版社2010年版,第489页。

的部门规章,目的在于有效保护中国的地理标志产品,规范地理标志产品名称和专用标志的使用,保证地理标志产品的质量和特色。

(3)《农产品地理标志管理办法》(2007)。农业部为了规范农产品地理标志的使用,保证地理标志农产品的品质和特色,提升农产品市场竞争力,对农产品地理标志的登记、使用、监督管理作出了详细规定。

(三)我国地理标志双轨制保护模式存在的冲突

目前,中国对地理标志的保护采取的是国家质量监督检验检疫总局的地理标志保护和商标局的商标保护两个部门、两种保护模式并行的模式。[1] 商标局承担与地理标志相关商标的注册和管理工作;国家质检总局对地理标志产品实施保护,负责对原产地域产品保护的申请进行审核和注册登记管理工作。

由于国家工商行政管理总局商标局与国家质检总局在地理标志保护方面依据的法规不同,审查标准各异,互相之间又缺乏必要的交流,两种并行的保护机制之间存在着冲突和矛盾。以地理标志认证程序为例,国家工商行政管理总局对地理标志集体商标、证明商标进行登记注册,由集体商标、证明商标所有人对地理标志的使用实施认证。国家质检总局对地理标志产品进行行政审批,由各地方的质检部门对地理标志产品专用标志的使用进行认证。认可机构不同形成了不同的认证程序,最终导致地理标志的使用人为了保证自己的使用权不存在瑕疵,要通过2个认证程序来分别取得地理标志的使用权。如果申请地理标志产品保护登记的申请人,未经证明商标或集体商标注册人授权,便将已被核准为证明商标或集体商标的地理标志与特定地区的特定产品连接,申请地理标志产品保护,只要该申请符合地理标志产品保护的登记条件,就可以被批准登记。在此情形下,对商标的权利人可能形成实质性的损害。[2]

三、地理标志侵权行为及法律责任

(一)侵权行为

各地质检机构依法对地理标志保护产品实施保护。根据《地理标志产品保护规定》(2005),侵犯地理标志权的行为包括:擅自使用或伪造地理标志名称及专用标志的;不符合地理标志产品标准和管理规范要求而使用该地理标志产品的名称的;或者使用与专用标志相近、易产生误解的名称或标识及可能误导消费者的文字或图案标志,使消费者将该产品误认为地理标志保护产品的行为。质量技术监督部门和出入境检验检疫部门将依法进行查处。

另外,《反不正当竞争法》(1993)是从禁止虚假表示或虚假宣传的角度保护地理标志,将伪造产地,对商品质量作引入误解的虚假表示作为一种不正当竞争行为

---

[1] 冯晓青主编:《知识产权法》,中国政法大学出版社2010年版,第486页。
[2] 吴彬:《我国地理标志法律保护模式的冲突与完善措施》,载《华中农业大学学报》(社会科学版) 2011年第4期,第111、113页。

加以禁止。除此之外,《消费者权益保护法》(2013)也将伪造、冒用商品的产地的行为列为违法行为。

(二) 法律责任

由于中国对地理标志权的保护采用的是分散制立法模式,所以,地理标志侵权行为法律后果的设置也呈分散状态①,侵犯地理标志权将承担民事责任和行政责任,具体规定有《产品质量法》(2009)第 53 条、《消费者权益保护法》(2013)第 50 条、《反不正当竞争法》(1993)第 21 条等。行政责任包括警告、责令改正、没收违法生产或销售的产品、罚款、没收违法所得、责令停业整顿、吊销营业制造。民事责任则包括停止侵害、赔偿损失。

第四节 商 号 权

一、概述

(一) 商号

商号,又称企业名称、厂商名称,是法人或者其他组织进行民商事活动时用于标识自己并区别于他人的标记。② 商号是生产经营者的营业标志,体现着特定的企业的商业信誉和服务质量,一个商号如果被市场认可,就可以产生良好的商业信誉,对于信誉好的企业,其名称或标志对消费者有着巨大的吸引力,是企业重要的无形财产。③

商号与商标作为企业的一种无形财产,都是企业在从事营业活动中使用的标识,都具有一定的识别功能和经济价值。但商号和商标在以下方面存在区别:(1) 两者附着的载体不同,具有不同的标示功能。商号附着于生产经营者,通过商号,人们可以辨识不同的生产经营者;商标是使用在商品上的标记,消费者通过商标区别相同商品或服务的不同提供者。(2) 一个生产经营者只能有一个商号,但可以有多个商标使用在其生产经营的商品上。(3) 商号的构成要素只能为文字,而商标则可以由文字、图形、字母、三维标志、颜色组合或声音等组合而成。此外,生产经营者对其商号必须进行核准登记才能在工商活动中使用,而商标不一定要登记注册。

(二) 商号权

商号权是指企业对自己使用或注册的商号依法享有的专有权。商号具有识别不同的生产经营者或服务提供者的功能,体现着企业的商业信誉和服务质量。一项积累较好的声誉,获得社会公众信赖的商号能为企业带来巨大的经济利益,商号本身具有无形财产权的性质,需要从法律上予以保护。商号权主体,是依法设立的商

---

① 王锋主编:《知识产权法学》,郑州大学出版社 2010 年版,第 335 页。
② 曹新明主编:《知识产权法学》,中国人民大学出版社 2011 年版,第 251 页。
③ 吴汉东主编:《知识产权法学》,北京大学出版社 2011 年版,第 370 页。

事主体。不从事商事活动的机关、团体、个人不能成为商号权的主体;而虽从事商品生产经营活动,但未取得独立的商事主体的资格者,如公司的分支机构,也不能成为商号权主体。商号权的客体,是依法核准注册企业名称中的商号。

商号权属于知识产权的保护对象,具有知识产权的某些共同特征,例如,客体的非物质性、权利的专有性、地域性等。但与其他知识产权相比较,商号权具有以下自身的特点:(1)商号权的效力一般仅及于登记主管机关的行政管理范围。相对商标权与专利权受到全国范围保护而言,商号权仅在其有效登记的范围内享有排他性的专有权。(2)权利的永久性。商号权具有一般人格权的某些属性,无法定的保护期限。商号与企业共存亡,只要企业存在,其商号权就得以继续存在。①

二、商号权的取得

有关商号权的取得,国内立法主要集中在《企业名称登记管理规定》(2012)以及《企业名称登记管理实施办法》(2004)中。这两部规范性法律文件对企业名称的申请、受理、核准作了详细规定。

（一）取得方式

在中国,商号权的取得采取登记生效主义。《企业名称登记管理规定》(2012)第3条规定,企业名称在企业申请登记时,由企业名称的登记主管机关核定。企业名称经核准登记注册后方可使用,在规定的范围内享有专用权。

（二）取得条件

《企业名称登记管理规定》(2012)规定,企业名称应当由以下部分依次组成:字号(或者商号)、行业或经营特点、组织形式。企业名称应当冠以企业所在地省(包括自治区、直辖市)或者市(包括州)或者县(包括市辖区)行政区划名称。经国家工商行政管理局核准,下列企业的企业名称可以不冠以企业所在地行政区划名称:(1)全国性公司、国务院或其授权的机关批准的大型进出口企业、国务院或其授权的机关批准的大型企业集团、国家工商行政管理局规定的其他企业;(2)历史悠久、字号驰名的企业;(3)外商投资企业。企业名称应当使用汉字,民族自治地方的企业名称可以同时适用本民族自治地方通用的民族文字。企业使用外文名称的,其外文名称应当与中文名称相一致,并报登记主管机关登记注册。

《企业名称登记管理规定》(2012)第9条对企业名称不得含有的内容和文字进行了明确规定,包括:(1)有损于国家、社会公共利益的;(2)可能对公众造成欺骗或者误解的;(3)外国国家(地区)名称、国际组织名称;(4)政党名称、党政军机关名称、群众组织名称、社会团体名称及部队番号;(5)汉语拼音字母(外文名称中使用的除外)、数字;(6)其他法律、行政法规规定禁止的。

（三）取得程序

企业向企业名称的登记主管机关申请商号。在中国,企业名称的登记主管机关

---

① 吴汉东主编:《知识产权法》,北京大学出版社2012年版,第363页。

是国家工商行政管理总局和地方各级工商行政管理局。登记主管机关应当在收到企业提交的预先单独申请企业名称登记注册的全部材料之日起,10日内作出核准或者驳回的决定。登记主管机关核准预先单独申请登记注册的企业名称后,核发《企业名称登记证书》。申请登记注册的企业名称与下列情况的企业名称相同或者近似的,登记主管机关不予核准:(1)企业被撤销未满3年的;(2)企业营业执照被吊销未满3年的;(3)企业因其他原因办理注销登记未满1年的。

两个以上企业向同一登记主管机关申请相同的符合规定的企业名称,登记主管机关依照申请在先原则核定。属于同一天申请的,应当由企业协商解决;协商不成的,由登记主管机关作出裁决。两个以上企业向不同登记主管机关申请相同的企业名称,登记主管机关依照受理在先原则核定。属于同一天受理的,应当由企业协商解决。协商不成的,由各登记主管机关报共同的上级登记主管机关作出裁决。

对登记主管机关根据《企业名称登记管理条例》(2012)作出的具体行政行为不服的,当事人可以在收到通知之日起15日内向上一级登记主管机关申请复议。上级登记主管机关应当在收到复议申请之日起30日内作出复议决定。对复议决定不服的,可以依法向人民法院起诉。逾期不申请复议,或者复议后拒不执行复议决定,又不起诉的,登记主管机关可以强制更改企业名称,扣缴企业营业执照。

▶ 三、商号权的内容

(一)设定权

设定权是指民商事主体享有依法决定其商号的权利,但商号的构成应当符合法律规定。《企业名称登记管理规定》(2012)第9条的规定对商号不得含有的内容和文字进行了明确规定。

(二)专有使用权

商号使用权是指商号权人对其商号享有独占使用的权利。根据《企业名称登记管理规定》(2012),企业只准使用一个名称,在登记主管机关辖区内不得与已登记注册的同行业企业名称相同或者近似。确有特殊需要的,经省级以上登记主管机关核准,企业可以在规定的范围内使用一个从属名称。同时,《反不正当竞争法》(1993)禁止擅自使用他人的企业名称或者姓名,引人误认为是他人的商品的不正当竞争行为。

(三)转让权

商号权具有一定的财产属性,可以予以转让。根据《企业名称登记管理规定》(2012)第23条的规定,企业名称可以随企业或者企业的一部分一并转让。企业名称只能转让给一户企业。企业名称的转让方与受让方应当签订书面合同或者协议,报原登记主管机关核准。企业名称转让后,转让方不得继续使用已转让的企业名称。

(四)许可使用权

许可使用权是商事主体将商号使用权的部分或全部让与他人的行为。使用人通过使用许可协议在特定范围内使用商号。商号许可使用合同应采取书面形式并经登记主管机关登记后生效。商号许可的效力是被许可人通过一定的条件获得他人商号的部分使用权，而原商号权人仍然保留商号的专有权。一些连锁经营、特许经营模式中也存在商号许可使用的情况。

▶ 四、商号权的法律保护

《民法通则》(2009)、《反不正当竞争法》(1993)、《公司法》(2013)、《消费者权益保护法》(2013)和《企业名称登记管理规定》(2012)等多部法律、行政法规形成了商号权的法律保护体系。

(一)《民法通则》

《民法通则》(2009)第99条第2款规定："法人、个体工商户、个人合伙享有名称权。企业法人、个体工商户、个人合伙有权使用、依法转让自己的名称。"第120条规定，当姓名权或名称权受到侵害时，公民或个人有权要求停止侵害、恢复名誉、消除影响，并可以要求赔偿损失。法人的名称权、名誉权、荣誉权受到侵害的，适用上述规定。

(二)《反不正当竞争法》

《反不正当竞争法》(1993)第5条第3项规定，擅自使用他人的企业名称或姓名，引人误认为是他人的商品的行为是不正当竞争行为。对此违法行为，该法第20条规定，经营者违反相关规定实施的行为给被侵害的经营者造成损害的，应当承担损害赔偿责任，被侵害的经营者的损失难以计算的，赔偿额为侵权人在侵权期间所获得的利润，并应当承担被侵害的经营者因调查该经营者侵害其合法权益的不正当竞争行为所支付的合理费用；第21条第1款规定可依照《商标法》(2013)、《产品质量法》(2009)的规定给予处罚。

(三) 其他专门法的保护

(1)《企业名称登记管理规定》(2012)第3条规定，企业法人申请登记注册的名称由登记主管机关核定，经核准登记注册后在规定的范围内享有专用权。第27条规定，擅自使用他人已经登记注册的企业名称或者有其他侵犯他人企业名称专用权行为的，被侵权人可以向侵权人所在地登记主管机关要求处理。登记主管机关有权责令侵权人停止侵权行为，赔偿被侵权人因该侵权行为所遭受的损失，没收非法所得并处以5,000元以上、5万元以下罚款。对侵犯他人企业名称专用权的，被侵权人也可以直接向人民法院起诉。

(2)《产品质量法》(2009)第5条规定，禁止伪造产品的产地，伪造或者冒用他人的厂名、厂址。该法第30条、第37条还分别规定了生产者以及销售者不得伪造产地，不得伪造或者冒用他人的厂名、厂址。第53条对违反上述规定的行为设定了罚则：责令改正，没收违法生产、销售的产品，并处违法生产、销售产品货值金额等值以下的罚款；有违法所得的，并处没收违法所得；情节严重的，吊销营业执照。

（3）《消费者权益保护法》(2013)第21条规定,经营者应当标明其真实名称和标记,租赁他人柜台或者场地的经营者,应标明其真实名称和标记。根据该法第56条的规定,若经营者伪造产品的产地,伪造或者冒用他人的厂名、厂址的,除承担相应的民事责任外,其他有关法律、法规对处罚机关和处罚方式有规定的,依照法律、法规执行;法律、法规未作规定的,由工商行政管理部门或者其他有关行政部门责令改正,可以根据情节单处或者并处警告、没收违法所得、处以违法所得1倍以上10倍以下的罚款,没有违法所得的,处以50万元以下的罚款;情节严重的,责令停业整顿、吊销营业执照。

第五节 商业秘密权

▶ 一、商业秘密

商业秘密是指不为公众所知悉、能为权利人带来经济利益、具有实用性并经权利人采取保密措施的技术信息和经营信息。

根据上述对商业秘密作出的定义,可以得出商业秘密的特征包括:

（1）秘密性。秘密性是商业秘密区别于其他知识产权客体的显著特征。商业秘密的"秘密性"是相对的概念,根据最高人民法院《关于审理不正当竞争民事纠纷案件适用法律若干问题的解释》(2007)的规定,如果有关信息不为其所属领域的相关人员普遍知悉和容易获得即认为具有"秘密性"。

（2）价值性。价值性是某项技术信息或经营信息能为持有者带来经济利益或竞争优势。如果能够使企业节省开支、降低成本、提高产品质量,或者实现保护环境、安全生产的功效,并能为企业创造利润、增强或保持企业的竞争优势、竞争对手愿意投资去获取相关信息等时,认为该项技术或信息具有价值。[①]

（3）保密性。保密性是指权利人对技术信息或经营信息采取了适当、合理的保密措施。秘密性是商业秘密最本质的特征。权利人为防止信息泄露所采取的保密措施是与其商业价值等具体情况相适用的合理保护措施。显然没有万无一失的保密措施,法律仅要求在当时、当地条件下采取的保密措施合理即可。

▶ 二、商业秘密权

商业秘密权是指商业秘密的权利人依法享有的通过其商业秘密获取商业利益和竞争优势,并排除他人非法侵害的权利。商业秘密权依附于商业秘密存在的,法律赋予当事人对商业秘密的支配权利。[②]

商业秘密与专利权、商标权等传统的知识产权相比,是人类智力活动的产物,属

---

① 曹新明主编:《知识产权法学》,中国人民大学出版社2011年版,第238页。
② 王锋主编:《知识产权法学》,郑州大学出版社2010年版,第380页。

于无形的财产权等方面具有共性。但在以下方面存在区别于传统知识产权的特征:

(1) 专利权、商标权等传统的知识产权的权利人是以向社会公开其智力成果而换取法律赋予的专有权。与之相反,商业秘密权的存在取决于商业秘密的保密,一旦被公开则丧失权利。

(2) 商业秘密权没有保护期限的限制。只要未曾泄密,商业秘密权受法律保护。

(3) 权利的排他性含义不同。专利权、商标权、著作权等一旦被授予后,权利人享有独占权。而商业秘密不具有严格意义上的独占性,权利人无权排斥他人以正当手段,如反向工程等,破解商业秘密。①

在中国,商业秘密权的保护散见于《反不正当竞争法》(1993)、《合同法》(1999)、《民事诉讼法》(2012)、《刑法》(1997)及其他相关的行政法规、部门规章和司法解释中。

三、侵犯商业秘密的行为

(一) 非法获取他人的商业秘密

《反不正当竞争法》(1993)第10条第1款规定非法获取的手段包括盗窃、利诱、胁迫或者其他不正当方式。所谓"盗窃"就是指行为人以非法占有为目的,以秘密的方式窃取他人商业秘密的行为。由于商业秘密的无形性,中国刑法上并没有将盗窃商业秘密行为规定为一般意义上的盗窃财产犯罪,而是规定为侵犯商业秘密罪,作为侵犯知识产权罪之一种。所谓"利诱"是指行为人通过向掌握或了解商业秘密的有关人员提供财物或提供优厚的工作待遇或某种利益承诺,从而获取他人商业秘密的行为。这里的"掌握或了解商业秘密的有关人员"包括内部人(即雇员)或者知情人(即负有保密义务的人),利诱的方式必须以内部人或知情人的参与为条件,否则将不属于利诱方式的侵权行为。所谓"胁迫"是指行为人直接对商业秘密持有人或者其雇员、或者其亲属的生命、健康、荣誉、名誉、财产等实施损害为要挟,迫使持有人或者其雇员提供商业秘密的行为。其他不正当手段是指行为人采取盗窃、利诱、胁迫手段之外的不正当手段,违背商业秘密权利人的意愿获取权利人的商业秘密的行为。如现实中以所谓洽谈业务、合作开发、学习取经以及技术贸易谈判为幌子套取权利人的商业秘密。②

(二) 披露、使用或者允许他人使用以上述手段获取的权利人的商业秘密

"披露"是指公开散布不正当获取的商业秘密。商业秘密一旦被公开,必将损害商业秘密权利人的权益。"使用"是指行为人将自己非法获取的商业秘密用于生产或经营。"允许他人使用"是指行为人将非法获取的商业秘密以有偿或无偿的方式

---

① 孙国瑞主编:《知识产权法学》,知识产权出版社2012年版,第200页。
② 丁丽瑛主编:《知识产权法》,厦门大学出版社2009年版,第348页。

提供或转让给他人使用。①

（三）违反约定或者违反权利人有关保守商业秘密的要求，披露、使用或允许他人使用其所掌握的商业秘密

尽管通过合法的途径获得了商业秘密，但因与商业秘密的权利人有合同关系或雇佣关系，有义务对其所掌握的商业秘密进行保密。违反明示或默示的保密义务，公开商业秘密，或者违反约定使用或允许他人使用商业秘密，属于侵犯权利人商业秘密权的行为。《合同法》(1999)第43条规定："当事人在订立合同过程中知悉的商业秘密，无论合同是否成立，不得泄露或者不正当地使用。泄露或者不正当地使用该商业秘密给对方造成损失的，应当承担损害赔偿责任。"此外，《合同法》(1999)第60条以及涉及"技术转让合同"的《合同法》(1999)第324条、第348条、第350条至第352条等对合同关系中的商业秘密保密义务都有明确规定。

（四）第三人明知或应知侵犯商业秘密的违法行为，获取、使用或者披露权利人的商业秘密

尽管第三人没有直接侵犯商业秘密，但明知或应知他人的侵犯商业秘密的行为，仍然获取、使用或再披露的，被视为侵犯商业秘密。如果第三人主观上不存在故意或过失，即不知道或没有理由知道他人侵犯了商业秘密，则不构成侵权。

▶ 四、侵犯商业秘密的法律责任

侵犯商业秘密的法律责任包括民事责任、行政责任和刑事责任。

（一）民事责任

商业秘密的权利人可以直接通过法院诉讼的方式维护自己的权利。根据《反不正当竞争法》(1993)第20条的规定，经营者实施侵犯商业秘密的行为给被侵害的经营者造成损害的，应当承担损害赔偿责任，被侵害的经营者的损失难以计算的，赔偿额为侵权人在侵权期间所获得的利润，并应当承担被侵害的经营者因调查该经营者侵害其合法权益的不正当竞争行为所支付的合理费用。

（二）行政责任

侵犯商业秘密的行为不仅会直接侵犯商业秘密权利人的合法权益，还扰乱了公平竞争的市场秩序。行政机关有责任维护正常的市场秩序。

《反不正当竞争法》(1993)规定各级人民政府都有采取措施制止不正当竞争行为的义务。侵犯商业秘密行为的认定处理由县级以上工商行政管理机关进行。权利人（申请人）认为其商业秘密受到侵害，向工商行政管理机关申请查处侵权行为时，应当提供商业秘密及侵权行为存在的有关证据。被检查的单位和个人（被申请人）及利害关系人、证明人，应当如实向工商行政管理机关提供有关证据。

权利人能证明被申请人所使用的信息与自己的商业秘密具有一致性或者相同

---

① 曹新明主编：《知识产权法学》，中国人民大学出版社2011年版，第241页。

性,同时能证明被申请人有获取其商业秘密的条件,而被申请人不能提供或者拒不提供其所使用的信息是合法获得或者使用的证据的,工商行政管理机关可以根据有关证据认定被申请人有侵权行为。对被申请人违法披露、使用、允许他人使用商业秘密将给权利人造成不可挽回的损失的,应权利人请求并由权利人出具自愿对强制措施后果承担责任的书面保证,工商行政管理机关可以责令被申请人停止销售使用权利人商业秘密生产的产品。

工商行政管理机关除有权责令停止违法行为,还可以根据情节处以1万元以上20万元以下的罚款。工商行政管理机关在对相关违法行为予以处罚时,对侵权物品可以作如下处理:责令并监督侵权人将载有商业秘密的图纸、软件及其他有关资料返还权利人;监督侵权人销毁使用权利人商业秘密生产的、流入市场将会造成商业秘密公开的产品。但权利人同意收购、销售等其他处理方式的除外。

(三) 刑事责任

将严重侵犯知识产权的行为纳入刑法调整的范围是保护商业秘密的重要救济手段之一。《刑法》(1997)第219条第1款、第2款规定:有下列侵犯商业秘密行为之一,给商业秘密的权利人造成重大损失的,处3年以下有期徒刑或者拘役,并处或者单处罚金;造成特别严重后果的,处3年以上7年以下有期徒刑,并处罚金:(1) 以盗窃、利诱、胁迫或者其他不正当手段获取权利人的商业秘密的;(2) 披露、使用或者允许他人使用以前项手段获取的权利人的商业秘密的;(3) 违反约定或者违反权利人有关保守商业秘密的要求,披露、使用或者允许他人使用其所掌握的商业秘密的。明知或者应知前述所列行为,获取、使用或者披露他人的商业秘密的,以侵犯商业秘密论。

第六节 域 名 权

▶ 一、域名

网络是基于TCP/IP协议进行通信和链接,为了区别网络上数以万计的用户和计算机,每个主机或局域网都被分配了一个独一无二的地址。而域名则是解决互联网上IP地址对应的一种方法,是"因特网上的电子地址"。① 根据《中国互联网络域名管理办法》(2004)的规定,域名是互联网络上识别和定位计算机的层次结构式的字符标识,与该计算机的互联网协议(IP)地址相对应。IP地址由4组用圆点隔开的阿拉伯数字组成,如世界知识产权组织的IP地址为192.91.247.53。然而,IP地址难以记忆,不利于互联网的应用于推广。域名则是此类地址的便于记忆的替代品。例如,与世界知识产权组织的IP地址相对应的域名为http://www.wipo.int。②

---

① 王锋主编:《知识产权法学》,郑州大学出版社2010年版,第347页。
② 曹新明主编:《知识产权法学》,中国人民大学出版社2011年版,第258页。

根据以上的定义,域名具有下列特征:

(1)域名由英文字母、汉字、数字、句点及其他特殊符号组成,包括英文域名和中文域名。

(2)域名体系采用层次结构设置,至少包括顶级域名和二级域名。顶级域名包括国际域名、国家代码域名和通用顶级域名。例如,wipo.int 中国际顶级域名为 int。国家顶级域名中,如中国是 cn,美国是 us 等。国际通用顶级域名目前有:.com、.net 等。二级域名是用以识别域名所属类别、应用范围等公用信息的代码。如 http://yahoo.com.cn 中二级域名为 yahoo。此外,各个国家和地区根据互联网发展的需要还可以设计层次更多的域名系统,使其包括三级域名、四级域名等,以分别代表不同的地域、组织或者行业标志。①

(3)域名的无地域性和唯一性。在任何国家和地区的因特网管理中心注册的域名,都可以同时在其他国家和地区得到承认,因此域名具有无地域性特点。域名的唯一性指的是,每个域名都有一个全球唯一的网际地址,而且域名一旦申请注册,其他人将无法将相同的域名申请注册。

(4)域名具有标识性。域名是互联网上区别经营者的标记。如微软公司的域名为 www.microsoft.com,通过这一域名,公众可以容易找到企业的主页和网络。

▶ 二、域名权

域名权,是指域名持有人对其注册的域名依法享有的专有权,包括使用权、禁止权、转让权、许可使用权等几项具体权利。具体论述如下:

(1)使用权是指域名持有人基于域名的技术功能有权使用自己的域名定位网址。具体而言,域名持有人有权不受他人干涉地将其注册的域名解析为特定的 IP 地址,并且通过 IP 地址使用与该域名唯一对应的网页。

(2)禁止权是指禁止他人在定位网址的相同目的上使用该域名。这是基于域名技术上的唯一性。域名在互联网中起到的是为计算机指途引路的功能,计算机通过对域名的识别进而定位不同的网页,因此,域名持有人有权禁止他人注册相同的域名。

(3)转让权是指域名权利人将域名有偿或无偿转让他人的权利。转让权是域名权利人行使处分权的一种方式。申请转让域名的,应当向域名注册服务机构提交合法有效的域名转让申请表、转让双方的身份证明材料。

(4)许可使用权是指域名权利人按照一定的条件和方式许可他人使用其域名并获得收益的权利。

---

① 冯晓青主编:《知识产权法》,中国政法大学出版社 2010 年版,第 491 页。

三、域名权的取得、变更与注销

（一）域名权的取得

域名权的取得基于域名申请登记。域名注册遵循"先申请先注册"原则。为维护国家利益和社会公众利益，域名注册管理机构可以对部分保留字进行必要保护。除此之外，域名注册管理机构和注册服务机构不得预留或变相预留域名。域名注册管理机构和注册服务机构在提供域名注册服务过程中不得代表任何实际或潜在的域名持有者。

任何自然人或者能独立承担民事责任的组织均可在《中国互联网络信息中心域名注册实施细则》(2012)规定的顶级域名下申请注册域名。申请注册域名时，应向域名注册服务机构提交如下书面材料：申请者的身份证明材料；域名注册者联系人的身份证明材料；中国互联网络信息中心要求提交的其他材料。

申请注册域名时，申请者应当书面形式或电子形式向域名注册服务机构提交如下信息：申请注册的域名；域名主域名服务器和辅域名服务器的主机名以及 IP 地址；申请者为自然人的，应提交姓名、通信地址、联系电话、电子邮箱等；申请者为组织的，应提交其单位名称、组织机构代码、通信地址、电子邮箱、电话号码等；申请者的管理联系人、域名技术联系人、缴费联系人、承办人的姓名、通信地址、电子邮件、电话号码。

任何组织或个人注册和使用的域名，不得含有下列内容：反对宪法所确定的基本原则的；危害国家安全，泄露国家秘密，颠覆国家政权，破坏国家统一的；损害国家荣誉和利益的；煽动民族仇恨、民族歧视，破坏民族团结的；破坏国家宗教政策，宣扬邪教和封建迷信的；散布谣言，扰乱社会秩序，破坏社会稳定的；散布淫秽、色情、赌博、暴力、凶杀、恐怖或者教唆犯罪的；侮辱或者诽谤他人，侵害他人合法权益的；含有法律、行政法规禁止的其他内容的。

域名注册服务机构应当在收到域名注册申请后 1 个工作日内向中国互联网络信息中心提交如上域名注册信息。中国互联网络信息中心收到第一次有效注册申请的日期为申请日。中国互联网络信息中心、域名注册服务机构应当将申请日告知申请者。

（二）域名权的变更与注销

域名持有者之外的注册信息发生变更，域名持有者应当按照申请注册域名时所选择的变更确认方式，在注册信息变更后的 30 日内向域名注册服务机构申请变更注册信息。域名注册服务机构应当在接到域名持有者变更的注册信息 3 个工作日内，将变更后的注册信息提交给中国互联网络信息中心。未经域名持有者同意，域名注册服务机构不得对注册信息进行变更。

申请注销域名的，申请者应当向域名注册服务机构提交合法有效的域名注销申请表和身份证明材料。域名注册服务机构收到前款资料后 3 个工作日内进行审核，审核合格后应予以注销。

四、域名的法律保护

（一）中国域名保护的立法概况

目前为止，中国还没有制定一部专门针对域名的法律，仅由部门规章、部门规范性文件和司法解释构成中国现行域名申请、变更、注销、监督管理、纠纷解决等方面的法律制度。域名保护相关的部门规章有《中国互联网络域名管理办法》(2004)。部门规范性文件有《通用网址争议解决办法》(2010)、《中国互联网络信息中心域名争议解决办法》(2012)、《中国互联网络信息中心域名注册实施细则》(2012)、《中文域名注册暂行管理办法》(2000)等。另外，相关司法解释有最高人民法院《关于审理涉及计算机网络域名民事纠纷案件适用法律若干问题的解释》(2001)。

（二）域名权纠纷解决机制

对于涉及计算机网络域名注册、使用等行为的民事纠纷，当事人向人民法院提起诉讼，经审查符合《民事诉讼法》(2012)第119条规定的，人民法院应当受理。域名纠纷案件的案由，根据双方当事人争议的法律关系的性质确定，并在其前冠以计算机网络域名；争议的法律关系的性质难以确定的，可以通称为计算机网络域名纠纷案件。人民法院审理域名纠纷案件，对符合以下各项条件的，应当认定被告注册、使用域名等行为构成侵权或者不正当竞争：(1)原告请求保护的民事权益合法有效；(2)被告域名或其主要部分构成对原告驰名商标的复制、模仿、翻译或音译，或者与原告的注册商标、域名等相同或近似，足以造成相关公众的误认；(3)被告对该域名或其主要部分不享有权益，也无注册、使用该域名的正当理由；(4)被告对该域名的注册、使用具有恶意。

另外，域名争议也可以由中国互联网络信息中心认可的争议解决机构受理解决。争议解决机构实行专家组负责争议解决的制度。专家组由1名或3名掌握互联网络及相关法律知识，具备较高职业道德，能够独立并中立地对域名争议作出裁决的专家组成。域名争议解决机构通过在线方式公布可供投诉人和被投诉人选择的专家名册。符合下列条件的投诉应当获得支持：(1)投诉人享有受中国法律保护的权利或合法利益；(2)被投诉的通用网址与投诉人享有权利或利益的名称相同或者近似；(3)被投诉的通用网址注册人对通用网址或其主要部分不享有权利或者合法利益；(4)被投诉的通用网址注册人对通用网址的注册或使用具有恶意。被投诉的通用网址注册人具有下列情形之一的，构成恶意注册或使用通用网址的证据：(1)注册或者受让通用网址是为了向作为民事权益所有人的投诉人或其竞争对手出售、出租或者以其他方式转让该通用网址，以获取不正当利益；(2)多次将他人享有合法权益的名称注册为自己的通用网址，其注册通用网址的目的是为了阻止他人以通用网址的形式在互联网上使用其享有合法权益的名称；(3)注册或受让通用网址的目的是为了损害投诉人的声誉，破坏投诉人正常的业务活动，或者混淆与投诉人之间的区别,误导公众;(4) 其他恶意的情形。域名争议解决机构裁决注销域名或者裁决将域名转移给投诉人的,自裁决在争议解决机构网站正式公布之日起满10日的,域名注册服务机构应予以执行。但被投诉人自裁决公布之日起10日内,提供有效证据证明有管辖权的人民法院或者仲裁机构已经受理相关争议的,争议解决机构的裁决暂停执行。

第六章　知识产权的国际保护

知识产权国际保护是指公约的成员方调整其知识产权法律,使之达到其所参加或缔结的公约的基本原则和最低要求。本章主要介绍目前重要的知识产权国际公约,包括《保护工业产权巴黎公约》《保护文学和艺术作品伯尔尼公约》和《与贸易有关的知识产权协议》。

第一节　知识产权国际保护概述

▶ 一、知识产权国际保护的成因

根据知识产权的地域性特征,依据一国法律所取得的知识产权,仅在该国领域内发生效力;同时,按照一国法律取得的知识产权,非经他国的国内法程序,不能得到该国保护。[①] 这意味着权利人不可能依据在一个国家获得的权利而在另一个国家获得保护。

随着资本主义的兴起和科学技术的日益进步,在国际贸易不断扩大的同时,知识产权贸易市场也开始形成。知识产权的地域性限制与知识产权的国际性需求之间出现了巨大的矛盾。[②] 如何实现知识产权的国际保护,如何协调各国的知识产权保护标准,成为摆在世界各国面前的重要课题。在经历了一百多年的冲突和调整的复杂过程,以多边国际条约为核心的知识产权保护体制基本形成。这些条约主要有:《巴黎公约》《伯尔尼公约》《世界版权公约》《罗马公约》、TRIPs 协议、《世界知识产权组织版权条约》(WCT)和《世界知识产权组织表演和录音制品条约》(WPPT)等。

知识产权的国际保护并不指用本国法去保护依外国法产生的知识产权,而是指一个国家应当调整其知识产权法律,使之达到其所参加或缔结的知识产权国际条约的基本原则和最低要求。

▶ 二、知识产权国际条约的种类

(一) 双边条约和多边条约

双边条约是指两个国家或其他国际法主体之间签订的知识产权条约,例如中、美于 1992 年签订的《关于保护知识产权的谅解备忘录》。随着越来越多的国家相继加入全球性多边条约,知识产权双边条约的内容基本被全球性多边条约所覆盖。

区域性多边条约是指某一区域内的两个以上的国家或其他国际法主体之间签订的知识产权条约,如美国、加拿大和墨西哥于 1993 年签订的《北美自由贸易协定》,其中包括著作权、专利、商标和集成电路布图设计保护等方面的内容。

全球性多边条约是指全球范围内的两个以上的国家或其他国际法主体之间签订的知识产权条约,如 1994 年缔结的 TRIPs 协议。该类条约在协调各国知识产权保护方面起着非常重要的作用,它确定了各国知识产权保护的最低标准。

---

① 郑成思:《知识产权法》(第二版),法律出版社 2003 年版,第 15—16 页。
② 吴汉东等:《知识产权基本问题研究》,中国人民大学出版社 2005 年版,第 132 页。

(二) 知识产权保护条约、全球保护体系条约和知识产权分类条约

知识产权保护条约是缔约方接受的国际法律保护的源泉，这类条约对各国知识产权保护规定了国际议定的基本标准，如《巴黎公约》《伯尔尼公约》《保护表演者、音像制品制作者和广播组织罗马公约》《商标法条约》等。

全球保护体系条约的目的是确保一项国际注册或国际申请将在任何相关的缔约方内具有效力。根据这些条约，可以简化提交单一申请或在寻求对某一知识产权给予保护的所有国家提交申请的手续并减少了相应的费用。这一类条约有《专利合作条约》《商标国际注册马德里协定》《工业品外观设计国际保存海牙协定》等。

知识产权分类条约的目的是创建分类体系，该体系将有关发明、商标和工业品外观设计的信息编排为便于检索的索引式可管理的结构。这一类条约有《建立工业品外观设计国际分类洛迦诺协定》《尼斯协定》《国际专利分类斯特拉斯堡协定》等。

▶ 三、知识产权国际保护的进展

在当今知识产权国际保护领域存在着两种不同的发展趋势：一是发达国家不断强化知识产权的国际保护，提高知识产权保护的标准，这以《反假冒贸易协定》(ACTA) 为其主要标志，另一是发展中国家主张在世界贸易组织(WTO)、世界卫生组织(WHO) 和世界知识产权组织(WIPO) 的框架内加强对遗传资源、传统知识等的保护。上述两种趋势反映了发达国家和发展中国家为保护各自的优势知识产权而进行的博弈与制衡。

ACTA 是一个以打击仿冒、盗版等侵权活动为宗旨，谋求建立新的打击全球假冒、盗版的国际知识产权执法框架的政府间协议，其目的是为了全面加强国际贸易中知识产权的保护。该协定最初由日本发起，日本、澳大利亚、加拿大、韩国、摩洛哥、新西兰、新加坡和美国成为首批签字国。ACTA 的讨论是在严格保密的情况下进行的，非政府组织和发展中国家被排除在外。根据 ACTA 的规定，其成员方将建立一个类似于世界贸易组织和世界知识产权组织的理事机构。从其诞生时起，ACTA 就引发了广泛争论。一些国家质疑其合法性，因为协定中的部分条款超出了 TRIPs 协议的执行义务，对其包含的灵活性加以限制，并施加了变相的贸易限制，有可能与 TRIPs 协议相抵触。另外，ACTA 的制定将会削弱现有的国际贸易和知识产权保护机制，弱化 WTO、WHO 和 WIPO 等多边体系的作用。同时，ACTA 还被广泛地批评为限制人权、隐私权与言论自由的协议，并因此遭到抵制和抗议。ACTA 包括初始条款和定义、知识产权执法的法律框架、执法实践、国际合作、制度安排、最后条款等共计 6 章。

针对跨国公司对专利药品的合法垄断以及对遗传资源的掠夺等情况，发展中国家在遗传资源、传统知识、公共健康和知识共享等领域积极合作，不断寻求符合自身

利益的知识产权保护策略。

第二节 《巴黎公约》

《巴黎公约》是工业产权领域的基本公约。以《巴黎公约》为核心,辅以其他工业产权协定为辅助,共同构成了巴黎公约体系。在该体系中,其他协定是对《巴黎公约》的补充或者具体化,而绝大多数的专门协定都是闭合性的,只对《巴黎公约》的成员国开放。在两者关系上,《巴黎公约》的基本原则和最低要求标准制约着专门协定,专门协定要以《巴黎公约》为基础且不得与《巴黎公约》相抵触。

▶ 一、《巴黎公约》产生的背景

19世纪后,由于资本主义的兴起和科学技术的日益进步,越来越多的国家建立了保护发明的法律制度。由于知识产权具有明显的地域性,加之各国法律的差异较大,很难形成工业产权的国际保护。随着国际技术交流和国际贸易的不断增长,工业产权之间的冲突也愈发明显和激烈,从而迫切需要在工业产权领域进行国际性协调。

1873年,奥匈帝国邀请其他国家参加在维也纳举办的国际发明展览会。由于担心对参展的发明缺乏足够的法律保护,获得邀请的多数国家都不愿参会。该事件直接导致奥地利通过一项专门法律,对所有参展的外国人的发明、商标和工业品外观设计提供临时保护。受这一事件的影响,1873年在维也纳召开了专利改革会议,会议建立了一套有效实用的专利制度基础原则,并敦促各国政府尽可能迅速地就专利保护达成谅解。作为专利改革维也纳会议的继续,1878年在法国巴黎召开了工业产权国际会议,会议决定召集一次国际性的外交会议,旨在工业产权领域建立统一的立法基础。

1883年由法国、比利时、巴西、意大利、荷兰等11个国家发起的外交会议在巴黎召开,会议通过并签署了《巴黎公约》。公约1884年7月正式生效。《巴黎公约》是在保护工业产权方面最早、最重要和最基本的国际公约,确立了工业产权保护的基本原则和要求,对世界各国的工业产权制度产生了深远的影响。其后《巴黎公约》历经数次修改,1967年的斯德哥尔摩文本是迄今为绝大多数国家所批准和采纳的文本。截至2013年4月,《巴黎公约》共有174个成员。由于TRIPs协议已将《巴黎公约》纳入其范围之内,所以《巴黎公约》又协调着世界贸易组织成员的工业产权制度。

《巴黎公约》共计30条,包括实体性条款和行政性条款。实体性条款规定了实体法领域的一些共同规则,保证各成员国国民享有在条约下与工业产权保护有关的基本权利。行政性条款则包括为实施公约而建立行政机构等条款。

二、《巴黎公约》的基本原则

(一) 国民待遇原则

国民待遇原则一般是指在同样的条件下,外国人和内国人所享有的权利和承担的义务相同。《巴黎公约》是最早规定国民待遇原则的多边国际条约,有关国民待遇原则的条款规定在第2条和第3条。

根据《巴黎公约》第2条第1款的规定,《巴黎公约》成员国的国民在其他成员国家内应享有各该国法律现在授予或今后可能授予国民的各种利益以及一切都不应损害本公约特别规定的权利。因此,他们和该成员国国民享有同样的保护,对侵犯他们的权利享有同样的法律上的救济手段。

国民待遇原则要求各成员国负有使得他国国民和本国国民享有同等保护的义务。与此同时,《巴黎公约》第3条规定,即使不是巴黎公约成员国的国民,但在巴黎公约的一个国家的领土内设有住所或有真实和有效的工商业营业所的,应享有与本联盟国家国民同样的待遇。由此可见,《巴黎公约》规定的享受国民待遇的主体范围非常广泛,凡是成员国国民向其他成员国主张工业产权法律保护的,均可享受该被申请国的国民待遇。主张工业产权保护的非成员国国民,只要在一个成员国内有真实有效的营业所即可。

国民待遇中的"待遇",是指各成员国的有关法律规定的本国国民已经享有或今后可能享有的待遇。不过,成员国在授予其他国国民待遇时,"一切都不应损害本公约特别规定的权利",如专利申请、商标与外观设计的优先权等权利。

各成员国国民在某一成员国就工业产权主张保护时,也要承担条约规定的义务,即遵守对该国国民适用的条件和手续。

(二) 优先权原则

优先权是指申请人享有的在某一成员国提出申请后,在一定期限内又向其他成员国提出同样的申请,其后的申请被视为与首次申请的日期相同的权利。《巴黎公约》第4条对优先权作了详细规定。按照《巴黎公约》的规定,优先权的取得需满足以下条件:

(1) 主张优先权的申请人是可以享受国民待遇的同盟成员国国民;

(2) 申请人已就专利和商标向某一成员国提出正规的国家申请。依《巴黎公约》第4条的规定,正规的国家申请是指在有关国家中足以确定提出申请日期的任何申请,而不问该申请以后的结局如何。

(3) 主张优先权以申请人主动作出声明为前提。

(4) 成员国可以要求作出优先权声明的任何人提交以前提出的申请(说明书、附图等)的副本。

(5) 优先权只适用于发明、实用新型、外观设计和商标(不包括服务商标)申请。

根据《巴黎公约》第4条B款的规定,优先权作为一种对抗冲突申请的权利,具有排他性效力。换言之,在优先权期届满以前,申请人在任何其他国家后来提出的任何申请,不应由于在这期间完成的任何行为,特别是另外一项申请的提出、发明的公布或利用、外观设计复制品的出售、或商标的使用而成为无效。但是,优先权的效力不是绝对的,须受第三人在先权利的限制。

《巴黎公约》为优先权设定了时间期限。对于专利和实用新型为12个月,对于外观设计和商标为6个月,期限自第一次申请的申请日开始,申请日不计入期间之内。

(三) 独立保护原则

《巴黎公约》第4条之二和第6条规定了专利权、商标权的独立原则。独立原则的法理根据在于知识产权的地域性。

关于专利权独立原则,《巴黎公约》规定其成员国国民向各成员国申请的专利,与在其他国家,不论是否是成员国,就同一发明所取得的专利是相互独立的。尤其在优先权期间内申请的各项专利,就其无效和丧失权利的理由以及其正常的期间而立,也是相互独立的。

关于商标权独立原则,《巴黎公约》规定商标的申请和注册条件,均由成员国本国法律决定。但任何成员国对成员国国民提出的商标注册申请,不得以未在原属国申请、注册或续展为理由而予以拒绝,也不得使注册无效。在某一个国家正式注册的商标,与在其他国家注册的商标,包括在原属国注册的商标在内,都是相互独立的。

不过,《巴黎公约》第6条之五A款(1)特别规定的商标同等保护规则是对商标权独立原则的一个限制。

▶ 三、《巴黎公约》的保护范围

《巴黎公约》第1条第2款确定了工业产权的保护对象包括专利、实用新型、工业品外观设计、商标、服务标记、厂商名称、货源标记或原产地名称和制止不正当竞争。该条第3款强调对工业产权应作最广义的理解,它不仅应适用于工业和商业本身,而且也应同样适用于农业和采掘业,适用于一切制成品或天然产品

需要注意的是,《巴黎公约》规定的专利仅指发明专利。对于实用新型、工业品的外观设计的保护,公约未作规定。上述保护范围内所指的商标不包括服务商标。在《巴黎公约》中,服务商标被称为服务标记。公约中有关商标的规定,如有关优先权的规定,成员国没有义务对服务商标授予优先权。不过如果它们想这样做,它们也有自由这样做。① 公约并未限制成员国自愿选择为服务标记提供保护。至于该如何保护服务标记,《巴黎公约》并未作具体规定。

---

① 〔奥地利〕博登浩森:《保护工业产权巴黎公约指南》(附英文文本),汤宗舜、段瑞林译,中国人民大学出版社2003年版,第22页。

▶ 四、其他规定

除了基本原则外,《巴黎公约》还规定了专利保护、专利权限制、商标保护、驰名商标特别保护以及制止不正当竞争等法律措施。

(一) 关于专利

《巴黎公约》有关专利方面的规定主要包括:

(1) 署名权。《巴黎公约》第 4 条之三规定,发明人有在专利中被记载为发明人的权利。

(2) 对驳回专利申请和撤销专利的限制。《巴黎公约》第 4 条之四、第 5 条 A 款规定,不得以专利产品的销售或依专利方法制造的产品的销售受到本国法律的禁止或限制为理由,而拒绝授予专利或使专利无效,不得因专利权人将在某成员国内制造的物品进口到对该物品授予专利的国家的而导致该项专利的取消。

(3) 颁发强制许可。《巴黎公约》对颁发强制许可规定了相应条件。

(4) 利用进口国的专利方法制造产品的进口。《巴黎公约》第 5 条之四对方法专利作出特别规定,规定一种产品进口到对该产品的制造方法有专利保护的成员国时,专利权人对该进口产品,享有按照进口国法律,对在该国依照专利方法制造的产品所享有的一切权利。

(5) 禁止权利人滥用专利权。《巴黎公约》第 5 条 A 款规定各国都有权采取立法措施规定授予强制许可,以防止由于行使专利所赋予的专有权而可能产生的滥用,例如:不实施。

(6) 临时豁免。《巴黎公约》第 5 条之三规定下列情况不应认为是侵权行为:① 暂时或偶然地进入某成员国领水的船舶,在该船的船身、机器、船具、装备及其他附件上使用构成专利对象的器械,但以专为该船的需要而使用这些器械为限;② 暂时或偶然地进某一成员国的飞机或陆上车辆,在该飞机或陆上车辆的构造或操作中,或者在该飞机或陆上车辆附件的构造或操作中使用构成专利对象的器械。

(二) 关于商标

《巴黎公约》有关商标方面的规定主要包括:

(1) 商标同等保护规则。《巴黎公约》第 6 条之五 A 款(1)特别规定:"在原属国正规注册的每一商标,除有本条规定的以外,本联盟其他国家应与在原属国注册那样接受申请和给予保护。各该国家在确定注册前可以要求提供原属国主管机关发给的注册证书。该项证书无需认证。"依照上述规定,获得同等保护是指对注册申请不得予以拒绝,已获注册的,不得宣布其无效,但是,获得同等保护以不违反下列规定为条件:① 在其要求保护的国家,商标具有侵犯第三人既得权利的性质的;② 商标缺乏显著特征,或者完全是由商业中用以表示商品的种类、质量、数量、用途、价值、原产地或生产时间的符号或标记所组成,或者在要求给予保护的国家的现代语言中或在善意和公认的商务实践中已经成为惯用的;③ 商标违反道德或公共秩序，尤其是具有欺骗公众的性质。这3项规定在符合适用《巴黎公约》第10条之二关于不正当竞争的条件下，也可以适用。

（2）驰名商标的特殊保护。《巴黎公约》第6条之二对驰名商标作出特别规定，对于是复制、仿制或翻译驰名商标的且易于产生混淆的商标，成员国有权拒绝或撤销注册，并禁止使用。这也适用于商标的主要部分构成对上述驰名商标的复制或仿制，易于产生混淆的情形。自注册之日起至少5年的期间内，应允许提出撤销这种商标的请求。对于依恶意取得注册或使用的商标提出撤销注册或禁止使用的请求，不受时间限制。但《巴黎公约》并未规定驰名商标的认定条件，而是由成员国自己解决。

（3）商标标识的禁用性规定。《巴黎公约》第6条之三要求各成员国应拒绝注册或使其注册无效，并采取适当措施禁止使用以下标记：① 成员国的国徽、国旗和其他的国家徽章、各该国用以表明监督和保证的官方符号和检验印章以及从徽章学的观点看来的任何仿制用作商标或商标的组成部分，但该商标的使用或注册性上不会使公众理解为有关组织与这种徽章、旗帜、徽记、缩写和名称有联系时，或者如果这种使用或注册性质上大概不会使公众误解为使用人与该组织有联系时除外。② 一个或一个以上成员国参加的政府间国际组织的徽章、旗帜、其他徽记、缩写和名称，但已成为保证予以保护的现行国际协定的对象的徽章、旗帜、其他徽记、缩写和名称除外。如果损害《巴黎公约》在该国生效前善意取得的权利的所有人的，本项规定不适用。

（4）平行进口。平行进口是指注册商标持有人在某国（出口国）生产并销售带有注册商标的商品后，第三人（进口商）擅自将该商品进口到另一国（进口国），而该注册商标所有人或其他被许可人也在该进口国取得同一商标专用权。根据《巴黎公约》第9条、第10条、第10条之三的规定，一切非法标有商标或厂商名称的商品，在进口到该项商标或厂商名称有权受到法律保护的本联盟国家时，应予以扣押。在发生非法黏附上述标记的国家或在该商品已进口进去的国家，扣押应同样予以执行。《巴黎公约》要求各成员国保证其他成员国的国民能获得有效地制止前述行为的适当的法律上救济手段。

（5）集体商标。《巴黎公约》第7条之二规定，如果社团的存在不违反其原属国的法律，即使该社团没有工商业营业所，各成员国也要受理集体商标的申请，并保护属于该社团的集体商标。公约没有规定关于保护集体商标的特别条件，而是授权各国自行审定，但如果商标违反公共利益，可以拒绝给予保护。

（三）关于不正当竞争

《巴黎公约》特别将反不正当竞争的权利作为工业产权的保护范围，要求成员国对各该国国民保证给予制止不正当竞争的有效保护。按照《巴黎公约》第10条之二的规定，凡在工商业事务中违反诚实习惯做法的竞争行为构成不正当竞争的行为，尤其应特别禁止下列行为：(1) 具有采用任何手段对竞争者的营业所、商品或工商业活动产生混淆性质的一切行为；(2) 在经营商业中，具有损害竞争者的营业所、商品或工商业活动的信用性质的虚伪说法；(3) 在经营商业中使用会使公众对商品的性质、制造方法、特点、用途或数量易于产生误解的表示或说法。

第三节 《伯尔尼公约》

在著作权与邻接权领域,《伯尔尼公约》是最早和最基本的国际公约。《伯尔尼公约》所确立的著作权保护基本原则和基本要求对世界各国的著作权制度产生了深刻影响。由于 TRIPs 协议将《伯尔尼公约》纳入其范围,《伯尔尼公约》还协调着世界贸易组织成员的著作权制度。受《伯尔尼公约》的影响,国际社会还缔结了《罗马公约》《保护录音制品制作者防止未经许可复制其录音制品公约》《关于播送由人造卫星传播载有节目的型号的布鲁塞尔公约》、WCT 和 WPPT 等公约和条约。这些公约和条约既相互联系,又相互区别,共同构筑了著作权与邻接权的伯尔尼公约体系。

▶ 一、《伯尔尼公约》产生的背景

伴随传播技术的发展和文化交流的扩大,跨国传播和使用作品的情况越来越普遍。在已有双边著作权保护框架的基础上实行更为广泛和统一的国际保护就成为必需。1878 年,维克多·雨果在巴黎主持召开了一次重要的文学大会,建立了一个国际文学艺术协会。1883 年该协会将一份经过多次讨论的国际公约草案交给瑞士政府。瑞士政府于 1886 年 9 月 9 日在伯尔尼举行的第三次大会上予以通过,定名为《保护文学和艺术作品伯尔尼公约》,并于 1887 年 12 月 5 日正式生效。此后,由于不断有新的文学和艺术作品创作形式出现,例如摄影作品和电影作品,而且作者的权利范围也随着作品使用和传播技术的发展而逐步扩大,《伯尔尼公约》相应进行了多次修改、补充和修正。《伯尔尼公约》最后一次修订的文本并不是唯一有效的文本。1971 年的巴黎文本是被最多国家批准的文本,但也有少数国家批准了某个早期的文本,如罗马文本、布鲁塞尔文本和斯德哥尔摩文本。中国于 1992 年 10 月 15 日加入《伯尔尼公约》,适用 1971 年的巴黎文本。为了平衡成员国的权利义务,巴黎文本第 32 条对各文本之间的关系作了规定。

▶ 二、《伯尔尼公约》的基本原则

(一) 国民待遇原则

《伯尔尼公约》第 5 条第 1 款对国民待遇原则作出规定:"就享有本公约保护的作品而论,作者在作品起源国以外的本同盟成员国中享有各该国法律现在给予和今后可能给予其国民的权利,以及本公约特别授予的权利。"该条第 3 款还规定:"起源国的保护由该国法律规定。如作者不是起源国的国民,但其作品受公约保护,该作者在该国仍享有同本国作者相同的权利。"由此可见,"起源国"在《伯尔尼公约》中是确定国民待遇的关键问题。

《伯尔尼公约》第 5 条第 4 款对"起源国"规定如下:

（1）对于首次在某一成员国出版的作品，以该国家为起源国；对于在分别给予不同保护期的几个成员国同时出版的作品，以给予最短保护期的国家为起源国；

（2）对于同时在非成员国和成员国出版的作品，以后者为起源国；

（3）对于未出版的作品或首次在非成员国出版而未同时在成员国出版的作品，以作者为其国民的成员国为起源国，但对于制片人总部或惯常住所在某一成员国内的电影作品，以该国为起源国；对于建造在某一成员国内的建筑作品或构成某一成员国建筑物一部分的平面和立体艺术作品，以该国为起源国。

由此可见，《伯尔尼公约》是通过作者和作品发表地两个要素来确定国民待遇原则的适用范围，这样使著作权能在更广泛的范围内受到保护。

（二）自动保护原则

《伯尔尼公约》第5条第2款规定，享有和行使依国民待遇提供的权利时不需要履行任何手续，也不论作品起源国是否存在保护。这便是自动保护原则。但是，《伯尔尼公约》第2条第2款允许成员国作出一项保留，即各成员国可以通过国内立法规定所有作品或任何特定种类的作品未以某种物质形式固定下来的，便不受保护，这即是对作品的"固定要求"。

（三）独立保护原则

根据《伯尔尼公约》第5条第2款的规定，除公约条款外，著作权保护的程度以及为保护作者权利而向其提供的补救方法完全由被要求给以保护的国家的法律规定，因此，作品在某一成员国所受到的保护，完全独立于作品起源国所予以的保护。同时，作品在成员国所受到的保护，也完全依照该成员国的法律予以规定。当然，各成员国均依本国法律的规定向外国作者提供的保护，不得损害作者依公约特别规定所享有的权利。

▶ 三、最低保护标准

各国的历史文化传统和政治经济发展不一，著作权保护的地域性和独立性必然导致各国著作权保护制度的差异。《伯尔尼公约》从四个方面规定了著作权保护的最低标准：

（一）受保护的作品

《伯尔尼公约》中有关受保护的作品的规定主要包括：

（1）作品的保护范围。根据《伯尔尼公约》第2条第1款，"文学和艺术作品"指文学、科学和艺术领域内的一切成果，不论其表现形式或方式如何，它包括书籍、小册子和其他文字作品；讲课、演讲、讲道和其他同类性质作品；戏剧或音乐戏剧作品；舞蹈艺术作品和哑剧；配词或未配词的乐曲；电影作品和以类似摄制电影的方法表现的作品；图画、油画、建筑、雕塑、雕刻和版画作品；摄影作品和以类似摄影的方法表现的作品；实用艺术作品；与地理、地形、建筑或科学有关的插图、地图、设计图、草图和立体作品。

(2) 演绎作品。《伯尔尼公约》规定受保护的作品包括演绎作品，即翻译、改编、乐曲改编以及对文学或艺术作品的其他变动应得到与原作同等的保护，但不得损害原作的著作权。

(3) 汇编作品。《伯尔尼公约》规定，文学或艺术作品的汇编，诸如百科全书和选集，凡由于对材料的选择和编排而构成智力创作的汇编作品，应得到相应的、但不损害汇编内每一作品的著作权的保护。

(4) 实用艺术作品、工业品外观设计。《伯尔尼公约》规定，各成员国可以通过国内立法规定其法律在何种程度上适用于实用艺术作品以及工业品平面和立体设计，以及此种作品和平面与立体设计受保护的条件。在起源国仅仅作为平面与立体设计受到保护的作品，在本同盟其他成员国只享受各该国给予平面和立体设计的那种专门保护；但如在该国并不给予这种专门保护，则这些作品将作为艺术作品得到保护。

(5) 时事新闻。根据《伯尔尼公约》第2条第8款，公约的保护不适用于日常新闻或纯属报刊消息性质的社会新闻。但是，对于立法、行政或司法性质的官方文件及其正式译本，以及政治演说和诉讼过程中发表的言论的保护，公约规定由各成员国的国内立法确定。另外，公开发表的讲课、演说或其他同类性质的作品，如为新闻报道的目的有此需要，在什么条件下可由报刊登载，进行广播或向公众传播，以及以《伯尔尼公约》第11条之二第1款的方式公开传播的，也属于各成员国国内立法的范围。

(二) 作者的经济权利

《伯尔尼公约》从第8条至第14条规定了作者享有的经济权利：

(1) 翻译权。作者在对原著享有权利的整个保护期内，享有翻译和授权翻译其作品的专有权利。不过，这种权利要受到公约附件规定的强制许可制度的限制。

(2) 复制权。作者享有授权以任何方式和采取任何形式复制其作品的专有权利，但是，成员国法律允许在某些特殊情况下复制上述作品，只要这种复制不损害作品的正常使用也不致无故侵害作者的合法利益。《伯尔尼公约》第9条第3款特别指出所有录音或录像均应视为复制。此外，第10条、第10条之二还对复制权作了一些限制。

(3) 表演权。戏剧作品、音乐戏剧作品和音乐作品的作者享有授权公开表演和演奏其作品，包括用各种手段和方式公开表演和演奏，以及授权用各种手段公开播送其作品的表演和演奏。戏剧作品或音乐戏剧作品的作者，在享有对其原作的权利的整个期间对其作品的译作享有的同等权利。

(4) 广播权。文学艺术作品的作者授权广播其作品或以任何其他无线传送符号、声音或图像的方法向公众传播其作品；授权由原广播机构以外的另一机构通过有线传播或转播的方式向公众传播广播的作品；以及授权通过扩音器或其他任何传送符号、声音或图像的类似工具向公众传播广播的作品。《伯尔尼公约》规定，行使以上权利的条件应由成员国的法律规定，但这些条件的效力严格限于该国范围内，且这些条件均不应有损于作者的精神权利,也不应有损于作者获得合理报酬的权利,该报酬在没有协议情况下应由主管当局规定。

（5）朗诵权。文学作品的作者享有授权公开朗诵其作品,包括用各种手段或方式公开朗诵,以及授权用各种手段公开播送其作品的朗诵的权利。文学作品作者在对其原作享有权利的整个期间,对其作品的译作享有同等的权利。

（6）改编权。文学艺术作品的作者享有授权对其作品进行改编、音乐改编和其他变动的专有权利。

（7）录制权。音乐作品作者及允许其歌词与音乐作品一道录音的歌词作者授权对上述音乐作品以及有歌词的音乐作品进行录音的专有权利,但根据《伯尔尼公约》第14条第3款的规定,这种权利不适用于电影。《伯尔尼公约》规定,行使以上权利的条件应由成员国的法律规定,但这些条件的效力严格限于该国范围内,且在任何情况下均不得损害作者获得在没有协议情况下由主管当局规定的合理报酬的权利。

（8）制片权。文学艺术作品的作者享有授权将其作品改编和复制成电影以及发行经过如此改编或复制的作品;以及授权公开表演、演奏以及向公众有线传播经过如此改编或复制的作品的权利。根据文学或艺术作品制作的电影作品以任何其他艺术形式改编,在不妨碍电影作品作者授权的情况下,仍须经原作者授权。

（9）追续权。对于艺术作品原作和作家与作曲家的手稿,作者或作者死后由国家法律所授权的人或机构,享有在作者第一次转让作品之后对作品进行的任何出售中分享利益的不可剥夺的权利。不过《伯尔尼公约》同时还规定,只有在作者本国法律承认这种保护的情况下,亦可在成员国内要求这种保护,而且保护的程度应限于被要求给予保护的国家的法律所允许的程度。由此可见,追续权不是《伯尔尼公约》最低限度保护标准的内容,各成员国可根据本国情况决定是否授予前述作者这种权利。

（三）作者的精神权利

《伯尔尼公约》第6条之二规定了作者享有的精神权利:

（1）署名权,即要求表明其作品作者身份的权利。

（2）保护作品完整权,即反对对其作品的任何有损其声誉的歪曲、割裂或其他更改,或其他损害行为的权利。

公约规定的精神权利不受作者经济权利的影响,甚至当经济权利被转让之后,作者仍然保有上述精神权利。为保障作者的精神权利而采取的补救方法由适用保护该权利的国家的法律。

（四）著作权的限制

由于著作权涉及作者、传播者和使用者的利益,各国著作权法都不同程度地对著作权人的权利作了限制,代表性的制度即是合理使用和强制许可制度。《伯尔尼公约》对此作了一些基本规定。

1. 合理使用

《伯尔尼公约》第2条之二、第9条第2款、第10条、第10条之二第1款、第11

条之二第 3 款将下列行为纳入合理使用的范围:(1) 以提供信息为目的,将作者公开发表的讲课、演说或其他同类性质的作品进行报刊登载,播放、公开有线或无线方式传播;(2) 从一部合法公之于众的作品中摘出引文,包括以报刊提要形式引用报纸期刊的文章,但应限于合理范围并说明出处,如原出处有作者姓名,也应同时说明。(3) 为教学之目的,通过出版物、无线电广播或录音录像的方式使用作品,但应限于合理范围并说明出处,如原出处有作者姓名,也应同时说明。(4) 通过报刊、广播或对公众有线传播,复制发表在报纸、期刊上的有关经济、政治或宗教的时事性文章,或具有同样性质的已经广播的作品,但以对这种复制、广播或有线传播并未明确予以保留的为限,并且均应明确说明出处。(5) 广播机构使用自己的设备并为自己播送之目的而录制有关作品并临时保存该录制品,官方档案保存机关可以由于这些录制品具有特殊文献性质而保存之。

2. 强制许可

《伯尔尼公约》第 11 条之二第 2 款规定了对广播权的强制许可,第 13 条第 1 款规定了对音乐作品的强制许可,但在实行这种制度时,既不能有损于作者的精神权利,也不应能有损于作者获得合理报酬的权利。

(五) 经济权利的保护期限

《伯尔尼公约》第 7 条、第 7 条之二规定了经济权利的保护期限:(1) 一般作品的保护期限为作者有生之年及其死后 50 年内。(2) 电影作品自作品公之于众后 50 年期满,如果自作品完成后 50 年内尚未公之于众,则自作品完成后 50 年期满。(3) 匿名作品和假名作品,自其合法公之于众之日起 50 年内有效。但根据作者采用的假名可以毫无疑问地确定作者身份或者作者在上述期间内公开其身份时,该保护期适用一般作品的保护期限。(4) 摄影作品和作为艺术作品保护的实用艺术作品的保护期限不应少于自该作品完成之后算起的 25 年。(5) 合作作品的作者死后的保护期应从最后死亡的作者死亡时算起。

▶ 四、对发展中国家的特殊规定

《伯尔尼公约》主要是在出版业发达的西方国家主导下签订的,其许多规定对发展中国家而言不尽合理。经过发展中国家的努力,在 1971 年修订公约时增加了对发展中国家的特殊规定,这些规定集中反映在《伯尔尼公约》第 21 条和公约的附件中。

根据《伯尔尼附件》第 1、2、3 条的规定,被联合国大会确认为发展中国家的任何国家,作为公约的成员国,可以根据公约规定的优惠条件颁发"翻译许可""翻译广播许可"以及"复制许可"三种强制许可证,但这类强制许可的客体仅限于外国作品中的印刷出版物,以及仅为系统教学所用的视听作品。① 公约对发放强制许可证在具体适用条件和程序上附加了许多限制条件,如只有在一定期限届满之后并且经过

---

① 吴汉东主编:《知识产权法》(第四版),中国政法大学出版社 2007 年版,第 381 页。

主管当局履行一定手续方可进行;只能向本国国民发放;许可只能是非独占的、不可转让的;只能在本国销售,不得出口等等。

第四节 《与贸易有关的知识产权协议》

一、TRIPs 协议产生的背景

《与贸易有关的知识产权协议》(TRIPs 协议)是乌拉圭回合谈判达成的最后文件《建立世界贸易组织马拉喀什协定》的附件1C。该协议的产生具有深刻的历史背景。虽然1947年的《关贸总协定》(GATT)规定的国民待遇原则和最惠国待遇原则适用于对知识产权的保护。但是,GATT 中直接涉及知识产权的条款和内容却非常有限,远远不能适应急速增长的世界经济贸易的需要,而且缺乏关于知识产权保护的明确规则。

1986年乌拉圭回合谈判正式开始前,GATT 各缔约方始终未能就是否将知识产权纳入谈判议题达成一致意见。1986年9月发起的乌拉圭回合谈判的部长级会议确认接受美国的提议,将知识产权问题作为三项新议题之一列入乌拉圭回合谈判的议程,在通过的《部长宣言》中决定,为了减少对国际贸易的扭曲和障碍,促进充分有效地保护知识产权的必要性,并保证实施的知识产权措施和程序本身不对合法贸易构成障碍的目的,谈判目标应"澄清关贸总协定的有关规定","视情况制订新的规则和纪律",并"制订处理国际冒牌货物贸易的多边原则、规则和纪律的框架"[1]。按最初的议题,只就与贸易有关的知识产权问题进行谈判。但随着谈判的进展,谈判的议题已经远远超出原定的范围,而几乎涉及知识产权的各个领域。这一轮谈判的焦点是:是否要在关贸总协定范围之内谈判知识产权保护的规则和标准;是否要在各国的国内法之外谈判知识产权实施措施方面的国际原则;是否要建立争端解决的多边机制。[2] 1989年4月,各方经过妥协,终于在日内瓦就知识产权保护谈判的框架协议达成谅解,此后知识产权谈判开始进入了实质阶段。

由于发展中国家与发达国家的立场差距很大,致使谈判的过程极为艰苦。但是,由于这次谈判采用的是"一揽子"谈判方式,许多发展中国家为了换取发达国家在其他方面的支持,不得不在知识产权问题上作出让步。1991年12月,由GATT 当时的总干事邓克尔提出了"知识产权协定"的最后文本。1993年12月25日,邓克尔文本在没有作出大的修改的情况下与其他协议一起获得通过,列入《建立世界贸易组织马拉喀什协定》的附件1C。1995年1月1日,WTO 成立,知识产权、货物贸易和服务贸易并列成为支撑 WTO 的三大支柱。鉴于 TRIPs 协议第72条规定:"未经其他成员同意,不得对本协议的任何规定提出保留",因此 TRIPs 协议也成为 WTO 成

---

[1] 曹建明、贺小勇:《世界贸易组织》,法律出版社1999年版,第284—285页。
[2] 同上书,第285页。

员必须遵守的重要法则。

TRIPs 协议由序言和七部分内容组成,共计 73 条,是乌拉圭回合谈判达成的最后成果中最长的一个新协议。从技术层面分析,它对各成员[①]就知识产权保护提供了一套既概括又具体、既严格又灵活、既创设新规则又借助现存国际公约的一个可操作性很强的原则和规则。

▶ 二、TRIPs 协议与其他相关国际公约的关系

尽管 TRIPs 协议对知识产权的国际保护进行了新的规定,但是并非完全取代了以往的相关国际公约。关于 TRIPs 协议与《巴黎公约》(1967 年文本)、《伯尔尼公约》(1971 年文本)、《罗马公约》以及《关于集成电路的知识产权条约》等国际条约的关系,TRIPs 协议第 2 条作了明确规定:就 TRIPs 协议第二部分"有关知识产权的效力、范围和保护标准",第三部分"知识产权执法"的规定,第四部分"知识产权的取得、维持及有关当事人之间的程序"而言,各成员应遵守《巴黎公约》(1967 年文本)第 1 条至第 12 条和第 19 条规定,即《巴黎公约》有关工业产权的实质性规定。同时,TRIPs 协议第一部分至第四部分,即关于知识产权实体内容的所有规定,均不应减损各成员在《巴黎公约》(1967 年文本)、《伯尔尼公约》(1971 年文本)、《罗马公约》和《关于集成电路知识产权条约》项下应承担的义务。

结合 TRIPs 协议的具体条文,可以看出 TRIPs 协议并不要求其成员加入这些国际公约,但是它要求其成员遵守这些公约的大部分实质性条款。而且,上述公约所规定的实体内容基本上已被 TRIPs 协议所吸收。因此,TRIPs 协议的保护水平是以上述国际公约所确立的保护标准为起点,表明了 TRIPs 协议对于知识产权保护的较高水平。

▶ 三、TRIPs 协议的基本原则

(一)国民待遇原则

TRIPs 协议第 3 条第 1 款规定:"在知识产权保护方面,在遵守《巴黎公约》(1967 年文本)、《伯尔尼公约》(1971 年文本)、《罗马公约》或《关于集成电路的知识产权条约》中各自规定的例外的前提下,每一成员给予其他成员国民的待遇不得低于给予本国国民的待遇。就表演者、录音制品制作者和广播组织而言,此义务仅适用于本协定规定的权利。任何利用《伯尔尼公约》第 6 条或《罗马公约》第 16 条第 1 款(b)项规定的可能性的成员,均应按这些条款中所预想的那样,向 TRIPs 理事会作出通知。"另外,TRIPs 协议的国民待遇原则的例外不仅限于上述四个公约所规定的例外,而且还包括有关知识产权在司法和行政程序方面的例外,如服务地的指定或司法程序中代理人的指定;但是,这项例外不能限制正常的贸易。根据 TRIPs 协议

---

① WTO 的成员有特殊的含义,参见郑成思:《版权法》(修订本),中国人民大学出版社 1997 年版,第 442 页。

第 5 条规定,国民待遇原则也不适用于在 WIPO 主持下订立的有关取得或维持知识产权的多边协定中规定的程序。

(二)最惠国待遇原则

最惠国待遇原则是 TRIPs 协议新创设的在知识产权领域的基本原则,这是以前缔结的《巴黎公约》《伯尔尼公约》等知识产权条约所没有的。根据 TRIPs 协议第 4 条,该原则要求,在保护知识产权方面,任何成员给予另一方成员国民的优惠、特权与豁免,应立即无条件地给予所有其他成员国民。WTO 的任何成员,只要曾经给予任何一个(不仅限于成员的国民)以任何有关知识产权保护的任何利益、优惠、特权或豁免,该成员均应无条件立即将其提供给其他所有人。

但是,TRIPs 协议的最惠国待遇不适用以下例外:(1)由一般司法协助和法律执行的国际协定而产生,并非专为保护知识产权而设;(2)依照《伯尔尼公约》(1971 年文本)或《罗马公约》,允许不依照国民待遇而是根据另一国家待遇而给予的具有互惠性质的待遇;(3)关于本协议规定的表演者、录音制品作者和广播组织者的权利;(4)《建立世界贸易组织协定》生效前已经生效的有关知识产权保护的国际协定所产生的,但以该项协定已经通知与贸易有关的知识产权理事会,并且对其他成员国民不构成任意的或无理歧视为前提。

根据 TRIPs 协议第 5 条规定,最惠国待遇原则不适用于在 WIPO 主持下订立的有关取得或维持知识产权的多边协定中规定的程序。

(三)最低保护标准原则

TRIPs 协议第 1 条第 1 款就明确规定"各成员应使本协议的规定生效",在第 72 条还规定"未经其他成员同意,不得对本协定的任何规定提出保留。"这即是 TRIPs 协议设定的知识产权的最低保护标准原则。对于超出 TRIPs 协议要求的保护,TRIPs 协议第 1 条第 1 款规定,只要不违反 TRIPs 协议,各成员可以作出这样的规定,但成员并没有这样的义务非作出这样的规定不可。

▶ 四、TRIPs 协议的保护范围

TRIPs 协议在其序言中明确宣布知识产权是私权,这并非无意之举,而是针对国际上存在对知识产权的基本性质有两种根本对立的理解以及适用不同性质的制度而作出的反应。

根据 TRIPs 协议第 1 条第 2 款的规定,知识产权的范围包括以下几个方面:

(一)著作权与邻接权

1. 关于著作权的保护

TRIPs 协议第 9 条第 1 款规定,各成员国必须遵守《伯尔尼公约》(1971 年文本)第 1 至 21 条及其附录的实体规定。但是,对于该公约第 6 条之二授予或派生的权利,各成员在本协议项下没有权利或义务。

TRIPs 协议第 9 条第 2 款明确规定,著作权保护仅延及表达方式,而不延及思

想、程序、操作方法或数学概念本身。

TRIPs协议还将计算机程序和数据库纳入到著作权保护的客体。该协议第10条规定:"计算机程序,无论是源程序还是目标程序,必须按照《伯尔尼公约》(1971年文本)作为文字作品加以保护。""数据汇编或其他资料,无论机器可读还是其他形式,只要由于对其内容的选取或编排而构成智力创作,即应作为智力创作加以保护。该保护不得延及数据或资料本身,并不得损害存在于数据或资料本身的任何版权"。

在《伯尔尼公约》之外,TRIPs协议还规定了计算机程序和电影作品的出租权。根据协议第11条规定,每个成员应给予计算机程序和电影作品的作者及其合法继承人向公众出租其原作或其原作的复制品的权利。但TRIPs协议对此也规定了例外,即:对于电影作品而言,出租电影作品未导致对该作品的大量复制,从而没有实质性减损该成员授予作者及其合法继承人的专有复制权;对于计算机程序,如果该程序本身不是出租的主要标的,这些都不在此限。

关于作品的保护期问题上,TRIPs协议第12条对《伯尔尼公约》作出补充规定:除摄影作品或实用艺术作品外,只要作品的保护期限不以自然人的生命为基础计算,则该期限自作品经授权出版的日历年年底计算即不得少于50年,或如果该作品在创作后50年内未经授权出版,则为自作品完成的日历年年底起计算的50年。

关于著作权的限制和例外。TRIPs协议只在第13条作出概括性的规定:各成员对作者专有权所作出的限制或例外仅限于某些特殊情况,且与作品的正常利用不相冲突,也不得无理损害权利持有人的合法权益。这是判断合理使用的"三步检验法"标准在国际条约层面上的约定。

2. 关于邻接权的保护

根据TRIPs协议第14条的规定,邻接权包括表演者权、录音制品制作者权和广播组织权。

(1) 表演者权。根据TRIPs协议第14条第1款,对于将其表演固定在录音制品上的情况,表演者应有可能防止下列未经其授权的行为:固定其未曾固定的表演和复制该录制品。表演者还有权阻止以无线广播方式播出和向大众传播其现场表演的未经其授权的行为。

(2) 录音制品制作者权。根据TRIPs协议第14条第2款,录音制品制作者应享有准许或禁止直接或间接复制其录音制品的权利。如录音制品用于出租的,协议第14条第4款规定:协议第11条关于计算机程序的规定在细节上作必要修改后适用于录音制品制作者和按某成员法律确定的录音制品的任何其他权利持有人。

(3) 广播组织权。根据TRIPs协议第14条第3款,广播组织有权禁止下列未经其授权的行为:录制、复制录制品、以无线广播方式转播以及将其电视广播向公众传播。如各成员未授予广播组织此类权利,则在遵守《伯尔尼公约》(1971年文本)规定的前提下,应给予广播的客体的版权所有权人阻止上述行为的权利。

（4）邻接权的保护期限。TRIPs 协议第 14 条第 5 款规定表演者和录音制品制作者享有的权利，自该固定或表演完成的日历年年底计算，应至少持续至 50 年年末。广播组织权自广播播出的日历年年底计算，应至少持续 20 年。但 TRIPs 协议允许成员对前述邻接权在《罗马公约》允许的限度内，规定条件、限制、例外和保留。

（二）商标权

1. 受保护的商标权客体

与《巴黎公约》不同，TRIPs 协议第 15 条第 1 款为商标规定了明确的条件："任何标记或标记的组合，只要能够将一企业的货物和服务区别于其他企业的货物或服务，即能够构成商标。此类标记，特别是单词，包括人名、字母、数字、图案的成分和颜色的组合以及任何此类标记的组合，均应符合注册为商标的条件。如标记无固有的区别有关货物或服务的特征，则各成员可以由通过使用而获得的显著性作为注册的条件。各成员可要求，作为注册的条件，这些标记应为视觉上可感知的。"

关于商标注册的条件，TRIPs 协议强调的是商标标识的"视觉识别性"，即只有在视觉上可识别的标识才能作为商标注册，而以听觉、味觉识别的标识则不在此列。

TRIPs 协议第 15 条第 3 款确认了各成员可以将使用作为注册条件，但不得将商标的实际使用作为接受申请的条件。此外，第 4 款还别规定商标所适用的货物或服务的性质不得形成对商标注册的障碍。各成员应对注销注册的请求给予合理的机会，此外可提供机会以便对商标的注册提出异议。

2. 授权及其例外

TRIPs 协议第 16 条规定了权利人享有注册商标专用权的范围。对于普通商标，注册商标所有人有权禁止第三人未经许可在相同或类似的商品或服务中，使用相同或类似的标识，以免造成混淆。对驰名商标，TRIPs 协议第 16 条第 2 款规定，《巴黎公约》第 6 条之二关于驰名商标的规定经必要修正后可以适用。在确定某商标是否驰名时，各成员应考虑相关公众对该商标的了解程度，包括在该成员中因促销该商标而获得的了解程度。除此之外，TRIPs 协议还对驰名商标提供了跨类别的保护，只要该商标在对那些与已注册商标的货物或服务不相类似的货物或服务的使用方面，可表明这些货物或服务与该注册商标所有权人之间存在联系，且此类使用有可能损害该注册商标所有权人的利益。

根据 TRIPs 协议第 17 条规定了商标的合理使用。成员可以对商标授予的权利规定有限的例外，如合理使用描述性词语，只要此类例外考虑到商标所有权人和第三方的合法权益。所谓描述性词语，是指具体说明商品或服务的性质、用途、原料等不宜专属于特定主体的语词。

3. 商标的保护期限

TRIPs 协议第 18 条，商标首次注册及每次续展，其期限均不得少于 7 年。商标的注册应可以无限续展。

4. 商标的使用义务

根据 TRIPs 协议第 19 条,如果成员内国法要求商标的使用作为维持商标权有效的前提,那么,只有在商标权人连续三年没有正当理由不使用的情况下才可以取消此项注册需要注意的是,在受注册商标所有人控制的前提下,另一人使用该商标被视为对该商标的使用。

5. 商标的许可使用与转让

TRIPs 协议第 21 条规定,商标许可使用与转让的条件,完全由成员内国法规定,但是,不应采用强制许可,并且注册商标所有人有权将商标与该商标所属业务同时或不同时转让。该规定改变了《巴黎公约》第 6 条之四规定的企业和商誉与商标同时转让的条件。

(三) 地理标志

1. 地理标志的保护

地理标志是指指识别一货物来源于一成员领土或该领土内一地区或地方的标识,该货物的特定质量、声誉或其他特性主要归因于其地理来源。TRIPs 协议要求成员应对地理标志提供充分的法律保护,以防止下列行为的发生:(1) 在一货物的标志或说明中使用任何手段标明或暗示所涉货物来源于真实原产地之外的一地理区域,从而在该货物的地理来源方面使公众产生误解;(2) 构成《巴黎公约》(1967 年文本)第 10 条之二范围内的不公平竞争行为。TRIPs 协议第 22 条允许成员对假冒的地理标识可其立法拒绝注册,或宣布注册无效。TRIPs 协议对葡萄酒或烈性酒地理标志附加保护。

2. 地理标志保护的例外

TRIPs 协议第 24 条对于地理标志保护的例外作出具体规定,其所涉及的内容,可以归纳如下:(1) 在先使用和善意使用。如果一个成员的国民或居民,于其所属的成员的领域内在其酿制或销售的葡萄酒、烈性酒上连续使用另一个成员的表明葡萄酒、烈性酒的特定地理标志,至乌拉圭回合谈判结束之日起已满 10 年;或在该日期以前的使用是善意的,不在此限。(2) 在先权利。如一个成员依照协议,为适用本协议所作的过渡安排设定的日期以前,或地理标志在起源国获得保护以前,已善意地获得某一商标的注册,或业经善意使用而获得商标权保护,则该商标不应因为实施本协议的目的而遭受任何损害,以致影响到其效力。(3) 地理标志中的习惯用语。如果一成员在其领土内,以通用语言中作为某一类商品或服务的普通名称的惯用术语,与其他成员的相同或类似的商品或服务上使用的地理标志相同或类似,不受本协议的禁用的限制。如果一个成员领土内已有的葡萄酒品种的惯用品种的惯用名称与其他成员的关于葡萄酒品种及产品的地理标志在本协议生效之日起仍旧相同,亦不受本协议禁用规定所限。(4) 地理标志的注册申请对抗非法使用的期限。TRIPs 协议第 24 条第 7 款规定,申请地理标志的注册请求,必须在受保护的地理标志不被作为地理标志使用在该成员域内已经为人所共知之后的 5 年内提出,如果该商标在注册之日已被公布,并且公布之日早于上述"人所共知"之日,则须在该商标注册后 5 年内提出,只要对该地理标志的使用或注册不是恶意的。(5) 有关姓名的使用权。协议的规定并不排除任何人在贸易过程中使用自己的姓名或其前任的姓名,只要这种使用方式不至于导致公众的误解和混淆。(6) 在原产地不受保护或已被终止、废弃的地理标志在本协议项下不受保护。①

(四) 工业品外观设计

1. 获得保护的条件

《巴黎公约》虽将工业品外观设计作为保护对象,但受保护的条件以及具体的权利内容,则由各国自行规定。TRIPs 协议第 25 条第 1 款对工业品外观设计获得保护规定两个条件:(1) 工业品外观设计必须是独立创作的;(2) 工业品外观设计必须具有新颖性或独创性。能够满足上述条件的工业品外观设计,成员均应提供保护。各成员可规定,如工业品外观设计不能显著区别于已知的设计或已知设计特征的组合,则是不具有新颖性或独创性的设计。各成员可规定该保护不应延及主要出于技术或功能上的考虑而进行的设计。

2. 工业品外观设计的保护

工业品外观设计权利人有权阻止第三方未经其同意而为商业目的生产、销售或进口所载或所含设计是一受保护设计的复制品或实质上是复制品的物品。工业品外观设计的保护期至少为 10 年。

(五) 专利

1. 可获专利的主题

根据 TRIPs 协议第 27 条第 1、2、3 款的规定,专利可授予所有技术领域的任何发明,无论是产品还是方法,只要它们具有新颖性、创造性和实用性。但在下述两种情况下,各成员可拒绝对发明授予专利权:(1) 在该成员领土内阻止对这些发明的商业利用是维护公共秩序或道德,包括保护人类、动物或植物的生命或健康或避免对环境造成严重损害所必需的,只要此种拒绝授予并非仅因为此种利用为其法律所禁止。(2) 人类或动物的诊断、治疗和外科手术方法;以及除微生物外的植物和动物,以及除非生物和微生物外的生产植物和动物的主要生物方法。但是,各成员应规定通过专利或一种有效的特殊制度或通过这两者的组合来保护植物品种。

2. 授予的权利及保护期

根据 TRIPs 协议第 28 条的规定,专利权人享有下列专有权利:(1) 对产品专利,则有权制止第三方未经许可而进行制造、使用、许诺销售、销售或为这些目的而进口该产品的行为;(2) 对方法专利,则有权制止第三方未经许可而使用该方法的行为,以及使用、许诺销售、销售或为上述目的而进口至少是依照该方法直接获得产品的行为。专利权人还有权转让或以继承方式转移其专利并订立许可合同。TRIPs 协议

---

① 刘春田主编:《知识产权法》(第三版),中国人民大学出版社 2007 年版,第 539 页。

规定专利保护期应不少于20年,自专利申请日起算。

3. 授予权利的例外

TRIPs协议第30条规定,各成员可对专利授予的专有权规定有限的例外,只要此类例外不会对专利的正常利用发生不合理冲突,也并未不合理地损害专利权人的合法权益,同时考虑第三方的合法权益。

4. 未经权利持有人授权的其他使用

除了上述的例外情况,许多国家的法律还允许第三人可以在未经专利权人许可下实施其专利,但必须满足一定的条件,如强制许可。TRIPs协议的第31条将这种情况视为"其他使用",但不包括前述第30条所规定的例外情形。TRIPs协议第31条主要规定了专利的强制许可制度。各国授予强制许可的,必须遵守该条对此附加的以下12项条件,包括此种使用的授权应个案考虑;申请使用人在申请提出前已经合理的依照商业条款和条件去努力获取权利人的授权,但是,在合理的时间内该种努力未获成功;或者在全国处于紧急状态或其他极端紧急的状态下;或者为了公共的、非商业性目的的使用;这种使用应当是非独占性的;等等。

针对药品专利的强制许可问题,WTO第四届部长会议于2001年11月14日通过的《关于TRIPs协议与公共健康的宣言》(多哈宣言)承认公共健康问题严重影响许多发展中国家和最不发达国家,特别是影响那些遭受艾滋病、结核病、疟疾和其他传染病的国家,重申成员承担TRIPs协议所规定义务的同时,确认该协议能够也应当以一种有助于成员维护公共健康的权利,特别是促进所有人获得药品的权利的方式进行解释和实施,承认知识产权保护对于发展新药的重要性,同时也承认对有关知识产权保护对价格所产生影响的关注。该宣言重申WTO成员有权充分运用TRIPs协议中为此而给予灵活性的条款,这种灵活措施包括各成员有权批准强制许可,并且可以自由决定批准强制许可的理由;有权决定构成国家紧急状况或其他紧急情况的条件。公共健康危机,包括与艾滋病、结核病、疟疾以及其他传染病有关的危机,可构成上述国家紧急状况或其他紧急情况。该宣言承认那些在药物生产领域生产能力不足或者没有生产能力的WTO成员方按照TRIPs协议的规定在有效利用强制许可方面可能面临困难,并责成TRIPs理事会在2002年底前提出解决这一问题的方案并向总理事会报告。总理事会于2003年8月30日通过《关于TRIPs协议与公共健康多哈宣言第六段的执行》的决议,允许发展中国家或最不发达国家的成员可以豁免TRIPs协议第31条(f)规定的义务(指"任何此种使用的授权应主要为供应授权此种使用的成员的国内市场"),使该成员能够将其在强制许可下生产或进口的药品出口到属于同一区域性贸易协议成员,且面临同一健康问题的其他发展中或最不发达国家成员。本条款并不损害有关专利权的地域性特征。其后,许多成员,包括中国在内,相继修改了其专利法,以落实总理事会的上述决议。

5. 撤销/无效的司法审查

TRIPs协议第32条原则规定,对任何有关撤销或宣布某一专利无效的决定应可进行司法审查。

6. 方法专利及举证责任

TRIPs 协议第 34 条为方法专利提供了特别保护。按照该条规定,在方法专利的民事诉讼中,实行举证责任倒置,由被告证明其获得相同产品的方法不同于已获专利的方法。但是,为了防止方法专利权人滥用诉权,协议第 34 条规定,各成员应规定至少在下列一种情况下,任何未经专利权人同意而生产的相同产品,如无相反的证明,则应被视为是通过该已获专利方法所获得的:(1)通过方法专利获取的产品是新的;(2)通过这种方法生产的相同产品存在实质性相似,而专利权人经过必要的努力又不能确定事实上使用了该方法的。如果被告能够提出相反证据,则其商业秘密不应因此受到侵害。

（六）集成电路布图的保护

《关于集成电路的知识产权条约》是有关集成电路的专门条约。TRIPs 协议规定,各成员应按照该条约的相关规定对集成电路布图提供保护。此外,TRIPs 协议还作了一些补充规定:

（1）保护范围。TRIPs 协议规定,为商业目的进口、销售或分销一受保护的布图设计、含有受保护的布图设计的集成电路、或含有此种集成电路的物品,只要该集成电路仍然包含非法复制的布图设计,该行为未经权利持有人的授权的,则为非法。与《关于集成电路的知识产权条约》相比,TRIPs 协议增加了对包含非法复制的布图设计的集成电路的物品的进口、销售以及其他商业性分发的禁止权。

（2）无需权利持有人授权的行为。TRIPs 协议第 37 条规定了无需权利持有人授权的两种行为:善意买主和强制许可。

善意买主的情形是指从事或命令从事与含有非法复制的布图设计的集成电路或包含此种集成电路的物品有关的行为的人,在获得该集成电路或包含该集成电路的物品时,不知道且无合理的根据知道其中包含此种非法复制的布图设计者,则不得将该行为视为非法。该条是对《关于集成电路的知识产权条约》第 6 条第 4 款的补充。《关于集成电路的知识产权条约》第 6 条第 4 款虽然规定了善意买主的情形,但没有明确将含有此种集成电路的物品包括在内。虽然前述"善意买主"的情形不构成侵权,但 TRIPs 协议要求各成员应规定行为人有责任向权利持有人支付费用,数额相当于根据就此种布图设计自愿达成的许可协议应付的合理使用费。

强制许可的情形规定在第 37 条第 2 款。TRIPs 协议要求应适用前述有关专利"未经权利持有人授权的其他使用"中所规定的相关条件。TRIPs 协议这样规定实际上是将《关于集成电路的知识产权条约》有关强制许可的内容排除适用了。[1]

（七）对未披露信息的保护

TRIPs 协议规定了未披露信息的保护根据 TRIPs 协议第 39 条第 2 款的规定,未披

---

[1] 唐广良、董炳和:《知识产权的国际保护》(修订版),知识产权出版社 2007 年版,第 227 页。

露信息的构成须满足三个条件:(1)未披露信息具有秘密性,即作为一个整体或就其各部分的精确排列和组合而言,该信息尚不为通常处理所涉信息范围内的人所普遍知道,或不易被他们获得;(2)未披露信息因其秘密性而具有商业价值;(3)由该信息的合法控制人,在此种情况下采取合理的步骤以保持其秘密性质。以违反诚实商业行为的方式披露、获得或使用未披露信息的行为至少包括以下违约、泄密和违约诱导,并且包括第三方已经知道或应当知道但因严重疏忽未能知道而取得未披露信息的行为。

(八)对许可协议中限制竞争行为的控制

由于知识产权许可活动中经常有一些条款和条件限制竞争,对贸易产生不利影响,并会妨碍技术的转让和传播。TRIPs协议注意到这个问题,并在第40条作了原则规定。按照该条规定,成员可在其立法中明确规定在特定情况下可构成对知识产权的滥用并对相关市场中的竞争产生不利影响的许可活动或条件,并可在与TRIPs协议其他规定相一致的条件下,可按照该成员的有关法律法规,采取适当的措施以防止或控制此类活动,包括诸如独占性返授条件、禁止对知识产权的有效性提出异议的条件和强制性一揽子许可等。

▶ **五、执法与争端解决机制**

如前所述,TRIPs协议产生的原因之一就在于既往的知识产权国际公约缺乏行之有效的实施程序和争端解决机制,约束力不强。TRIPs协议弥补了上述之不足。与以往的知识产权国际公约只规定实体权利、获得与维持程序相比,TRIPs协议的权利实施程序对权利的实现提供了具体的保证。对任何受歧视或侵权行为在公平的非歧视性的执法程序保障下,有机会获得及时和有效的司法救济;与此同时,被控侵权人也同样可以获得为自己辩护的机会。实体权利规范和实施程序规范相结合是TRIPs协议最重要的特点。① 加上WTO争端解决机制,使得TRIPs协议成为众多知识产权国际公约中最具执行力的条约。

WTO的知识产权争端解决机制,包括基本原则、管辖范围、规则、程序、效力等内容。除适用GATT和其他普遍适用的制度和原则以外,TRIPs协议还规定了争端的防止和解决机制。WTO框架下的知识产权争端解决机制由两部分构成:一是以《关于争端解决规则与程序的谅解》(《谅解》)为主要法律文件的WTO争端解决制度的普遍性规范。二是以TRIPs协议第五部分条款为内容的知识产权争端解决的特殊性规范。根据《谅解》第1条第1款的规定,TRIPs协议是《谅解》的适用协议之一。TRIPs协议第五部分就《谅解》对其的适用规则进行了具体规定②。将TRIPs协议争端解决纳入到WTO解决争端谅解的机制,为监督成员方内部执法的公正性提供了保障。

---

① 刘春田主编:《知识产权法》,中国人民大学出版社2000年版,第411页。
② 古祖雪:《国际知识产权法》,法律出版社2002年版,第269页。

第七章　知识产权的管理和运用

知识产权管理和运用是充分发挥知识产权价值的重要手段,本章主要介绍了关于知识产权的管理和运用的概念、特征等基本理论问题,并着重对企业的知识产权管理以及知识产权运用的主要形式进行了较为详细的介绍。

第一节　知识产权管理和运用概述

▶ 一、知识产权管理的概念、特征和类型

（一）知识产权管理的概念和特征

知识产权管理，是随着知识经济的发展、对无形资产管理的需求等因素催生并发展出的一个新的管理理念。[①] 所谓管理，就是在特定的环境下，对组织所拥有的资源进行有效的计划、组织、领导和控制，以便达到既定组织目标的过程。因此，知识产权管理就是对知识产权工作加以计划、组织、领导和控制的活动和过程。[②] 知识产权管理一般由管理机构、管理制度、管理方法和管理目标四个要素构成。从广义上讲，知识产权管理包括行政部门的知识产权管理、行业的知识产权管理、企业的知识产权管理以及事业单位的知识产权管理等。狭义的知识产权管理仅指企业的知识产权管理。

知识产权管理属于管理范畴，但是与一般意义上的行政管理、企业管理等存在比较明显的区别。一般而言，知识产权管理具有以下几个特征：

（1）合法性。知识产权是权利人对其智力成果和经营标记依法享有的排他性专有权，是以法律形式赋予知识产权所有人的一种专有权，国家制定了一系列有关知识产权管理和保护的法律。无论是知识产权的获得、流通、转让、许可使用或者纠纷的处理，都要严格受法律的制约。知识产权管理的合法性，就是指知识产权的管理应当遵循相关的知识产权法律制度、在法律框架下进行。

（2）市场性。知识产权是现代市场竞争中的重要武器，也是国家竞争力的重要体现。为了充分发挥知识产权在生产竞争中的重要作用，知识产权管理应当遵循市场经济规律，以市场为导向，维护市场经济秩序、提高企业竞争能力，实现市场化管理。

（3）动态性。知识产权管理的市场性决定了知识产权管理需要根据市场的变动作出相应的调整，以适应这种变化。同时，由于知识产权具有时间性的特点，知识产权法律状态随时间不断变化，必须采取不同的策略，对知识产权必须实施动态管理。另外，国家知识产权制度和政策的调整，也会对知识产权管理造成影响。因此，知识产权管理的动态性，就是指知识产权管理者根据被管理的知识产权的具体情形、市场发展变化、国家宏观政策变化等，对知识产权的管理及时作出调整。

（4）从属性。知识产权管理只是国家宏观管理及企业经营管理的一部分，既要

---

① 参见马海群等编著：《现代知识产权管理》，科学出版社2009年版，第6页。
② 吴汉东主编：《知识产权法通识教材》，知识产权出版社2007年版，第319页。

与其他领域的管理结合起来,还要符合全局性管理的整体战略思路。① 需要注意的是,知识产权管理的从属性特征并不否定知识产权管理具有较强的专业性,因此,需要专门的管理部门和人员实施。

(5) 文化性。知识产权管理的文化性,是指知识产权管理蕴含着深厚的文化底蕴,体现了知识产权管理者所具有的文化素养,促进知识产权文化的构建与形成。②

(二) 知识产权管理的主要类型

根据不同标准,知识产权管理可以被划分为不同的种类。根据知识产权管理主体的不同,可以将知识产权管理划分为政府部门的知识产权管理、行业的知识产权管理、企业的知识产权管理、事业单位的知识产权管理等;根据知识产权管理客体的不同,可以将知识产权管理划分为专利管理、商标管理、版权管理以及其他知识产权管理;根据知识产权管理模式的不同,可以将知识产权管理划分为集中统一管理、相对集中统一管理和分散管理等。

以下对根据知识产权管理主体不同进行的分类作一介绍:

1. 政府部门知识产权管理

政府部门知识产权管理,主要包括知识产权的授权、知识产权行政执法、纠纷调处、市场秩序的维护等内容。中国现行的知识产权行政管理体制,主要由中央和地方两个层面组成。总体来看,中国现行的知识产权行政管理体制主要采取"分而治之"的管理方式,专利、商标、著作权等归属不同部门管理。中央到地方各级行政管理部门呈现"多层级"的特点,不同地方层级和编制设置也不同。

在中央层面,国家知识产权局及其下设的专利局是管理专利和集成电路布图设计,以及统筹协调知识产权事宜的机构;商标和著作权的管理分属国家工商行政管理总局和国家版权局负责。除此之外,其他知识产权则由相关的国家部门负责:不正当竞争行为由国家工商行政管理总局公平交易局的反不正当竞争处管理;地理标志归国家质量监督检验检疫总局和农业部管理;植物新品种权由农业部和林业局的植物新品种办公室负责;国际贸易中的知识产权由商务部负责;与科技有关的知识产权由科学技术部管理;与进出境货物有关的知识产权由国家海关总署负责;互联网域名则由工业信息化部管理。③ 同时,地方层面也是采取分别管理的方式,将专利、商标、版权等客体归属不同的与中央管理部门对应的机构负责,涉及地方知识产权局、工商行政管理局、版权局(新闻出版局)、科技局(科技厅)、技术监督局、海关

---

① 马海群等编著:《现代知识产权管理》,科学出版社2009年版,第9页。
② 罗国轩主编:《知识产权管理概论》,知识产权出版社2007年版,第28页。
③ 丛雪莲:《中国知识产权行政管理机构之设置与职能重构》,载《首都师范大学学报》(社会科学版)2011年第5期,第137页。

等多个部门。①

纵向来看,现行知识产权行政管理体制从中央到地方分为多个管理层次。著作权由国家版权局实行垂直领导,商标由国家工商行政管理总局商标局统一注册,分级管理,有较统一的自上而下的管理体系。

2. 行业知识产权管理

行业知识产权管理,是指各行业协会、行业管理者或者组织根据各自的情况,依据法律规定所进行的知识产权管理。从某种意义上说,行业知识产权管理比单个企业所进行的知识产权管理具有更加重要的作用,是产业和企业后续发展的基础。根据WTO规则,政府对企业的经济活动只能起到引导的作用;而行业协会则可以充分发挥其整合力量,促进相关行业的技术创新,实现行业整体的对外抗衡能力。例如,在技术标准的制定和研发过程中,需要凝聚整个行业的力量,行业中技术标准的形成,就是行业知识产权管理的重要内容和成果。以家电行业为例,在经历了DVD大战之后,由多家影碟机企业共同出资、在行业协会的统一规划下研发了新的EVD标准,该标准建立之后,再以通过收取少量专利费的方式,使所有的企业都能够参与到新EVD标准的影碟机市场推广中去。

3. 企业和事业单位的知识产权管理

企业知识产权管理是企业为规范企业知识产权工作,充分发挥知识产权制度在企业发展中的重要作用,运用知识产权制度的特性和功能,从法律、经济和科技的角度,对企业知识产权的开发、保护和营运而进行的有计划地组织、协调、谋划和利用的活动。② 企业知识产权管理是企业管理的重要组成部分。企业知识产权管理的根本目的,主要在于将企业的人力资源、技术信息、管理方式、市场分析等知识资源与企业的资源以及企业经营战略资源等予以有效整合,面向市场促进企业的知识产创新,以此来实现企业知识产权的有效应用。③

与企业不同,事业单位是指国家以社会公益为目的的,由国家机关举办或者其他组织利用国有资产举办的,从事教育、科技、文化、卫生等活动的社会服务组织。作为知识产权的拥有者和使用者,企业和事业单位的知识产权管理由于其性质不同而具有不同的特征。尤其是高等学校、科研院所,作为拥有大量知识产权的事业单位,更需要建立一整套知识产权管理体系。

---

① 由于各地实际情况的差异,管理机构的设置也呈现多元化。以专利为例,管理专利工作的机构为知识产权局或专利管理局,或者是科学技术局或其下设机构,有的地方则是由地方政府设立的专门机构负责专利的管理。而这些管理机构有的是行政机关(如河北、江苏知识产权局,为省科技厅下属局),有的则是直接事业单位(如北京、天津知识产权局),为政府直属独立局。专利方面,地方行政管理机构有正厅级的机构(如北京、上海、湖南知识产权局),也有副厅级(如天津、河北、浙江知识产权局)、正处级(如山西、西藏、青海知识产权局)的机构,级别设置不统一。参见杨美琳:《论中国知识产权行政管理体制的完善》,载《保定学院学报》2012年第2期,第68—69页。
② 吴汉东主编:《知识产权法通识教材》,知识产权出版社2007年版,第319页。
③ 蒋坡主编:《知识产权管理》,知识产权出版社2007年版,第37页。

二、知识产权运用的概念和特征

长期以来,中国仅仅强调知识产权的获取和保护,随着《国家知识产权战略大纲》(2008)的颁布,知识产权如果不运用就不能发挥其价值已经成为社会共识。伴随着国家和企业对知识产权运用的重视,知识产权运用已经成为近年来的热门词汇。但是,作为新出现的概念,学界对知识产权运用的理论概括则少之又少。同时,与知识产权运用含义相近的,还有知识产权运营、知识产权利用等概念。上述概念之间不存在明显的界限。实际上,提出知识产权的运用,目的在于强调实现知识产权价值的重要性。需要注意的是,与知识产权管理的概念不同,知识产权运用并非一个严格的学理概念。但是,这并不意味着无法对其内涵和特征进行概括。根据2013年工业和信息化部印发的《工业企业知识产权管理指南》,"知识产权运用是指各类市场主体依法获得、拥有知识产权,并在生产经营中有效利用知识产权,增强知识产权防卫能力,实现知识产权价值的活动"。可见,知识产权运用就是为了实现知识产权的价值对知识产权进行有效利用的各种手段、策略的总称。上述内容可以被包含在知识产权管理之中,因此,知识产权运用属于广义的知识产权管理的组成部分。在上述概念的基础上,可以对知识产权运用的特征作如下的归纳:

(1) 目的性。知识产权运用是实施知识产权战略的核心,加强知识产权的创造、管理和保护的目的是为了提高知识产权的运用能力,全面提高企业的市场竞争力和国家的核心竞争力。知识产权运用的目的在于有效利用知识产权、实现知识产权的价值。知识产权只有通过实际的营运和利用才能为企业带来良好的经济效益,因此知识产权的获取和保护,并不是知识产权战略实施的最终目的,对于国家和企业的关键在于通过知识产权的取得在市场中转化利用而形成现实的生产力。因此,知识产权运用是知识产权获取和保护的最终目的,知识产权有效运用是创新发展的基本目标。

(2) 多样性。知识产权运用的手段具有多样性。《工业企业知识产权管理指南》(2013)指出,"企业知识产权运用包括知识产权获得、实施、许可、转让、产业化等"。在实践中实现知识产权价值的方式有很多,例如,权利人行使知识产权、知识产权转让、知识产权许可、知识产权质押等等,以及在这些基本的知识产权运用形式的基础之上衍生出来的其他形式,例如,专利布局、专利池、特许经营,甚至风险投资、资产证券化等。

(3) 灵活性。知识产权运用策略具有灵活性的特点。知识产权运用的手段具有多样性,为灵活选择知识产权运用策略提供了前提和基础。知识产权的运用要因势利导,不同的企业、不同的新技术需要采取不同的运用策略。例如,权利人自己利用其知识产权是一种可以考虑的选择,但是不一定是最佳选择。如果知识产权所有人缺乏利用能力或者没有利用的必要时,则可以选择许可、特许经营或者转让、出资、融资等方式加以利用。权利人利用知识产权设置市场壁垒,也可以通过建立专利池来对知识产权分享和市场份额作出精细的安排,实现竞争伙伴之间的强强联合或者策略联合。①

三、知识产权管理和运用的重要意义

知识产权作为自主创新能力和水平的集中体现,是国家和企业提高竞争力的核心要素,是实现可持续发展的重要战略资源。提升知识产权创造、运用、保护和管理能力,是《国家知识产权战略纲要》(2008)的明确要求。知识产权管理和运用是在知识产权创造和保护基础上对知识产权工作提出的更高层次的要求。知识产权管理在整个知识产权工作中起着基础性、全面性的重要作用,只有知识产权管理水平提高了,知识产权的创造、保护和运用才能得以实现。具体来讲,知识产权管理和运用的重要意义主要表现在以下几个方面:

1. 有利于促进创新

加强知识产权管理是提高知识产权创造的数量和质量必要条件。从政府部门层面看,大部分知识产权,例如专利、商标、集成电路布图设计权、植物新品种权等都需要行政机关依法授予相关的权利。政府部门知识产权管理水平,涉及知识产权审查的效率和质量等,直接影响一国知识产权创造数量和质量。从企业层面上看,良好的知识产权管理可以明确创新目标,提高创新研发的起点、避免重复研究,调动发明人、设计人的创造积极性。

2. 有利于提高知识产权保护水平

相对而言,知识产权保护侧重于事后救济,而知识产权管理则侧重于事前预防。对于企业来说,通过知识产权管理,能够及时把握其拥有的知识产权的数量、内容、法律状态等方面的信息,这样可以为知识产权保护奠定坚实的基础。从政府部门层面看,加大知识产权执法的协调管理,以及逐步完善知识产权管理部门的内部管理,可以为知识产权提供更为有效的保护。

3. 有利于充分利用知识产权

整体而论,中国自主知识产权数量和规模较为可观,但质量和水平尚有差距,其转化运用和实施效益亟待提高。从政府部门层面看,强化知识产权运用,是提高本国竞争力行政管理的主要任务之一。而企业才是知识产权运用的主体,因此应提高企业的知识产权运用能力,促使企业有效利用知识产权、实现知识产权的价值。知识产权运用是全面提高企业的市场竞争力和国家的核心竞争力的重要手段之一。同时,知识产权管理水平的高低制约着知识产权运用能力的充分发挥。知识产权管理是企业经营管理活动中的重要环节,通过知识产权管理能够提高知识产权的经济效益。知识产权盈利的主要手段是知识产权的实施、转让和许可,在这些工作过程中,均涉及知识产权管理的相关内容。

---

① 罗国轩主编:《知识产权管理概论》,知识产权出版社2007年版,第100—101页。

第二节 企业知识产权管理

从企业的层面看,知识产权已经成为争夺市场、谋求经济利益最大化的主要工具。企业知识产权管理对于企业的发展至关重要,拥有知识产权、对知识产权进行管理是企业发展不可阻挡的潮流。中国制定了《企业知识产权管理规范》(2013),提供了基于过程方法的企业知识产权管理模型,用以指导企业策划、实施、检查、改进知识产权管理体系。

▶ 一、企业知识产权管理的基本目标

企业的知识产权管理属于企业经营管理的一部分,其目标在于协调相关资源,实现知识产权资源的优化配置,为企业的市场竞争服务。[①] 具体来讲,企业知识产权管理的基本目标有:(1) 增强企业的知识产权意识。企业在知识产权管理的过程中,通过宣传、培训、教育等方式来增强企业管理层和员工的知识产权意识,从而为企业知识产权工作的顺利开展奠定基础。(2) 大力发展自主知识产权。企业知识产权管理的重要组成部分就是技术开发的管理、专利的申请、商标品牌的宣传和推广。通过企业的自主研发以及品牌的推广,可以促进企业自主知识产权的发展,从而增强企业的市场竞争力。(3) 防止企业无形资产的流失。企业可以通过知识产权管理来规范企业及其员工的行为,防止企业无形资产的流失。比如,商标在境外被抢注,企业的技术因为未申请专利而被他人无偿使用,企业的商业秘密因保密不力而泄露等等。(4) 提高企业知识产权的收益。知识产权是企业的重要无形资产,但知识产权本身只有通过实际利用才能为企业带来实际的收益。企业通过知识产权的运营,如用企业的知识产权进行融资、投资,或者许可他人使用,或者进行转让等,都可以为企业带来巨大的收益。(5) 加强企业知识产权的保护。只有通过及时有效的知识产权管理,企业才能知己知彼,既及时保护自身的知识产权不受侵犯,也避免重复研发和侵犯他人的知识产权,避免产生知识产权纠纷争端。

▶ 二、企业知识产权管理体系的建立

(一) 管理部门

知识产权管理部门,是指企业中专门履行知识产权管理职责的部门。目前,几乎所有的跨国企业,例如摩托罗拉、IBM、松下、东芝等都设有专门的知识产权管理部门,海尔、华为等国内企业也建立了知识产权部。可见,大型企业设立自有的知识产权法律部门专门处理相关纠纷已经成为趋势,对于中小企业而言,也可以确定知识产权管理的工作人员,专门负责知识产权管理工作。

---

① 吴汉东主编:《知识产权法通识教材》,知识产权出版社2007年版,第321页。

企业知识产权部门的职责应包括：(1) 对企业生产经营活动中涉及知识产权的部分提供建议；(2) 与研发人员、技术人员沟通，挖掘创新发明并及时申请保护，专利、商标、技术秘密等工业产权的取得与维持；(3) 收集知识产权情报，建立知识产权档案；(4) 对涉密文件的管理；(5) 处理侵权案件；(6) 负责知识产权的实施与收益管理，组织谈判及签订关于知识产权的合同；(7) 起草企业知识产权保护与管理政策及具体实施措施，并提出建议。

知识产权管理部门应由具有专业知识、技能的人员组成。

（二）管理制度

企业实施知识产权管理，宏观上要制定和实施知识产权战略，在微观上要制定和实施知识产权管理制度。制定完整的知识产权管理制度是知识产权管理的基础，是企业根本制度上的构建，企业根据需要可制定专门或综合性的知识产权管理制度。具体来讲，企业的知识产权管理制度应包括以下几个主要方面：(1) 知识产权议事决策制度；(2) 知识产权信息利用制度；(3) 知识产权奖惩制度；(4) 知识产权教育培训制度；(5) 知识产权文件档案管理制度；(6) 技术合同管理制度；(7) 知识产权交易管理制度；(8) 知识产权工作考核评价制度；(9) 知识产权评估制度；(10) 知识产权权属管理制度；(11) 知识产权保密制度；(12) 知识产权风险管理制度；(13) 专利管理制度；(14) 商标管理制度；(15) 著作权管理制度；(16) 商业秘密管理制度；(17) 集成电路布图设计管理制度；(18) 其他知识产权相关管理制度等。

三、企业知识产权管理的主要内容

企业知识产权管理是围绕企业知识产权的申请、授权、保护、利用等方面所进行的工作。具体来讲，企业的知识产权管理主要包括以下内容：

（一）知识产权的取得管理

知识产权具有法定性，知识产权的取得需要符合法律规定的要件，甚至需要行政机关进行审查才能授权；同时，企业知识产权的取得还涉及企业合作开发者、委托开发者以及企业员工的关系等问题。以专利为例，加强专利申请的管理，严格控制专利申请质量，能够有效提高专利授权率，避免"垃圾专利"的产生，进而降低专利的申请和维护成本。此外，企业专利其他管理工作，例如，专利实施监控、职务发明奖励、专利价值评估等，也需要从专利申请的管理阶段开始介入。

因此，企业需要事先做好知识产权归属的安排，特别是在委托开发、合作开发的过程中对权利的归属以及后续改进技术权利权属作出明确约定；并建立起完善的职务作品、职务发明管理制度和相应的奖酬机制。企业转移取得知识产权，应查明权属状态，转移合同中注明转移知识产权法律状态、转移范围及附加条件。

关于知识产权申请管理，企业需建立一套知识产权识别、评估、决策机制。企业的专利申请管理首先涉及专利申请前的决策分析。具体来讲，在一项发明创造完成之后，首先需要对其进行评估，以决定是否申请专利、申请何种类型的专利、何时以及在哪些国家申请专利等问题。① 上述工作可以通过建立专利申报中的审批制度，使得各部门在上述问题上进行分工合作进而得到良好的执行。同样地，企业在选用商标、使用作品以及形成商业秘密的过程中，根据需要建立起一系列的制度保障企业顺利获得知识产权保护。

(二) 知识产权的维护管理

知识产权具有时间性，因此企业应定期监控拥有的知识产权法律状态，防止知识产权失效。同时，经过定期对拥有的各类知识产权进行内部评价，企业可以决定放弃知识产权，以降低管理成本。因此，企业应当制定知识产权维护流程，实现知识产权维护行为的流程管理。尤其是，专利权除了具有时间性，为了维持专利权的有效性，企业还须缴纳专利年费；另外，企业专利权权属可能发生变更、设定担保或者放弃权利等情形，因此还须对专利权的权利状态进行管理；同时，企业还须即时应对随时可能出现的专利无效申请，以保障专利权的有效性。注册商标的有效期届满之前，企业可以依照法律规定进行续展，但是未依照法律规定进行续展的，商标就会被注销；另外，《商标法》还有关于商标有效使用的规定，连续3年不使用的商标可能会被撤销。商业秘密的构成要件之一是采取保密措施，而确保保密措施的有效性正是企业知识产权维护中的重要内容。

(三) 知识产权的保护管理

广义的企业知识产权管理还包括对知识产权的保护。中国法律为专利权的保护规定了多种救济渠道和救济手段，企业需要根据不同的个案情况选取适当的救济渠道和救济手段，以达到充分保护专利权的目的。例如，利用诉前禁令制止即发侵权；对于已经发生的侵权，可以选择协商达成许可协议等方式处理，也可以选择通过行政机关或者司法机关寻求公力救济。同时，企业可自行或者委托专门服务机构对其所涉及的各类知识产权、知识产权纠纷、相关贸易和销售产品所在地知识产权法律政策等信息进行统计、分析、判断并及时作出警示预报，根据反馈的结果对信息进行分析，并对相关预警信息进行持续跟踪。因此，企业知识产权的保护，并不仅仅是法律问题，还涉及作为企业知识产权管理重要内容的保护策略的选择问题。企业应结合市场竞争格局，跟踪竞争对手知识产权发展态势，分析竞争对手知识产权发展趋势，制定知识产权应对措施。

(四) 知识产权档案管理

企业通过建立知识产权管理档案，记录知识产权资产信息，可以帮助企业领导者随时了解企业知识产权资产状况，以便使企业拥有的全部知识产权资产得到充分利用和保护。企业建立的知识产权档案，包括商标注册、专利申请的相关资料和文件，以及研发活动的研发记录，知识产权评审资料等。一般而言，企业知识产权档案中专利内容应包括从技术研发、试制、申请专利的原始文件、修改过程文件、专利申

---

① 参见朱雪忠主编：《企业知识产权管理》，知识产权出版社2008年版，第54—60页。

请受理通知书、专利证书、专利年费交费票据、专利变更文件等,商标内容应包括商标设计文件、注册商标申请文件、商标注册公告、注册商标证书、商标许可合同等。完备的企业知识产权档案,应根据企业知识产权的活动过程和特点进行整理和归纳,才能确保发挥原始的、直接的、完整的法律证据作用,作为防卫侵权诉讼的盾牌。这样既可以识别企业本身拥有的全部知识产权,确定知识产权的权属,也可以严格监控市场动态,了解竞争对手最新的产品开发情况和侵权发生现状。当企业知识产权受到侵犯或威胁时利用完备的知识产权档案,积极地参与起诉或应诉。

四、企业知识产权战略管理

"战略"一词源于战争,是为了战争的目的运用战术的学问;而"战术"是"在战斗中运用军队的学问",所以,战略是一个比较宏观的概念,为了共同目标而进行的一系列有组织的战术就组成战略。它既包括胆量、坚韧、紧张与平静的平衡等精神因素,也包括进攻、防御、优势、劣势、出其不备、预备等战术因素。有关专家认为,知识产权战略是有效地运用知识产权制度,为充分维护自身的合法权益,获得和保持竞争优势并遏制竞争对手,谋求最佳的经济效益而进行的全局性谋划和采取的重要策略和手段。此外,它应该还有一层含义——它是平衡、互相妥协的结果,即在一个市场里,特别是涉及无形资产的市场里,各种利益团体在维护各自利益时,用来平衡、协调各自利益的一种手段。

企业知识产权战略管理是企业知识产权管理的最高境界。[①] 国外企业的知识产权管理经历了一个从低到高的发展过程:从单纯研发专利阶段;经防御性阶段:执行专利、成本管理、授权许可;前摄的阶段:知识产权的管理过程、价值萃取系统的建立;战略阶段:联盟与投机、知识产权和企业发展战略结合、把创新作为策略的连接点、战略价值的萃取等;到完整的知识产权阶段:知识产权上的需要、授权交易、知识资本的形成。这些阶段是一个螺旋上升,并且在同一时期对不同的技术项目或产品还会有相互交叉阶段并存的现象。这个从低到高的过程,有关专家将其命名为"公司集体意识的知识产权冲击"。

企业的知识产权战略具有法律性、保密性、时间性和地域性等特点,具体而言:(1)法律性指知识产权战略和战术的运用是依法进行的,是在合法的环境下,进行理性竞争的一种策略,任何违背法律的战略和战术的运用,都不在知识产权战略范畴之列。(2)保密性指知识产权战略和战术的运用是为了在竞争中获胜,并得到更多的利益,如果让对手知道自己的策略,就会功亏一篑,达不到抢占先机的目的,所以战略的制定和实施过程属于企业的商业秘密范畴,具有保密性。(3)时间性指知识产权战略和战术运用的时机问题,因为商场如战场,对实效性有比较强的要求,只有在恰当的时间,实施合理的战略战术才能达到预期的效果。(4)地域性指各国、

---

① 冯晓青:《企业知识产权管理》,中国政法大学出版社2012年版,第236页。

各地区的经济发展状况、市场化程度、法律法规的制定情况、人文环境甚至文化背景都有相当的差异,应针对不同的情况,制定相应的战略战术,并随着情况的变化,不断进行调整。

发达国家利用在科学技术领域已有的优势,在贸易活动中,提高以知识产权为核心的技术壁垒,从而达到占有市场保护市场的目的。近年来,国外高新技术企业往往将技术、专利和标准融为一体,采取三位一体的组合战略,利用知识产权优势谋求更大的市场竞争优势。其中,专利战略是企业知识产权竞争战略中最为重要的组成部分,被视为企业发展的生命线和护身符。企业专利战略作为企业运用专利手段寻求市场竞争有利地位的整体性谋略,通常会涉及专利权的获得、保护、排除,专利技术的开发,专利技术的实施,专利许可证贸易,专利信息应用,专利技术及其市场的控制与反控制,专利管理,专利诉讼等多方面的环节,以应用目的为标准,主要应包括专利取得战略、专利实施战略、专利保护战略、专利与市场结合战略、专利进攻战略、专利信息跟踪战略等。

第三节 知识产权运用的主要形式

在市场经济中的知识产权,只有真正被运用起来才能产生利益,才有保护的价值。当今世界,知识的财富化趋向日趋明显,知识产权的有效运用意味着知识产权的价值得到了实现,财产权得到了认可,从某种程度上,可以说是运用使知识产权的存在有了意义。如前文所述,知识产权运用的形式多种多样,本节对知识产权运用的几种主要形式进行介绍。

▶ 一、知识产权转让

知识产权转让,是指知识产权出让方与知识产权受让方根据与知识产权转让有关的法律法规签订的权利转让合同,将知识产权权利由出让方转移给受让方的法律行为。

(一) 专利权转让

专利权转让的标的是专利权人转让依照专利法所享有的财产权利,即专利技术的独占权或专用权。专利权人通过转让其权利,一方面可以使其获得经济利益;另一方面也可以使先进技术得到推广传播。

专利权人主要是通过与受让人签订书面合同的方式转让专利权,当事人在签订转让合同后应当向国务院专利行政部门办理专利权转让登记手续,专利权的变动经公告后生效。

通常情况下,专利转让合同应该包括下列内容:专利名称和专利号;双方当事人信息;前言(鉴于条款);转让方向受让方交付资料;交付资料的时间、地点及方式;专利实施和实施许可的情况及处置办法;转让费及支付方式;专利权被撤销和被宣告无效的处理;过渡期条款;税费;违约及索赔;争议的解决办法以及其他条款。

专利权转让经公告后生效,受让人取得专利权人地位,转让人丧失专利权人地位。专利权转让合同不影响转让方在合同成立前与他人订立的专利实施许可合同的效力。除合同另有约定者外,原专利实施许可合同所约定的权利义务由专利权受让方承担。另外,专利权转让合同签订以前,转让方已实施专利的,除合同另有约定外,合同生效以后,转让方即应停止实施。

（二）商标权的转让

商标权的转让,是指商标权人依法将其注册商标转让给他人的行为。由于商标权转让的对象是注册商标,因此也可以称为注册商标的转让。在注册商标转让关系中,商标权人为转让人,接受商标权的一方为受让人。注册商标转让是商标权处分其权利的方式之一,也是实现商标经济利益的一种重要途径。

根据中国《商标法》(2013)的规定,转让注册商标,应在平等自愿的原则基础上,由商标权人与受让人签订商标转让协议,并共同向商标局提出书面申请,经商标局核准公告后才能生效。一般来说,商标转让合同应主要由以下部分组成:(1)转让人和受让人的名称或姓名和住所;(2)转让的注册商标名称或图样以及注册证号码;(3)转让价金;(4)转让价金的支付日期和方式;(5)受让人保证使用受让商标的商品或服务质量的措施;(6)向商标局申请备案义务的履行;(7)违约责任;(8)双方认为需要约定的其他内容。

在转让注册商标时,如果转让人在同一种或者类似商品上注册有与转让商标相同或者相近似的商标,则必须与转让商标一并办理转让,不得保留,否则就会出现一个商标在相同或类似商品上有两个注册人同时使用的现象影响消费者对商品来源的判断。显然,这是为了维护商标的区别功能,防止产生误认或者混淆,保证商品的正常流通秩序。

（三）著作权的转让

著作权转让是指著作权人在法定有效期内将其著作财产权的一部或全部转移给他人的法律行为。不论作品的著作财产权是全部还是部分的转让,受让人都会因此而成为该作品的著作权人。正是由于这样的原因才会导致对于一件作品可以同时存在着包括作者在内的多个著作权主体。

转让著作权时应注意以下几个问题:(1)由于著作人身权与作者的人格利益紧密相关,因此能够被转让的仅仅是著作财产权,而不包括著作人身权。(2)著作权转让与作品载体的所有权无关,作品原件的转移并不意味着著作权的转移。(3)著作权转让的内容可以有选择地进行,著作权人可以将使用权中的不同权能,如翻译权、出版权、改编权、注释权等,分别转让给不同的受让主体;也可以将不同艺术形式的改编权让渡给多个不同的人;甚至还可以将出让的权利按地区分配和按年限划分。(4)著作权转让是一种重要的民事行为,大多数国家法律都要求订立书面转让合同。

著作权转让与使用许可都是著作权人行使著作权的途径,著作权人通过转让或许可,可以达到利用著作权获取相应的经济利益。不过著作权转让与许可是两种不同性质的法律行为:(1) 在著作权的许可使用中,著作财产权的主体仍然是作为许可人的著作权人,被许可人必须依赖于许可人的权利存在才能对抗第三人的侵权行为;而在著作权转让中,原著作权人对转让出去的权利不再拥有主体资格,被转让的权利由受让方拥有和行使,受让方可以独立地以著作权人的身份对抗第三人的侵害其受让的权利的行为。(2) 在著作权许可使用中,一般许可中的被许可人不能因权利被遭受侵害而独立地提起侵权之诉,只有专有许可中的被许可人才具有这样的资格,而且起诉的诉因仅限于侵害被许可权的情形。相形之下,在著作权转让中的任何受让人都有权对侵害其权利的行为提起侵权之诉,而起诉的诉因则为侵害其著作财产权。

二、知识产权许可

(一) 知识产权许可的概念

"许可"指在所有权不发生转让时,其使用权进行的转移,在市场中一般称为许可证贸易。许可,也称为许可协议,必须有三大要素组成:被许可方必须有权利人的许可授权;所许可的内容必须受法律的保护和制约;要明确被许可人的权利义务和许可人的权利保留内容。许可是对知识产权的许可:一项协议可能覆盖专利、著作权、商业秘密、技术秘密、商标等任何一种当地法律允许的知识产权,而任何一种知识产权分为若干权利项,根据许可协议,按双方认可的方式授予或保留。

许可的主要好处就是缩短产品进入市场的时间、减少市场推广的资金和人员耗费,即通过授权方式,在短时间内进入原来能达到的地区或服务领域,从而达到占领市场、获得利润的目的。此外,它还有利于许可人声誉和信誉的提高。因为在许可的同时,有关企业或科研单位的技术、服务等信息随之传播,如果技术或服务质量有问题,就会直接影响到许可证的出售,也就影响了许可人的利益。如果技术、服务等过硬,无需广告,要求许可的厂商也会纷至沓来。但是它也有不足之处,就是公司对产品生产环节的控制程度下降,如果通过颁发制造许可证,许可人放弃了对制造过程和产品质量的各个细节的控制,有时会产生技术秘密外泄等知识产权纠纷问题;又如果通过颁发销售和发行许可证,许可人放弃了对广告宣传、销售渠道,甚至价格政策的控制,从而产生失去与顾客的联系、对市场的了解度下降等问题,进而影响产品的改进和新产品的研发,并且在收益上容易对他人产生依赖,一旦市场发生波动,自己将处于比较被动的局面。

(二) 专利权的许可

1. 专利许可的概念

专利许可指专利权人或其授权的人有权与被许可人订立专利实施许可合同,许可其在一定范围内使用专利,并支付费用。《专利法》(2008)明确规定,任何单位或者个人实施他人专利的,应当与专利权人订立实施许可合同,向专利权人支付专利使用费用。被许可人无权允许合同规定以外的任何单位或者个人实施专利。

2. 专利权许可类型

专利实施许可的种类很多,根据不同的分类法可以有许多种类。按被许可人享有实施权的排他程度不同可以分做独占实施许可、排他实施许可和普通实施许可。所谓独占实施许可,是指专利权人在独占实施许可有效期间,许可被许可人享有其全部专利实施权,被许可人以外的任何人,包括专利权本人,都不得实施该项权利。但专利权仍然属于专利权人,待实施许可期限届满,专利权人将再度享有全部实施权。排他实施许可是指专利权人将许可他人实施专利的权利仅仅授予被许可人,在实施许可有效期间,专利权人不得再度许可任何第三人实施该项技术,但专利权人本人仍保留实施权,即专利权人本人仍可以实施该项专利。而普通实施许可的被许可人则不享有任何意义上的专有实施权,专利权人不仅自己可以实施其专利,而且还可不受限制地再许可他人实施其专利。

根据发放专利实施许可的人是否是专利权人,可将专利实施许可分做主许可和分许可。主许可与分许可互为依存。主许可即专利权人自己颁发的专利实施许可,分许可则是由被许可人依据专利权人在主许可中的授权再向他人发放的专利实施许可。这种许可从属于主许可。如果主许可中没有特别授权,被许可人不享有发放分许可的权利。另外,根据许可合同的对价是许可使用费还是被许可人自己专利的实施权,还可分出一种交叉许可。所谓交叉许可,是指专利权人之间相互交换自己专利的实施许可而达成一种许可方式。这种许可方式实际上就是专利领域中的"易货贸易"。

一般而言,强制许可也属于专利实施许可的一种类型。与其他许可方式不同的是,这种许可合同中的国家干预是一个非常重要的因素。所谓强制许可,是指在法定的特殊条件下,未经专利权人同意,他人可在履行完毕法定手续后取得实施专利的许可,但仍应向专利权人缴纳专利实施许可费。这种法定手续通常是报国务院专利行政部门审核、批准。

(三) 著作权的许可

著作权许可是指著作权人在保留其著作权人身份的前提下,允许他人在一定的条件下行使其著作权。所谓一定的条件是指除了使用费以外,还包括对使用方式、时间和地域范围等方面的限制。一般情况下,著作权人可以根据意思自治原则自由处分著作权,从而决定是否将著作权作品许可给他人使用。但是,法律还特别规定了法定许可和强制许可两种特殊情况。

法定许可,是指根据法律的直接规定,以特定的方式使用已发表的作品,可以不经著作权人的许可,但应向著作权人支付使用费用,并尊重著作权人的其他权利的制度。强制许可,是指在特定的条件下,由著作权主管机关根据情况,将对已发表作品进行特殊使用的权利授予申请获得此项权利的使用人的制度。①

（四）商标权的许可

1. 商标许可的概念

注册商标使用许可，是指注册商标所有人允许他人在一定期限内使用其注册商标。在使用许可关系中，商标权人为许可人，使用注册商标的人为被许可人。使用许可关系建立以后，商标权人并不丧失该注册商标专用权，被许可人只取得注册商标使用权。许可权是商标权的一项重要内容，没有这一权利，商标权作为一种"产权"是不完整的。同时，它又是一项从属权利，是从专用权派生出来的一项权利，商标权人可以行使，也可以不行使。

商标许可使用合同的主要内容包括：(1)许可人与被许可人的名称或姓名和地址；(2)许可使用的注册商标名称或图样、注册证号码、许可使用的商品或服务的种类和名称；(3)许可使用的时间和范围；(4)许可费标准和支付办法；(5)被许可人有关许可使用商标的商品或服务的质量保证措施；(6)向商标局申请备案义务的履行；(7)违约责任；(8)双方认为需要约定的其他内容。

2. 商标许可的方式和种类

商标使用许可合同包括独立的许可协议，也包括在其他合同中的商标使用许可条款。在许多情况下，商标许可是技术转让合同、成套设备进口合同等综合性的、含有知识产权其他方面内容的合同的组成部分。通过技术转让合同，被许可人采用专利技术或非专利技术生产经营某项产品，因而可以使用许可方的注册商标。除了技术合同外，特许经营、连锁经营也包括商标的使用许可。在特许经营关系中，商标使用许可是构成双方权利义务关系的基础之一，被许可方使用许可方的商标等知识产权从事经营活动，许可方向被许可方提供技术指导、人员培训、物流配送，使被许可方的产品或服务达到许可方的统一标准。

根据被许可人使用权的效力范围，商标使用许可合同分为以下三种类型：(1)普通许可。即许可人允许被许可方在规定期限、地域内使用某一注册商标。同时，许可人保留自己在该地区使用该注册商标和再授予第三人使用该注册商标的权利。(2)排他许可。即许可人允许被许可方在规定期限、地域内使用某一注册商标，许可人自己可以使用该注册商标，但不得另行许可他人使用。(3)独占许可。即许可人允许被许可方在规定的期限、地域内独家使用某一注册商标，许可人不得使用，也不得将统一注册商标再许可他人使用。

商标许可使用不得强制进行。强制许可存在于专利权、著作权领域，当自愿许可交易成本过高或者在公众利益所需的特定情况下，可以对专利权、著作权实行强制许可。商标的强制许可是不允许的，这是因为商标是用来区分来源的标志，使用的商标差异越明显，区别效果越好，而强制性地让某个商标被他人使用，无论怎么说

---

① 吴汉东主编：《知识产权法》（第四版），法律出版社2011年版，第106页。

都是毫无意义的。[①]

▶ 三、知识产权质押

知识产权质押是指知识产权权利人以合法拥有的专利权、注册商标专用权、著作权等知识产权中的财产权为质押标的出质给债权人,债务人不履行到期债务或者发生当事人约定的实现质权的情形,债权人有权就该动产优先受偿的一种法律行为。

一般而言,知识产权质押须签订知识产权质押合同。《担保法》(1995)第79条规定,"以依法可以转让的商标专用权,专利权、著作权中的财产权出质的,出质人与质权人应当订立书面合同,并向其管理部门办理出质登记。质押合同自登记之日起生效";《物权法》(2007)第227条第1款规定,"以注册商标专用权、专利权、著作权等知识产权中的财产权出质的,当事人应当订立书面合同。质权自有关主管部门办理出质登记时设立"。《物权法》(2007)第227条第2款还对商标权等知识产权质押情况下出质人的义务作了具体规定,即"知识产权中的财产权出质后,出质人不得转让或者许可他人使用,但经出质人与质权人协商同意的除外。出质人转让或者许可他人使用出质的知识产权中的财产权所得的价款,应当向质权人提前清偿债务或者提存"。

▶ 四、知识产权运用的其他形式

除了上述列举的知识产权运用的主要形式以外,知识产权运用的形式多种多样。例如,知识产权的产业化,即企业应将拥有的知识产权成果适时有效地转化应用于企业产品生产、服务创新、商业模式创新或技术方案优化,努力使企业知识产权价值最大化;企业在掌握核心技术的基础上,参与地方、行业和国家标准制订,提升企业核心知识产权的市场价值和产业控制力;进行知识产权布局,就具有竞争潜力的技术或设计申请知识产权,占领行业制高点,以便在市场竞争中为企业经营目标服务;将专利作价作为技术出资或入股,建立合资公司或者组建知识产权专营持股公司,实现知识产权资产证券化等等。

[①] 吴汉东主编:《知识产权法》(第四版),法律出版社2011年版,第280—281页。

附录一 专利申请流程图

图 4 专利申请流程图

附录二 商标申请流程简图

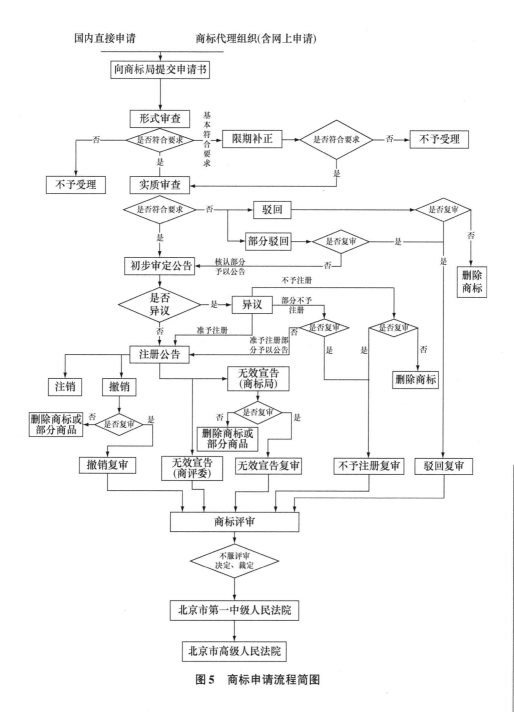

图5 商标申请流程简图

第三版后记

随着人类社会政治、经济、文化的不断发展,在世界范围内,知识产权对社会发展的各个方面都正在发挥着越来越重要的作用。在中国,随着《国家知识产权战略纲要》的实施,以及知识产权法律法规的完善和普及,依法确认和获取知识产权,充分利用和保护知识产权,依靠知识产权求得更好的发展,正在成为全社会的主流意识。

在这种社会背景下,不同行业和不同领域的人们,特别是各类高校中非法学专业的同学们,学习和掌握有关知识产权的基本知识已成为必需,但由于平时本专业学习压力而难以花费更多的时间和精力来进行系统的学习和深入的研究。这时就需要一本内容比较全面,比较精湛,概念准确,阐述透彻,整体简明扼要,通俗易懂,能够利用较短的时间就可以掌握知识产权基本知识,并且能够学而致用的教材。本书就是基于这样的学术定位和服务目的编写的。

本书由北京理工大学法学院院长曲三强教授担任主编,参加编写的人员均为我国著名高校知识产权法研究方向的法学博士,普遍从事了多年的知识产权法教学、科研、管理和司法实践工作,具有比较深厚的学术功底和知识产权法实践经验。

本书由主编负责统稿,各章节撰写人如下:

第一章　曲三强　汤辰敏

第二章　侯仰坤

第三章　郭德忠

第四章　孟兆平
第五章　李　华
第六章　杨华权
第七章　仇蕾安　朱　冬

对于在本书的编写和出版过程中给予支持和帮助的各界同仁深表谢意！